“十二五”职业教育国家规划教材
经全国职业教育教材审定委员会审定

汽车车身电气故障诊断与检修

工 作 页

班 级________________

姓 名________________

学 号________________

机 械 工 业 出 版 社

项目一　汽车电气基础

任务一　车身电气总体的认知

一、任务实施

1. 车辆基本信息。

车辆型号：	VIN 码：

2. 根据继电器盒盖板标注找出相应继电器位置并取下。

（1）前照灯灯光继电器

该继电器位于______号位，拔插时注意事项有哪些？

（2）起动继电器

该继电器______与______号端子为线圈绕组，______与______号为开关，位于(　　)号位？

3. 根据维修手册或教师的指导，在卡罗拉轿车上找到转速传感器线束插接器，并叙述拔插插接器的注意事项。

二、课后习题

1. 继电器的作用有哪些？为什么在汽车电路中要设置继电器？

2. 插接器正确的拔插方法是什么？

3. 汽车电路中设置不同颜色的导线目的是什么？

自我评价

1. 是否了解了车身电气的基本组成？
2. 能否顺利完成上述任务？
3. 能否快速准确地找到相应系统的插接器及继电器？

自我总结（结合本任务学习，写出学习心得）

任务二　车身电气故障诊断基础

一、任务实施

1. 车辆基本信息。

车辆型号：	VIN 码：

2. 工量具使用。

（1）车用万用表常见的有哪些检测档位？分别检测的是什么值？

______档，检测______值；______档，检测______值；______档，检测______值；______档，检测______值；

（2）利用 KT600 解码仪检测程序进入电气系统有哪些步骤？

首先确保点火开关______，可靠连接仪器，再次选择______，然后进入______程序，最后找到______以便故障诊断。

3. 根据检测要求在老师的指导下用数字式万用表完成蓄电池的静态以及动态检测，并用解码仪读取蓄电池的实时电压。

二、课后习题

1. 什么是短路法？

2. 车身电气常见的检测工具包括哪些？

3. 利用车辆诊断仪进行故障诊断有何益处?

自我评价

1. 是否掌握车用万用表的基本使用?
2. 能否顺利完成上述任务?
3. 能否正确检测熔丝的好坏?

自我总结(结合本任务学习,写出学习心得)

项目二　电 源 系 统

任务一　电源系统电路的认知

一、任务实施

1. 车辆基本信息。

车辆型号：	VIN 码：

2. 在老师的指导下，结合车辆实际情况找到合适工具按照维修手册要求测量发电机输出电压。

（1）车辆防护：

安装______三件套，安装______三件套，安装________________。

（2）车辆处于______状态，利用万用表______档位，正极表笔接______端子，负极表笔接______测量发电机输出电压，应为______ V。

（3）分析：

① 如果测得发电机输出端电压高于20V，可能是什么原因？

② 如果测得发动机在工作时蓄电池电压只有9V，可能是什么原因？

二、课后习题

1. 电源系统由哪几部分组成？分别起什么作用？

2. 如何判断发电机工作性能好坏？

3. 如何快速判断电源系统故障是由于发电机本身、蓄电池还是由于其他问题所引起的？

自我评价

1. 能否正确了解电源系统的组成及基本工作原理？
2. 能否顺利完成上述任务？
3. 能否快速判定电源系统故障点？

自我总结（结合本任务学习，写出学习心得）

任务二　蓄电池的检测与维护

一、任务实施

1. 车辆基本信息。

车辆型号：	VIN 码：

2. 在老师的指导下，分步拆下蓄电池并对其进行检测，完成以下任务。

（1）蓄电池的拆卸以及安装步骤：

先____________，再____________，拆下____________，从____________取出蓄电池。将____________安装在蓄电池底部凸缘上，连接____________。

（2）检测

① 检查蓄电池好坏的方法有哪些？

② 如何对蓄电池电解液进行检测？

二、课后习题

1. 蓄电池由哪些部件组成？

2. 蓄电池的使用寿命一般为几年？如何维护蓄电池？

3. 蓄电池的作用有哪些？若蓄电池损坏会产生什么后果？

自我评价

1. 蓄电池的工作原理是否已掌握？

2. 能否正确检测蓄电池？

3. 能否正确拆卸安装蓄电池？

自我总结（结合本任务学习，写出学习心得）

任务三 发电机的检测与维护

一、任务实施

1. 车辆基本信息。

车辆型号：	VIN 码：

2. 根据维修手册或教师的指导，在卡罗拉轿车上找到发电机总成，找到后完成以下任务。

（1）不起动发动机，使用万用表测量蓄电池两端静态电压为________V。

（2）起动发动机，怠速情况下使用万用表测量蓄电池端电压为________V。

（3）提高发动机转速至1500r/min，测量此时的蓄电池端电压为________V。

（4）再次提高发动机转速至3000r/min，测量此时蓄电池端电压为________V。

3. 分析测量得到的电压数据，并判断该发电机是否正常发电。

二、课后习题

1. 汽车发电机有三个功能，分别是________、________、________。

2. 发电机调节器是通过调整____来调整发电机电压的。

A. 发电机的转速　　B. 发电机的励磁电流　　C. 发电机的输出电流

3. 交流发电机转子作用是____。

A. 发出三相交流电动势　　B. 产生磁场　　C. 转变交流为直流

4. 硅整流交流发电机有哪些主要部件？每个部件的作用是什么？

自我评价

1. 能否叙述发电机主要部件的名称？

2. 是否已掌握实车测量发电机各工况电压的步骤？

3. 能否对发电机常见故障进行分析并建立诊断思路？

自我总结（结合本任务学习，写出学习心得）

任务四　电源系统的故障诊断与检修

一、任务实施

1. 车辆基本信息。

车辆型号：	VIN 码：

2. 预先设置好故障点，让学生根据维修手册或在教师的指导下，在卡罗拉轿车上找到蓄电池总成，并完成以下任务：

（1）不起动发动机，使用万用表测量蓄电池两端静态电压为________V。

（2）若电压过低、从车上拆下蓄电池放置在试验台上进行性能检查。

（3）若为可维护蓄电池，使用冰点仪读取电解液密度为________g/cm^3；若为免维护蓄电池则检查电解液颜色为______。

3. 分析测量得到的数据，判断该蓄电池状态为______（电量充足、需充电、已损坏）。

4. 预先设置好故障点，让学生根据维修手册或教师的指导，在卡罗拉轿车上找到发电机总成，并完成以下任务：

（1）起动发动机并运转 5min 后，检查充电指示灯状态为________（点亮、熄灭）。

（2）检查发电机传动带外观，传动带状态为________（正常、损坏）。

（3）使用仪器检查发电机传动带张紧度，张紧度为________（正常、过松、过紧）。

（4）使用万用表检查发电机输出电压为________V。

（5）如发电机无问题，进一步检查线路和继电器盒。

（6）分析测量得到的数据，判断该故障点位于______________。

二、课后习题

1. 发电机出现不发电故障，短接触点式调节器的“+”与 F 接线柱后，发电机开始发电，这说明故障出在____。

A. 发电机　　B. 电流表　　C. 调节器

2. 影响铅蓄电池额定容量的最大因素是____。

A. 单各数　　B. 电解液数量　　C. 单格内极板片数　　D. 温度

3. 在讨论蓄电池电极桩的连接时，甲说：脱开蓄电池电缆时，始终要先拆下负极电缆；乙说：连接蓄电池电缆时，始终要先连接负极电缆。你认为____。

A. 甲正确　　B. 乙正确　　C. 甲乙都正确　　D. 甲乙都错误

4. 下列原因哪一个可造成蓄电池硫化？____

A. 大电流过充电　　B. 电解液液面过高　　C. 长期充电不足　　D. 以上都不对

5. 蓄电池的技术状况检查项目有哪些？

6. 简述充电指示灯常亮故障的检查步骤和内容。

自我评价

1. 是否已掌握实车检测蓄电池漏电和存电不足故障的步骤？
2. 能否对充电指示灯常亮故障进行分析并形成诊断思路？

自我总结（结合本任务学习，写出学习心得）

项目三　照明信号系统

任务一　照明信号系统的认知

任务实施

1. 车辆基本信息。

车辆型号：	VIN 码：

2. 汽车照明、信号、仪表和报警系统的总体认识。

照明装置									
部件名称	前照灯	前照灯继电器	车灯开关	变光开关	雾灯	雾灯继电器	雾灯开关	仪表灯	车内灯
部件位置									
部件作用									
信号装置									
部件名称	转向信号灯	转向指示灯	转向灯开关	闪光继电器	电喇叭	喇叭按钮	喇叭继电器	示位灯	制动灯
部件位置									
部件作用									
部件名称	制动灯开关	倒车灯	倒车开关	危险警告灯	危险警告灯开关				
部件位置									
部件作用									

自我评价

1. 能否理解照明与信号系统的结构与原理？
2. 能否顺利完成各部件的拆装方法？

自我总结（结合本任务学习，写出学习心得）

____

____

____

____

____

____

任务二　照明系统的故障诊断与检修

一、任务实施

1. 车辆基本信息。

车辆型号：	VIN 码：

2. 前照灯的检查与调整。

（1）前照灯的检查：

前照灯在使用过程中，会因灯泡老化、反射镜变暗和照射位置不正而使前照灯的________或照射________不正确，影响汽车行驶速度和行车安全，因此必须对前照灯进行检测和调整。

目前汽车维修企业和汽车检测站广泛采用________来检测前照灯的发光强度及光束的照射位置，据此来检验和调整汽车前照灯的________和________。前照灯检测仪检测前照灯的光束位置一般是将________块光电池组合在一起，位于上、下光电池接有上下________，位于左右的光电池接有左右偏斜指示计，当前照灯照射在光电池上后，上下偏斜指示计和左右偏斜指示计将发生摆动，据此可测出前照灯的________。

（2）前照灯的使用：

1）前照灯的使用注意事项？

2）前照灯的故障现象及排除。

故障 1：前照灯不亮

故障 2：只有远光灯亮或只有近光灯亮

（3）前照灯的调整：

二、课后习题

1. 画出前照灯继电器电路图。

2. 简述前照灯电路的连接方式。

3. 试分析可能出现的故障及原因。

自我评价

能否顺利完成上述任务？

自我总结（结合本任务学习，写出学习心得）

任务三　信号系统的检测与维修

一、任务实施

1. 车辆基本信息。

车辆型号：	VIN 码：

2. 转向信号灯电路的组成。

（1）转向信号灯电路主要由________、________和________等组成。

（2）转向信号灯是由闪光器控制的，常见的闪光器有热丝式、________式、________式和电子式等。

3. 根据维修手册或教师的指导，在卡罗拉轿车上完成转向信号灯电路常见故障的检测与维修。

（1）转向灯开关打到左侧或右侧时，转向指示灯闪烁比正常情况快。

（2）左、右转向灯均不亮。

二、课后习题

1. 转向信号台架的组成及熟悉其电路。

2. 熟悉信号电路的连接方式。

3. 分组进行转向信号灯故障检修，并填写下表

表 1　转向信号灯的故障检查与排除

故障现象	原　因	排除方法
两侧转向灯同时亮		
两侧转向灯闪烁频率不同		
转向灯常亮不闪		
转向灯闪频过高或过低		

自我评价

1. 能否读懂转向信号灯电路图?
2. 能否对转向信号灯电路的常见故障进行分析并形成诊断思路?

自我总结(结合本任务学习,写出学习心得)

____

____

____

____

____

____

项目四　仪表报警系统

任务一　仪表报警系统电路的认知

一、任务实施

1. 车辆基本信息。

车辆型号：	VIN 码：

2. 卡罗拉通用组合仪表板上有________、________、________、________、________、________、________、________、________和________等。

3. 冷却液温度表指针不动的故障原因有：(1) ____________；(2) ____________；(3) ____________；(4) ____________。

4. 燃油表指针总指向无油位置的故障原因有：(1) ____________；(2) ____________；(3) ____________；(4) ____________。

5. 冷却液温度警告灯常亮的故障原因有：(1) ____________；(2) ____________；(3) ____________；(4) ____________。

6. 机油压力表警告灯常亮的故障原因有：(1) ____________；(2) ____________；(3) ____________。

7. 分组连接汽车仪表线路。

线路连接是否正确	
能否分析报警线路的电流走向	
能否全面检测报警线路	

8. 分组检查汽车仪表电路，警告灯电路是否符合原车技术标准。

名　称	作业内容	技术要求	原车技术标准	是否合格
仪表电路	连接			
警告灯电路	连接			

二、课后习题

1. 认识汽车仪表组成部件结构。

2. 区分各种汽车仪表的优缺点。

自我评价

能否顺利完成上述任务？

自我总结（结合本任务学习，写出学习心得）

任务二　仪表报警系统的检测与维护

一、任务实施

1. 车辆基本信息。

车辆型号：	VIN 码：

2. 根据相关故障进行诊断。

（1）进行冷却液温度表指针不动故障的设置与诊断。

名　称	作业内容	诊断思路	原车技术标准	是否排除
仪表电路	故障设置			
警告灯电路	故障设置			

（2）进行燃油表指针总指向无油位置故障的设置与诊断。

名　称	作业内容	诊断思路	原车技术标准	是否排除
仪表电路	故障设置			
警告灯电路	故障设置			

（3）进行机油压力表警告灯常亮故障诊断的设置与诊断。

名　称	作业内容	诊断思路	原车技术标准	是否排除
仪表电路	故障设置			
警告灯电路	故障设置			

二、课后习题

1. 机油压力表的作用是什么？

2. 温控开关有哪些类型？

3. 冷却液温度表指针不动的故障诊断方法是什么？

自我评价

1. 能否读懂仪表与指示灯、报警电路图？
2. 能否顺利完成上述任务？

自我总结（结合本任务学习，写出学习心得）

项目五 空调系统

任务一 空调系统电路及元器件的认知

一、任务实施

1. 车辆基本信息。

车辆型号：	VIN 码：

2. 根据电路图，写出电路走向。

（1）鼓风机中速运转。

电流走向：

（2）冷却风扇低速运转。

电流走向：

3. 根据维修手册或教师的指导，在卡罗拉轿车上拆掉相关部件，找到空调开关和总成线束插接器，完成以下任务。

（1）动作测试：

冷却风扇中速运转，需给________端子施加正电，需给________端子接地。

鼓风机扇高速运转，需给________端子施加正电，需给________端子接地。

冷却风扇高速运转，其________端子与________应导通。

鼓风机中速运转，其________端子与________应导通。

（2）分析：

1）如果冷却风扇不转，其故障原因是什么？

2）如果压缩机不运转，其故障原因是什么？

二、课后习题

1. 汽车空调的作用及组成？

2. 汽车空调冷却风扇高速运转的运行路线图？

3. 车内温度调整的方法？

自我评价

1. 能否读懂汽车空调电路图？
2. 能否顺利完成上述任务？
3. 能否对空调常见故障进行分析并形成诊断思路？

自我总结（结合本任务学习，写出学习心得）

任务二　空调系统的维护

一、任务实施

1. 车辆基本信息。

车辆型号：	VIN 码：

2. 根据维修手册，写出操作流程。

（1）制冷剂回收流程。

回收：

（2）制冷剂加注流程。

加注：

3. 根据维修手册或教师的指导，在卡罗拉轿车上拆掉相关部件，找到空调高低压加注口，完成以下任务。

（1）制冷剂回收，加注流程：

制冷剂回收过程中，高压阀________，低压阀________。

抽真空过程中，高压阀________，低压阀________。

保压过程中，高压阀________，低压阀________。

制冷剂加注过程中，高压阀________，低压阀________。

（2）分析：

1）如果冷却风扇不转，其故障原因是什么？

2）如果压缩机不运转，其故障原因是什么？

二、课后习题

1. 汽车空调制冷剂压力的检测方法？

2. 汽车空调的工作过程？

3. 汽车空调日常维护有哪些项目？

自我评价

1. 能否读懂汽车空调电路图？
2. 能否顺利完成上述任务？
3. 能否对空调常见故障进行分析并形成诊断思路？

自我总结（结合本任务学习，写出学习心得）

____

____

____

____

____

____

任务三　空调系统的故障诊断与检测

一、任务实施

1. 车辆基本信息。

车辆型号：	VIN 码：

2. 根据维修手册，写出操作流程。

（1）故障诊断的基本方法：

（2）故障诊断的基本流程：

3. 根据维修手册或教师的指导，在卡罗拉轿车上拆掉相关部件，找到空调相应元器件，完成以下任务。

（1）制冷不足故障的原因：

汽车空调制冷量不足的原因有：制冷剂不良，__________，__________，__________，__________。

（2）制冷不足故障的分析：

1）如果空调不制冷，分析其故障原因以及排除方法？

2）如果汽车空调运行过程中出现异响，其故障原因以及排除方法？

二、课后习题

1. 空调故障诊断基本方法及排除思路？

2. 如果汽车空调压缩机不运转，请分析其故障现象、原因以及给出排除方法？

3. 如果汽车空调冷却风扇不运转，请分析其故障现象、原因以及给出排除方法？

自我评价

1. 能否读懂汽车空调电路图？
2. 能否顺利完成上述任务？
3. 能否对空调常见故障进行分析并形成诊断思路？

自我总结（结合本任务学习，写出学习心得）

项目六　辅助电器系统

任务一　电动后视镜的检测与维修

一、任务实施

1. 车辆基本信息。

车辆型号：	VIN 码：

2. 根据电路图，写出电流回路。

（1）左侧后视镜向上调整电路：

（2）左侧后视镜向右调整电路：

3. 在老师的指导下，结合维修手册，在卡罗拉轿车上拆掉相关部件，找到电动后视镜开关总成线束插接器，完成以下任务。

（1）动作测试：

左侧后视镜镜面向上翻动，需给________端子接通电源、________端子接地。

左侧后视镜镜面向下翻动，需给________端子接通电源、________端子接地。

后视镜开关位于左侧上翻状态时，其________端子与________应导通。

后视镜开关位于左侧右翻状态时，其________端子与________应导通。

（2）分析：

1）如果镜面出现单方向调节失灵，其故障原因是什么？

2）如果镜面无论哪个方向调节都失灵，其故障原因是什么？

二、课后习题

1. 电动后视镜的作用及组成？

2. 如何判断电动后视镜工作性能好坏？

3. 如何用最快的方法确认故障点（电动机总成故障、线束故障、开关故障等）？

自我评价

1. 能否读懂电动后视镜电路图？
2. 能否顺利完成上述任务？
3. 能否对电动后视镜常见故障进行分析并形成诊断思路？

自我总结（结合本任务学习，写出学习心得）

任务二　电动车窗的检测与维修

一、任务实施

1. 车辆基本信息。

车辆型号：	VIN 码：

2. 根据电路图，写出电流回路。

（1）主控开关控制驾驶侧门窗下降（点动、自动）电路：

（2）主控开关控制右后侧门窗上升电路：

（3）左后侧门窗开关控制车窗下降电路：

3. 在老师的指导下，结合维修手册，在卡罗拉轿车上拆下门窗控制开关，找到主控开关线束插接器，完成以下任务。

（1）动作测试：

通过跨接主控开关________端子和________端子，可以使得驾驶侧门窗点动下降。

通过跨接主控开关________端子和________端子，可以使得左前侧门窗上升。

通过跨接主控开关________端子和________端子，可以使得右后侧门窗下降。

通过跨接左后侧车窗开关________端子和________端子，可以使得门窗上升。

（2）分析：

1）主控开关接地线断路，其门窗存在的故障现象？

2）主控开关“B”端子线束断路，其门窗存在的故障现象？

3）左前侧门窗只能上升不能下降，分析其故障原因？

二、课后习题

1. 电动门窗的组成及优点？

2. 如何判定门窗工作性能好坏？

3. 在门窗主控开关中，哪些端子是公用的，哪些端子是独立的，如果这些端子连线出现断路，门窗会存在什么故障？

自我评价

1. 能否读懂电动门窗电路图？
2. 能否顺利完成上述任务？
3. 能否对电动门窗常见故障进行分析并建立诊断思路？

自我总结（结合本任务学习，写出学习心得）

任务三　电动天窗的检测与维修

一、任务实施

1. 车辆基本信息。

车辆型号：	VIN 码：

2. 根据电路图，写出电流回路。

（1）电动天窗电源电路：

（2）电动天窗开关电路：

3. 在老师的指导下，结合维修手册，在卡罗拉轿车上拆下相关部件，找到天窗开关总成线束插接器，完成以下任务。

（1）电路验证：

1）找到电动天窗电路中的各熔丝，关闭点火开关并将熔丝断掉，验证电动天窗功能并指出该熔丝的作用？

2）找到电动天窗开关总成，断开线束插接器，根据电路图指出各端子的作用？

（2）动作测试：

利用解码器对电动天窗进行相关动作的测试。

二、课后习题

1. 电动天窗的组成？

2. 电动天窗日常维护的要点？

3. 电动天窗常见的故障现象，如何排除？

自我评价

1. 能否读懂电动天窗电路图？
2. 能否顺利完成上述任务？
3. 能否对电动天窗常见故障进行分析并形成诊断思路？

自我总结（结合本任务学习，写出学习心得）

任务四　风窗清洁、除霜装置的检测与维修

一、任务实施

1. 车辆基本信息。

车辆型号：	VIN 码：

2. 根据电路图，写出电流回路。

（1）刮水器 HI 档电路：

（2）LO \ MIST 档电路：

（3）清洗装置电路：

3. 在老师的指导下，结合维修手册，在卡罗拉轿车上找到刮水器电动机总成线束插接器及刮水器开关总成线束插接器，完成以下任务。

（1）动作测试：

检查雨刮电动机低速档，需将插接器________端子接通电源，________端子搭铁。

检查雨刮电动机高速档，需将插接器________端子接通电源，________端子搭铁。

检查风窗清洗电动机运行，需将插接器________端子接通电源，________端子搭铁。

其电机测量电阻正常值为________ Ω。

（2）分析：

1）如何借助万用表、试灯等检测工具测量刮水系统、风窗清洁系统各连接线束的好坏？

2）如刮水器不能自动回位，其故障原因是什么？

3）如何判定风窗玻璃清洗电动机工作性能的好坏，出现喷射压力不足或不喷射如何检查？

二、课后习题

1. 电动刮水器及风窗清洗装置的组成？

2. 除霜装置的作用及工作原理？

3. 如何检查与调试风窗清洗装置？

4. 刮水器常见的故障有哪些？

自我评价

1. 能否读懂电动车窗电路图？
2. 能否顺利完成上述任务？
3. 能否对电动车窗常见故障进行分析并形成诊断思路？

自我总结（结合本任务学习，写出学习心得）

任务五　电动座椅的检测与维修

一、任务实施

1. 车辆基本信息。

车辆型号：	VIN 码：

2. 根据电路图，写出电流回路。

（1）座椅向前滑动电路：

（2）座椅上升电路：

（3）腰部支撑松开电路：

3. 在老师的指导下，结合维修手册，在卡罗拉轿车上找到电动座椅电动机总成线束插接器，完成以下任务。

（1）动作测试：

1）对照电路图给相应端子通电，完成座椅前后移动功能。

2）对照电路图给相应端子通电，完成座椅上下升降功能。

3）对照电路图给相应端子通电，完成座椅靠背前后倾斜功能。

（2）分析：

1）如何借助万用表、试灯等检测工具，测量电动座椅各连接线束的好坏？

2）如何根据电动座椅故障现象快速找到故障点，例如：座椅所有调节功能无效、座椅单一调节功能无效、单一功能中的单方向调节无效等。

二、课后习题

1. 电动座椅的组成？

2. 电动座椅的工作原理？

3. 如何判定电动座椅性能好坏？

4. 电动座椅常见故障有哪些？如何排除？

自我评价

1. 能否读懂电动座椅电路图？
2. 能否顺利完成上述任务？
3. 能否对电动座椅常见故障进行分析并形成诊断思路？

自我总结（结合本任务学习，写出学习心得）

项目七　汽车安全系统

任务一　安全气囊的检测与维修

一、任务实施

1. 车辆基本信息。

车辆型号：	VIN 码：

2. 根据电路图，写出控制电路的作用。

（1）点火管电路的作用：

（2）气囊总成各端子的作用：

3. 在老师的指导下，结合维修手册，在卡罗拉轿车上完成以下任务。

（1）转向盘侧安全气囊总成的拆卸步骤：

（2）拆卸气囊总成注意事项：

二、课后习题

1. 安全气囊的组成？

2. 安全气囊打开所具备的条件？

3. 安全气囊打开分哪个阶段？

4. 安全气囊系统故障有哪些，如何排除？

自我评价

1. 是否明白安全气囊的工作原理？
2. 是否能顺利完成上述任务？
3. 能否对安全气囊常见故障进行分析并形成诊断思路？

自我总结（结合本任务学习，写出学习心得）

任务二　防盗系统的检测与维修

一、任务实施

1. 车辆基本信息。

车辆型号：	VIN 码：

2. 根据电路图，写出卡罗拉轿车防盗 ECU 各端子的作用。

3. 在老师的指导下，结合维修手册，在卡罗拉轿车上完成以下任务。

（1）找出防盗系统各部件所在位置。

（2）写出解码器上所显示防盗系统的相关信息及作用。

二、课后习题

1. 防盗系统的功能？

2. 防盗系统的组成？

3. 防盗系统常见的故障有哪些，如何诊断？

自我评价

1. 是否理解防盗系统的工作原理？

2. 能否顺利完成上述任务？
3. 能否对防盗系统常见故障进行分析并形成诊断思路？

自我总结（结合本任务学习，写出学习心得）

任务三　中控门锁的故障诊断与检修

一、任务实施

1. 车辆基本信息。

车辆型号：	VIN 码：

2. 根据电路图，写出控制原理。

（1）中控锁主开关的作用：

（2）遥控发射器的解锁流程：

3. 在老师的指导下，结合维修手册，在卡罗拉轿车上拆掉相关部件，找到中控门锁以下部件安装位置。

（1）车身 ECU。

（2）车门门锁电动机总成。

（3）门锁电动机插接器及端子号。

二、课后习题

1. 中控门锁的作用及组成？

2. 中控门锁的控制原理？

3. 中控门锁常见的故障现象及诊断方法？

自我评价

1. 能否读懂中控门锁的电路图？
2. 能否顺利完成上述任务？
3. 能否对中控门锁常见故障进行分析并形成诊断思路？

自我总结（结合本任务学习，写出学习心得）

项目八　汽车整车电路

任务一　汽车电路的认知

一、任务实施

1. 车辆基本信息。

车辆型号：	VIN 码：

2. 认识汽车电路导线、熔断器、继电器和开关等组件的结构。

3. 描述汽车电路图的种类和特点。

4. 描述汽车电路的特点。

5. 熟知汽车电路图的识读方法。

二、课后习题

1. 一般汽车的线束分为______线束、__________线束、________线束等。

2. 当熔断器发生断路以后，更换新的熔断器时，必须选用________正确的熔断器，否则对电路及用电设备是有害的。

3. 断电器是利用____________________的原理制成的。

4. 汽车电路的基本特点是什么？

5. 汽车电路图种类有哪些？

6. 汽车上的保险装置主要有哪些？

自我评价

1. 能否认识汽车电路导线、熔断器、继电器和开关等组件？
2. 能否顺利完成上述任务？
3. 能否掌握汽车电路图的识读方法？

自我总结（结合本任务学习，写出学习心得）

任务二　丰田车系的电路识读

一、任务实施

1. 车辆基本信息。

车辆型号：	VIN 码：

2. 根据防抱死制动系统电路图，写出电路走向。

（1）电源：

1）常电源——请用框图表述常电源供电的关联性。

2）经点火开关供电——请用框图表述条件电源供电的关联性。

（2）搭铁：

请用框图表述搭铁的关联性。

3. 根据维修手册或教师的指导，对照实车电路，完成以下任务

可能故障原因	1	
	2	
	3	
	4	
	5	

步骤序号	工具（含档位）	检测点		检测结果（显示值）	推导得出的结论
		一侧	另一侧		
1					
2					
3					
4					
5					
6					
7					
8					
9					
10					
11					
12					
13					
14					
最终结论					

二、课后习题

1. 简述丰田汽车电路图的特点。

2. 简述诊断电路故障的注意事项。

自我评价

1. 能否读懂丰田车系照明与信号系统电路图？
2. 能否顺利完成上述任务？
3. 能否对丰田车系电路常见故障进行分析并形成诊断思路？

自我总结（结合本任务学习，写出学习心得）

任务三　大众车系的电路识读

一、任务实施

1. 车辆基本信息。

车辆型号：	VIN 码：

2. 根据电路图，分析故障原因。

（1）电源：

车外灯电路属于传统的开关/继电器控制电路，经过电路整理的过程后，配电原理已经基本清晰，但要特别注意转向灯的配电方式有两种：

1）当执行危急报警功能时，请用框图表述供电方式。

2）当执行转向信号功能时，请用框图表述供电方式。

（2）搭铁：

外部灯电路搭铁点关联性列表

搭　铁　点	位　　置	共用电气设备
49 和 42		
12		
50		

（3）铰接点：

1）铰接点____和____是所有转向信号等所共用供电点，因此它是进行转向信号灯故障分析的关键点。

2）铰接点____和____是驻车灯和示廓灯的共用供电点，因此它是进行驻车灯和示廓灯故障分析的关键点。

3）铰接点____和____是前照灯（远/近光）的共用供电点，因此它是进行前照灯（远/近光）故障分析的关键点。

3. 故障逻辑分析与检测。

可能故障原因	1	
	2	
	3	
	4	
	5	

步骤序号	工具（含档位）	检测点		检测结果（显示值）	推导得出的结论
		一侧	另一侧		
1					
2					
3					
4					
5					
6					
7					
8					
9					
10					
11					
12					
13					
14					
最终结论					

二、课后习题

1. 桑塔纳轿车电路中“30”线为__________，直接与__________连接。“15”号线为__________档控制的相线，“X”号线为______________________________，“31”号线为______________。

2. 简述大众汽车电路图的特点。

3. 简述诊断电路故障的注意事项。

自我评价

1. 能否读懂大众车系照明与信号系统电路图？
2. 能否顺利完成上述任务？
3. 能否对大众车系电路常见故障进行分析并形成诊断思路？

自我总结（结合本任务学习，写出学习心得）

____

____

____

____

____

____

"十二五"职业教育国家规划教材
经全国职业教育教材审定委员会审定

汽车车身电气故障诊断与检修

主　编　尹爱华
副主编　金传琦
参　编　陈玉萍　王　勇　程海波
　　　　胡　昊　史敏智

机械工业出版社
CHINA MACHINE PRESS

本书是经全国职业教育教材审定委员会审定的“十二五”职业教育国家规划教材。本书以职业院校人才培养模式改革的先进教学理念为引领，以典型任务驱动为基础，以企业真实的工作情境为切入点，以工作过程为导向，以项目教学的方式组织编写。本书包括汽车电气基础、电源系统、照明信号系统、仪表报警系统、空调系统、辅助电器系统、汽车安全系统和汽车整车电路，共八个项目。内容选取注重理论联系实际，注重知识与能力相融合，重点突出学以致用以及学生动手能力、岗位能力的培养。通过本书的学习，学生可全面熟悉汽车电气设备的结构、工作原理、使用与检修的基本知识，掌握汽车电气设备常见故障的原因分析与诊断方法，具备在汽车维修现场解决实际问题的能力。

本书可作为中等职业学校汽车类专业的相关教材，也可作为汽车类岗位培训教材。为便于教学，本书配套有电子课件、工作页等教学资源，选择本书作为教材的教师可致电（010-88379865）索取，或登录 www.cmpedu.com 网站，注册、免费下载。

图书在版编目（CIP）数据

汽车车身电气故障诊断与检修/尹爱华主编. —北京：机械工业出版社，2015.9(2024.9 重印)
“十二五”职业教育国家规划教材
ISBN 978-7-111-50585-3

Ⅰ. ①汽… Ⅱ. ①尹… Ⅲ. ①汽车-车体-电气系统-故障诊断-中等专业学校-教材 ②汽车-车体-电气系统-故障修复-中等专业学校-教材 Ⅳ. ①U472.41

中国版本图书馆 CIP 数据核字（2015）第 136206 号

机械工业出版社（北京市百万庄大街 22 号 邮政编码 100037）
策划编辑：曹新宇 责任编辑：于志伟
责任校对：陈立辉 封面设计：张 静
责任印制：常天培
北京机工印刷厂有限公司印刷
2024 年 9 月第 1 版第 4 次印刷
184mm×260mm · 14.75 印张 · 357 千字
标准书号：ISBN 978-7-111-50585-3
定价：37.80 元

凡购本书，如有缺页、倒页、脱页，由本社发行部调换

电话服务
服务咨询热线：010-88379833
读者购书热线：010-88379649

网络服务
机 工 官 网：www.cmpbook.com
机 工 官 博：weibo.com/cmp1952
教育服务网：www.cmpedu.com
金 书 网：www.golden-book.com

前言

本书是根据教育部《关于中等职业教育专业技能课教材选题立项的函》（教职成司［2012］95号），由全国机械职业教育教学指导委员会和机械工业出版社联合组织编写的“十二五”职业教育国家规划教材，是根据教育部于2014年公布的相关专业教学标准，同时参考汽车类职业资格标准编写的。

“汽车车身电气故障诊断与检修”是根据就业岗位典型职业活动直接转化的一门专业核心课程，具有很强的实用性和实践性。

本书主要内容包括汽车电气基础、电源系统、照明信号系统、仪表报警系统、空调系统、辅助电器系统及汽车安全系统的故障诊断与检修，汽车整车电路图的识读，计八个项目，每个项目又分为若干任务。每个任务包含学习目标、知识储备、任务实施、课后评测等内容。每个任务都强调了学生综合素质的培养，既有对学生动手实践能力和自我学习能力的训练，也有对学生团队合作、资料收集、5S管理等方面的训练，可调动每一个学生的积极性，以达到更好的学习效果。

本书主要具备以下特色和创新点：

1. 以行动为导向，突显教改特色。通过情景导入、任务实施、任务工单、实践演练等环节，使老师从传统知识的传授者转为学生学习过程中的组织者，让学生能够积极主动地学习，在自己“动手”的实践中，学得专业知识，掌握职业技能。

2. 以任务为引领，创新教学模式。本课程以工学结合为切入点，按照“知识”“能力”“素质”并重的要求，借助学习任务，通过情景教学、体验教学等模式，引导学生从体验式实践过渡到全真式实践。另外，本书还配有工作页，以方便教师的教学。

3. 以能力为本位，创新教学内容。通过对毕业生从事的职业岗位能力进行调研分析，参照汽车维修电工国家职业资格标准，确定本课程的典型任务，并针对任务选取学习内容，注重理论联系实际，突出学以致用以及学生动手能力、岗位能力的培养。

4. 图文并茂，形式新颖。

全书共八个项目，由尹爱华任主编，金传琦任副主编，其他参与编写的还有陈玉萍、王勇、程海波、胡昊、史敏智。其中，史敏智编写项目一和项目四，陈玉萍编写项目三，程海波编写项目五，金传琦编写项目六，王勇编写项目二，胡昊编写项目七和项目八，尹爱华负责全书的统稿。本书经全国职业教育教材审定委员会审定，评审专家对本书提出了宝贵的建议，在此对他们表示衷心的感谢！在编写过程中，编者参阅了国内外出版的有关教材和资料，在此一并表示衷心感谢！

由于编者经验及水平所限，书中不当与疏漏之处在所难免，恳请读者提出宝贵意见，以便再版时及时更正。

编　者

目 录

项目一

汽车电气基础

项目描述

该项目主要是让学生掌握汽车电气电路基础，了解汽车电气的特点，电路基础元件的特征及在电路中的作用；会简单使用检测工具及仪器检测基础元件，会分析汽车电路，通过分析电路知道元器件的工作流程；能在整车上诊断汽车电路故障及检修注意事项。

任务一　车身电气总体的认知

学习目标

理论目标：

1. 了解车身电气的组成及其特点。
2. 掌握车身电气基础元件的作用。
3. 能正确认识车身电气设备。

技能目标：

1. 会正确使用检测工具及仪器。
2. 会检修车身电气的基础元件。

知识储备

一、车身电气的组成与特点

车身电气设备是汽车的重要组成部分，其工作性能的优劣直接影响汽车的动力性、经济性、安全性、可靠性、舒适性和排气净化等。汽车的种类繁多，但电气系统的组成和设计都遵循一定的规律。

1. 车身电气的组成

(1) 电源系统　电源系统包括蓄电池和发电机，发电机是汽车上的主要电源，蓄电池是辅助电源。当发电机工作时，由发电机向全车用电设备供电，同时给蓄电池充电。蓄电池的作用是起动发动机时向起动机供电，同时当发电机不工作时向用电设备供电。

(2) 起动系统　起动系统包括起动机、起动继电器、点火开关及起动保护装置，其作用是带动飞轮旋转使发动机曲轴达到必要的起动转速，从而让发动机着车。

(3) 点火系统　点火系统（汽油机）包括点火线圈、点火控制器、点火开关和火花塞等，其作用是将低压电转化为高压电，实时地让火花塞点燃气缸内的可燃混合气。

(4) 照明和信号系统　照明系统包括车内外各种照明灯，如前照灯、雾灯和示宽灯等，其作用是确保车辆内外一定范围内适当的亮度；信号装置包括电喇叭、转向灯、倒车灯和制动灯等，其作用是引起行人和车辆的注意，并提供安全行车所必需的信号。

(5) 仪表和报警系统　仪表系统包括发动机转速表、车速里程表、燃油表、冷却液温度表、电压表和机油压力表等；报警系统包括各种报警指示灯及控制器，其作用是显示汽车运行参数及交通信息，报警运行性机械故障，确保行车、停车的安全与可靠。

(6) 辅助电器系统　辅助电器系统包括电动刮水器、风窗洗涤器、空调、中控门锁、电动车窗和电动座椅等，其作用是提高车辆安全性、舒适性和经济性。

(7) 电子控制装置　电子控制装置包括电子控制燃油喷射装置、巡航控制系统、自动变速器和防抱死制动装置等。

2. 车身电气的特点

汽车的种类很多，各种汽车电器设备的数量不等，其安装位置、接线方法等也各有差异，但不论进口汽车还是国产汽车，也不论是大车还是小车，其电器电路的设计一般都遵循一定的规律。知道了这些特点，对我们了解汽车电器有很大的帮助。

(1) 单线制　单线制是利用汽车发动机、底盘和车身等金属机件作为各种电器设备的共用连线（俗称搭铁），而用电设备到电源只需另设一根导线。任何一个电路中的电流都是从电源的正极出发，经导线流入用电设备后，由搭铁的负极通过金属车架流回电源负极而成回路。采用单线制不仅可以节省材料（铜导线），使电路简化，而且也便于安装、检修，同时也使故障率大大降低。

(2) 电源负极搭铁　负极搭铁是将蓄电池的负极用蓄电池搭铁线连接到发动机或底盘等金属体上。我国国家标准中规定发电机、蓄电池必须以负极搭铁。目前，世界各国生产的汽车也大多采用负极搭铁方式。采用负极搭铁方式的好处是由于电化学的作用，不仅使汽车车架和车身均不易锈蚀，而且汽车电器对无线电设备（例如汽车音响、通信系统等）的干扰也较电源正极搭铁方式小。

(3) 两个电源　两个电源是指蓄电池和发电机，蓄电池在发动机未运转时可以向用电设备供电，发电机在发动机运转到一定转速后取代蓄电池向用电设备供电，同时也对蓄电池进行充电，延长了蓄电池的供电时间。两者互补可以有效地使用电设备在不同的情况下都能正常工作。

(4) 用电设备并联　用电设备并联是指汽车上的各种用电设备都采用并联方式与电源连接，每个用电设备都由各自串联在其支路中的专用开关控制，互不产生干扰。

（5）低压直流供电　为了简化结构和保证安全，汽车电器设备采用低压直流（DC）供电。柴油车大多采用低压24V直流供电（由两个12V蓄电池串联供电），汽油车大都采用12V直流供电。一般12V系统的汽车运行中的电压为14V，24V系统的汽车运行中的电压为28V。

（6）安装有保险装置　为了防止电路或元件因搭铁或短路而烧坏电线束和用电设备，各种类型的汽车上均安装有保险装置。这些保险装置有的串接在元器件（或零部件）回路中，也有的串接在支路中。

（7）大电流开关通常加装中间继电器　汽车中大电流的用电器如起动机、电喇叭等在工作时的电流很大（例如起动机的电流一般约100～200A），如果直接用开关控制它们的工作状态，往往会使控制开关过早损坏。因此，控制大电流用电设备的开关常采用加装中间继电器的方法，即采用小电流控制大电路。

（8）具有充放电指示　汽车上蓄电池的充电、放电情况一般由电压指示，也可由指示灯指示。对于前者，当蓄电池向外供电、发电机向蓄电池充电时，都可从电压表上指示出来。对于后者，发动机未起动或低速运转时充电指示灯点亮；一旦发动机运转带动发电机转速超过1000r/min，充电指示灯熄灭，蓄电池处于充电状态。

（9）汽车电路上有颜色和编号特征　随着汽车用电设备的增加，导线数目也在不断增多，为便于识别和检修汽车电器设备，电路中的低压线通常由不同的颜色组成，并在汽车电器线路图上用有颜色的字母代号标注。

二、车身电气基础元件

1. 保险装置

当电路中流过超过规定的电流时，汽车电路保险装置能够切断电路，防止烧坏导线和用电设备，并把发生故障的可能性限制在最小范围内。汽车上的保险装置主要有熔断器、易熔线和断路器。熔断器和易熔线符号如图1-1所示。

（1）熔断器（保险丝）　熔断器在电路中起保护作用，当电路中流过超过规定的电流时，熔断器的熔丝自身发热而熔断，切断电路，防止烧坏导线和用电设备，并把发生故障的可能性限制在最小范围内。熔断器一般安装在仪表盘附近或发动机罩下面的熔断器盒内，常与继电器组装在一起，构成全车电路的中央接线盒。熔断器外观与熔值标注如图1-2所示。

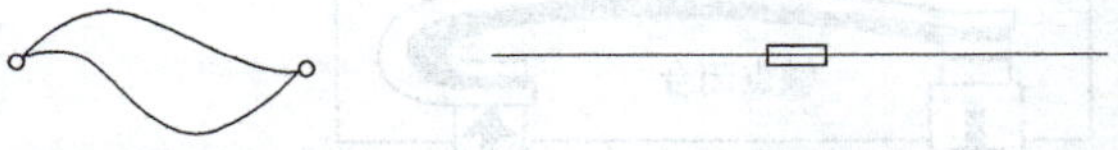

a) 易熔线符号　　b) 熔断器符号

图1-1　熔断器和易熔线符号

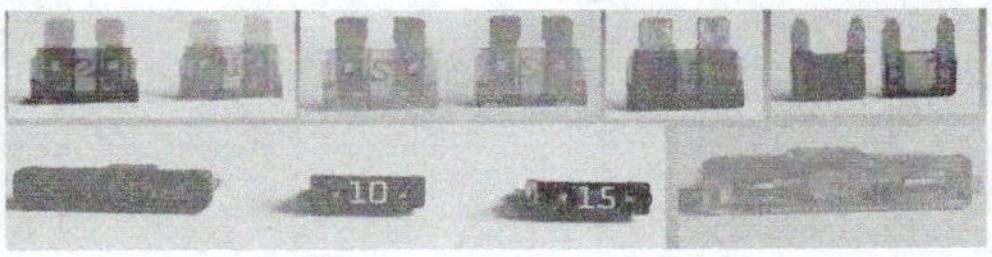

图1-2　熔断器外观与熔值标注

一般情况下，环境温度在18～32℃，流过熔断器的电流为额定电流的1.1倍时，熔丝不熔断；达到1.35倍时，熔丝在60s内熔断；达到1.5倍时，20A以内的熔丝在15s以内熔断，30A的熔丝在30s以内熔断。

熔断器在使用中应注意以下几点：

1）熔断器熔断后，必须真正找到故障原因，彻底排除故障。

2）更换熔断器时，一定要与原规格相同。

3）熔断器支架与熔断器接触不良会产生电压降和发热现象，安装时要保证两者接触良好。

（2）易熔线　易熔线是一种大容量的熔断器，用于保护电源电路和大电流电路，如图 1-3 所示。

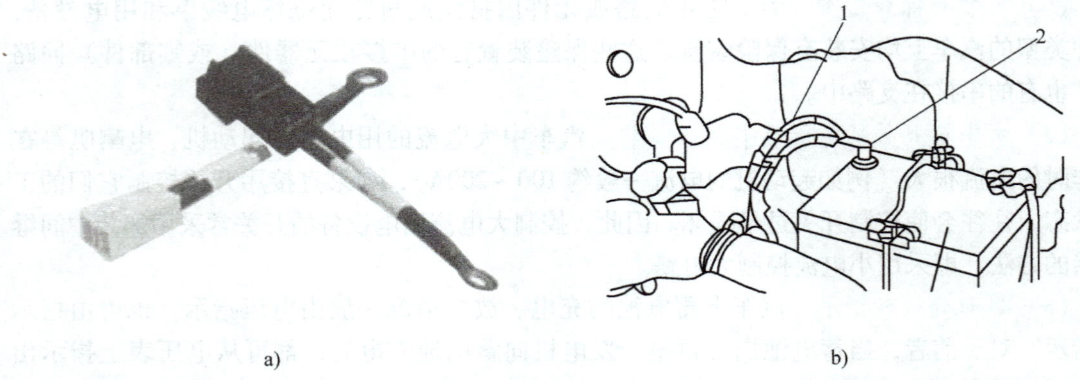

图 1-3　易熔线

1—易熔线　2—蓄电池正极

易熔线在使用中应注意以下几点：

1）绝对不允许换用比规定容量大的易熔线。

2）易熔线熔断，可能是主要电路发生短路，因此需要仔细检查，彻底排除隐患。

3）不能和其他导线绞合在一起。

（3）断路器　断路器在电路中用于防止过载（额外的电流）。断路器是机械装置，它利用两种不同金属（双金属）的热效应断开电路。如果额外的电流经过双金属带，双金属带弯曲，触点断开，阻止电流通过。当电路断路器冷却时，触点再次闭合，电路导通。当无电流时，双金属带冷却而使电路重新闭合，电路断路器复位，如图 1-4 所示。

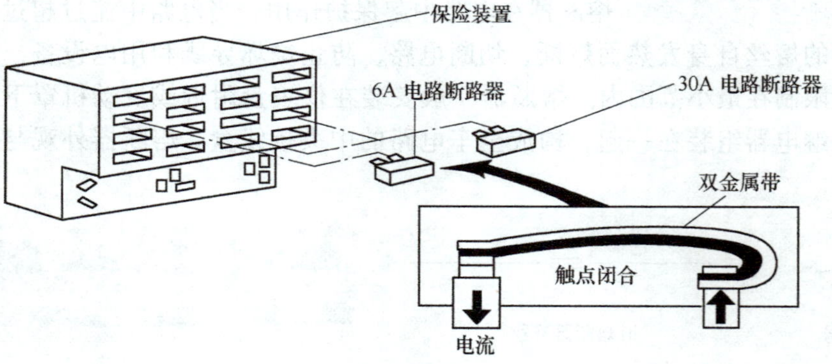

图 1-4　断路器

2. 继电器

一般情况下，汽车上使用的操纵开关的触点容量较小，不能直接控制工作电流较大的用电设备，因此常采用继电器来控制它的接通与断开。继电器可以实现自动接通或切断一对或多对触点，完成用小电流控制大电流，可以减小控制开关的电流负荷，保护电路中的控制开关，如进气预热继电器、空调继电器、喇叭继电器、雾灯继电器和中间继电器等。继电器如图 1-5 所示。

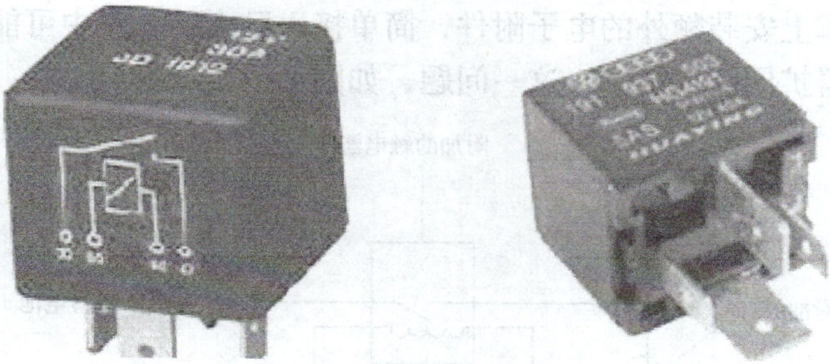

图 1-5　继电器

汽车上的继电器有很多，常见的有三类：常开继电器，常闭继电器和混合型继电器。继电器的每个插脚都有标号，与中央接线盒正面板的继电器插座的插孔标号相对应，如图 1-6 所示。

型号	外型	电路	引结标号	颜色
1T	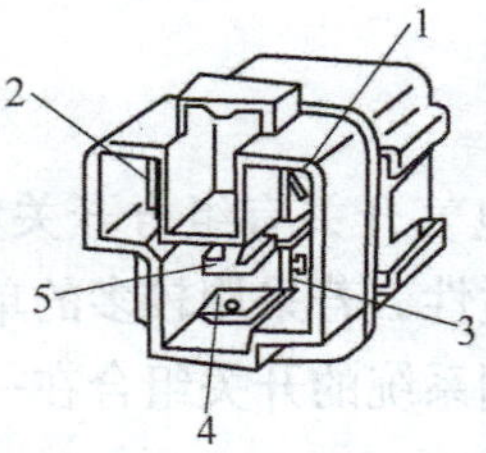	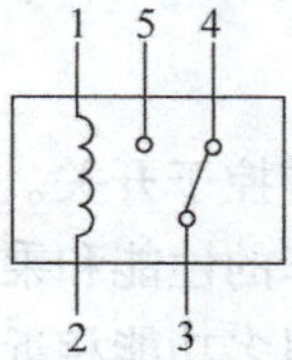	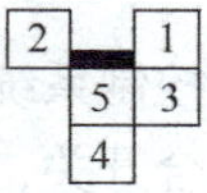	黑
1M	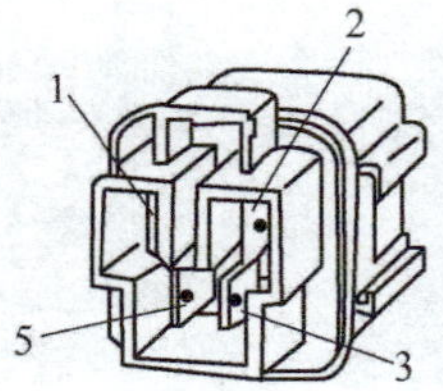	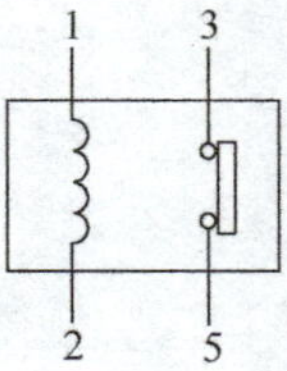	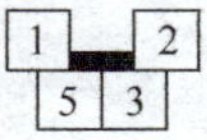	蓝
2M	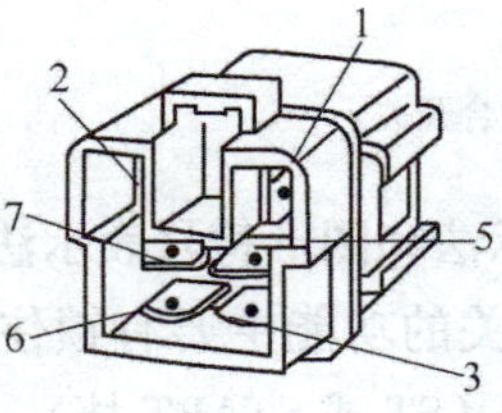	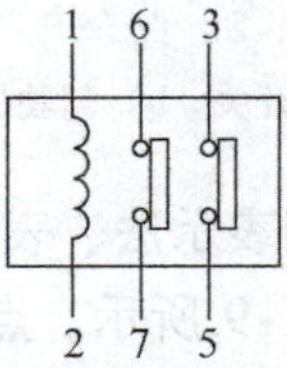	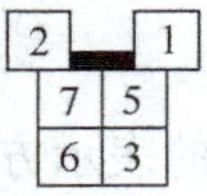	棕色
1M.1B	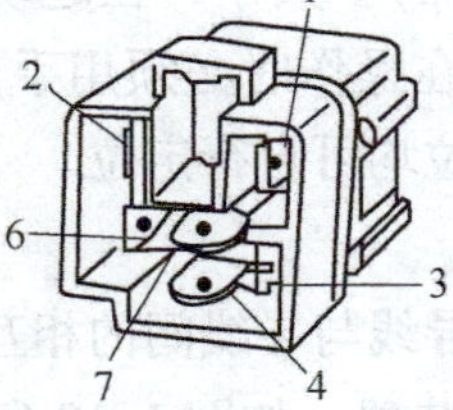	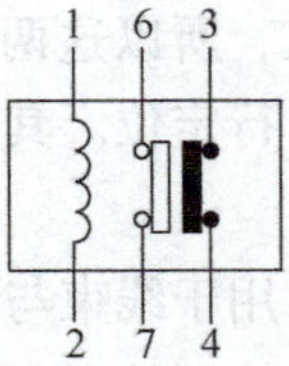		灰色

图 1-6　继电器常见类型

注：要想在原车上安装额外的电子附件，简单接入已有的电路中可能会使保险装置或配线过载。采用继电器扩展能有效解决这一问题，如图 1-7 所示。

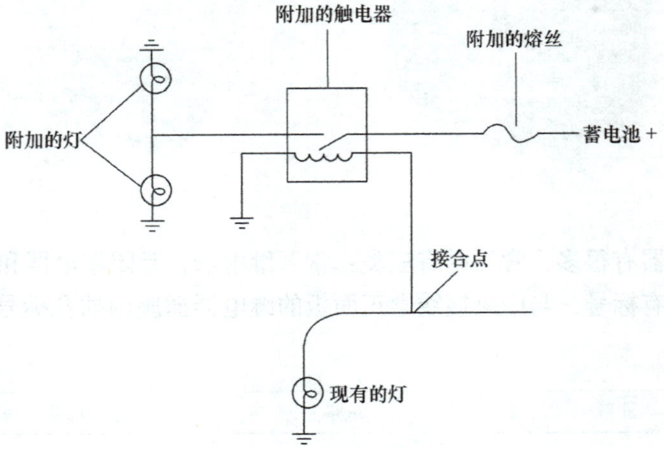

图 1-7　继电器扩展

3. 开关

汽车上各种电器控制系统的工作均受控于开关。汽车电气开关有组合开关和单体开关，现代汽车上多采用组合开关，以提高汽车的性能和乘坐舒适性，若采用较多的单体开关，汽车内部布置会很乱。因此，现代汽车将很多功能相近的控制系统的开关组合在一起，如灯光系统组合开关和驾驶位置门组合开关，如图 1-8a、b 所示。

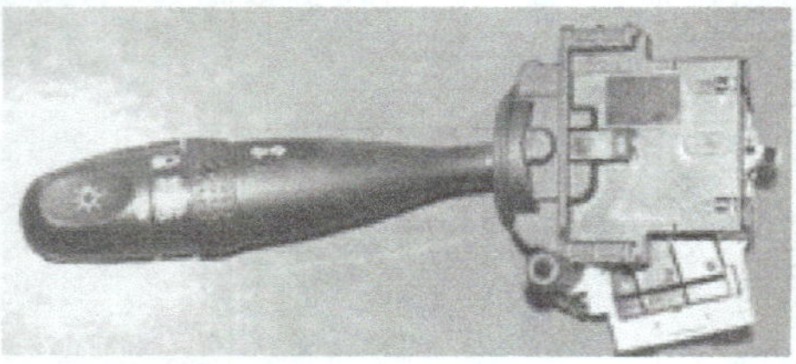

a)

b)

图 1-8　组合开关

a）灯光系统组合开关　b）驾驶位置门组合开关

开关在电路图中的表示方法有结构图表示法、表格表示法和图形符号表示法等。以点火开关为例，电路中开关的表示方法如图 1-9 所示。点火开关的功能主要有锁住转向盘转轴（LOCK 档）、接通仪表指示灯（ON 或 IG 档）、起动发动机（ST 或 START 档）、给附件供电（ACC 档，主要是收放机、点烟器）及发动机预热（HEAT 档）。其中，在起动档、预热档工作时消耗电流很大，开关不宜接通过久，所以这两个档位在操作时必须用手克服弹簧力，扳住钥匙，若松手则弹回点火档，不能自行定位。其他各档位均可自行定位。

4. 插接器

插接器就是通常所说的插头与插座，用于线束与线束或导线与导线间的相互连接。为了防止插接器在汽车行驶中脱开，所有的插接器均采用了闭锁装置。如图 1-10 所示为几种常见的插接器。

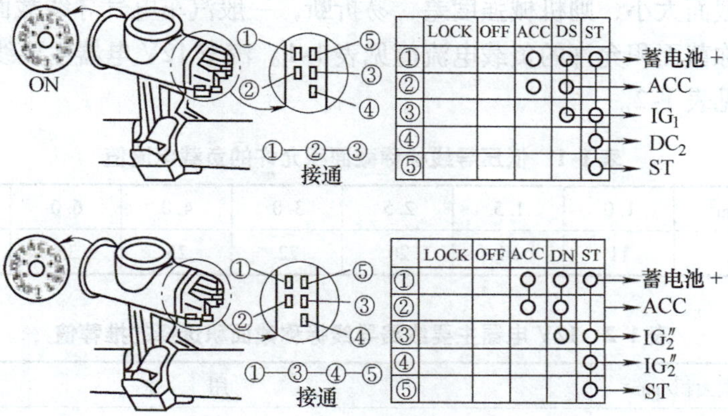

图 1-9　点火开关的表示方法

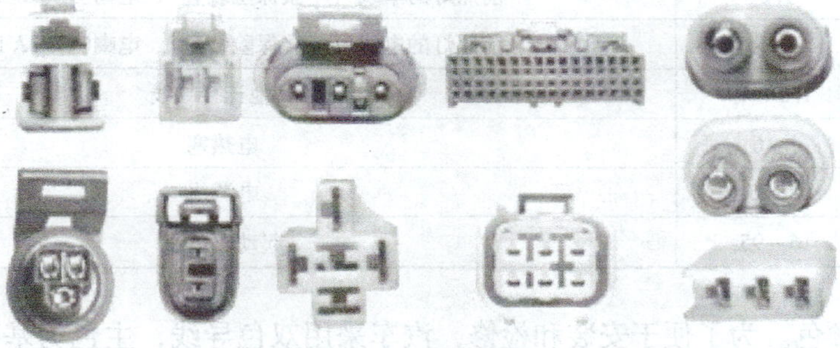

图 1-10　常见插接器

插接器的拆卸如图 1-11 所示，拆开插接器时，首先要解除闭锁，然后把插接器拉开，不允许在未解除闭锁的情况下用力拉导线，以避免损坏闭锁装置或导线。有些插接器用钢丝扣锁住，取下钢丝扣后才能将插接器拔开。在插接器端子有接触不良或断线故障时，可将插接器分解，用小一字螺钉旋具或专用工具从壳体中取出导线及端子进行修理或更换。

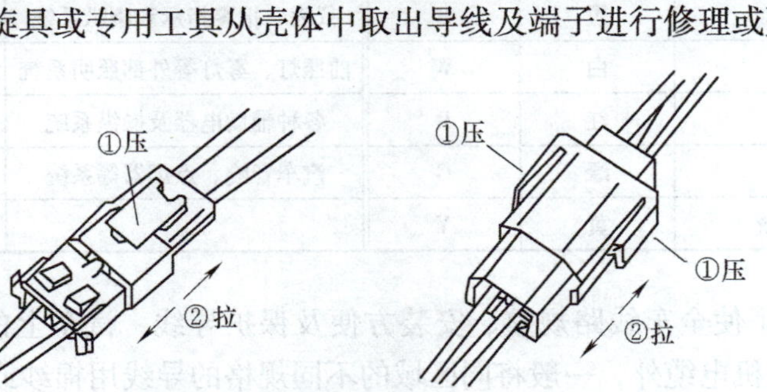

图 1-11　插接器的拆卸

5. 导线

汽车电气系统的导线有低压线和高压线两种。低压线又有普通线、起动电缆和控制电缆之分，高压线又有铜芯线和阻尼线之分。

(1) 低压导线

1) 导线的截面积。普通低压导线为铜质多丝导线，导线的截面主要根据用电设备的电流进行选择。若截面太小，则机械强度差，易折断，一般汽车电气导线截面不小于0.5mm^2。各种低压导线标称截面积允许的负载电流值见表1-1。汽车12V电器主要线路导线标称截面积选择的推荐值见表1-2。

表1-1　低压导线标称截面积允许的负载电流值

导线标称截面积/mm^2	1.0	1.5	2.5	3.0	4.0	6.0	10	13
允许电流值/A	11	14	20	22	25	35	50	60

表1-2　12V电器主要线路导线标称截面积选择的推荐值

汽车类型	截面积/mm^2	用　途
轿车 货车 挂车	0.5	后灯、顶灯、指示灯、仪表灯、牌照灯、燃油表、刮水器电动机
	0.8	转向灯、制动灯、停车灯、分电器
	1.0	前照灯的单线（不接保险装置）、电喇叭（3A以下）
	1.5	前照灯的电线束（接保险装置）、电喇叭（3A以上）
	1.5～4	其他连接导线
	4～6	电热塞
	4～25	电源线
	16～95	起动机电缆

2）导线的颜色。为了便于安装和检修，汽车采用双色导线，主色为基础色，辅色为环布导线的条色带或螺旋色带，且标注时主色在前，辅色在后。以双色为基础选用时，各用电系统的电源线为单色，其余为双色。汽车电器各系统导线颜色代号见表1-3。

表1-3　汽车电器各系统导线颜色代号

系统名称	电线主色	代号	系统名称	电线主色	代号
电气装置接地线	黑	B	仪表、报警指示和喇叭系统	棕	Br
点火起动系统	白	W	前照灯、雾灯等外部照明系统	蓝	Bl
电源系统	红	R	各种辅助电器及操纵系统	灰	Gr
灯光信号系统	绿	G	汽车音响、点烟器等系统	紫	V
车身内部照明系统	黄	Y			

3）线束。为了使全车线路规整、安装方便及保护导线，汽车上的全车线路除高压线、蓄电池电缆和起动机电缆外，一般将同区域的不同规格的导线用棉纱或薄聚氯乙烯带缠绕包扎成束，称为线束，如图1-12所示。

线束安装与检修的注意事项：

① 线束应用卡簧或绊钉固定，以防松动磨坏。

② 线束不可拉得过紧，尤其在拐弯处。在绕过锐角或穿过金属孔时，应用橡皮或套管保护，否则容易磨坏线束而发生短路、搭铁，以致烧毁全车线束。

③ 连接电器时，应根据插接器的规格及导线或插接头的颜色，分别接于电器上并插接到位。难以辨别时，一般可用试灯区分，不要用刮火法。

（2）高压导线　高压导线是用于汽车点火线圈至火花塞之间的电路，高压导线分为普通铜芯高压导线和高压阻尼点火导线，带阻尼的高压导线可抑制和衰减点火系统产生的高频电磁波，降低对电控装置和无线设备的干扰。高压导线如图 1-13 所示。

图 1-12　线束

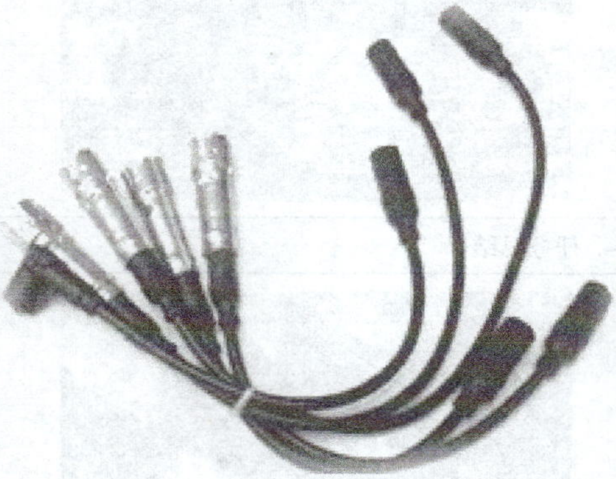

图 1-13　高压导线

任务实施

一、任务准备

1）设备：丰田卡罗拉轿车一辆。

2）工具：相应检测工具。

二、实施步骤

<table>
<tr><td colspan="2">1. 工位准备</td></tr>
<tr><td></td><td>1）将车停放在安全工位并安放好车内四件套，确认变速杆置于 P 位，拉起驻车制动器
2）准备好相应的工具与设备</td></tr>
<tr><td colspan="2">2. 电动后视镜元器件的组成认知及正确使用</td></tr>
<tr><td>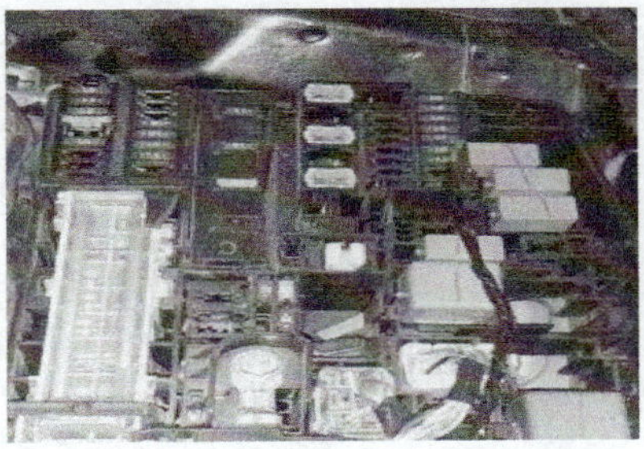</td><td>1）指出熔丝盒内相应元器件
2）根据熔丝盒盖板上指示熟悉各继电器、熔丝的作用</td></tr>
</table>

（续）

3. 线束插接器的认识	
	1）打开发动机舱盖 2）熟悉各线束插接器的连接方法及线路走向
4. 任务总结	
	结合维修手册，分析车身电气元器件组成特点
5. 工位整理清洁	
	按照5S要求整理工位

课后评测

完成本任务对应工作页。

任务二 车身电气故障诊断基础

学习目标

理论目标：

1. 了解车身电气常见的故障类型。
2. 掌握车身电气故障诊断方法。

技能目标：

1. 能够正确使用检测工具及仪器。
2. 能够检修车身电气的基础元件。

知识储备

一、车身电气常见的故障类型及诊断方法

汽车电路发生的故障主要有断路、短路和电器设备元件的损坏等。为了能迅速准确地诊断故障，下面介绍几种常见的诊断方法。

1. 直观诊断法

汽车电路发生故障时，有时会出现冒烟、火花、异响、焦臭和发热等异常现象。这些现象可通过人的眼、耳、鼻、身感觉到，从而可以直接判断出故障所在的部位。例如：汽车在行驶中，突然发现转向灯与转向指示灯均不亮，用手触摸闪光器，发现闪光器发热烫手，该现象说明闪光器已被烧坏。

2. 断路法

汽车电路发生搭铁（短路）故障时，可用断路法判断，即将怀疑有搭铁故障的电路断开后，根据电器设备中搭铁故障是否还存在，判断电路搭铁的部位和原因。例如：汽车行驶时，听到电喇叭长鸣，可将继电器“按钮”接线柱上的导线拆开，如果喇叭停鸣，则说明喇叭按钮至继电器这段电路中有搭铁现象。

3. 短路法

汽车电路中出现断路故障，还可以用短路法判断，即用螺钉旋具或导线将被怀疑有断路故障的电路短接，观察仪表指针变化或电器设备工作状况，从而判断出该电路中是否存在断路故障。例如：怀疑汽车电路中的各种开关有故障时，可用导线将开关短接来判断开关好坏。

4. 试灯法

试灯法是利用试灯对线路故障进行诊断的一种方法，其优点是可迅速地判断出电路中的短路、断路故障。

5. 仪表法

观察汽车组合仪表中的冷却液温度表、燃油表、机油压力表和电压表等的指示情况来判断电路中有无故障。例如：发动机冷态，接通点火开关时，冷却液温度表指示满刻度位置，则说明冷却液温度表传感器有故障或该线路有搭铁。

6. 换件法

换件法在实际故障诊断中经常采用，即使用一个无故障的元件替换可能有故障的元件，然后观察故障系统的工作情况，从而判断故障所在。采用换件法必须注意的是，在换件前要对线路进行必要的检查，确保线路正常，否则会造成更大的损失。

7. 仪器法

随着汽车电气设备的日趋复杂，在维修中，特别是维修电子设备较多的车辆时，使用一些专用的仪器是十分必要的。

二、车身电气常用的检测工具及仪器

1. 试灯

汽车电路的检测试灯有无源试灯和有源试灯两种。

(1) 无源试灯　无源试灯就是在一段导线中连接一个12V灯泡，如图1-14所示，当试灯一端搭铁另一端接触到带电的导体时，灯泡就会点亮，如图1-15所示，它不能像电压表显示出被检电路点的电压，只能显示是否有电压。

注意：不提倡用试灯检测计算机控制的电路，否则容易烧坏计算机的内部控制电路。

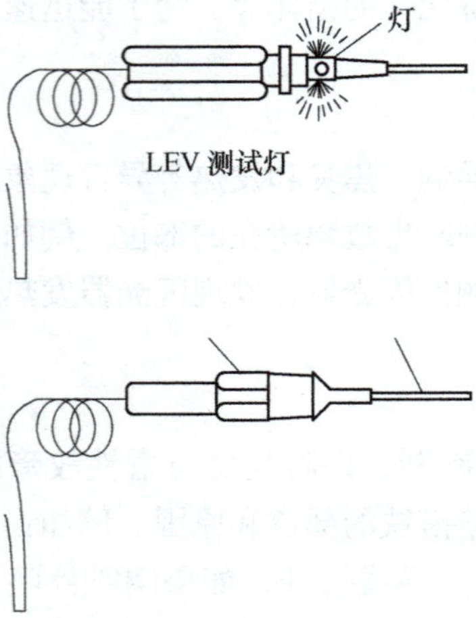

图1-14　无源试灯

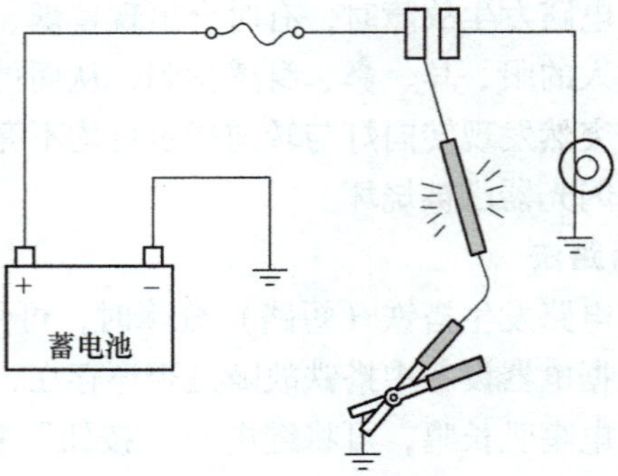

图1-15　无源试灯的使用

(2) 有源试灯　有源试灯同无源试灯类似，只是自带一个电池电源，连接到一条导线的两端上时，试灯内灯泡点亮，可用于测试线路的通、断，如图1-16所示。不能用有源试灯测试带电电路，否则会损坏试灯。

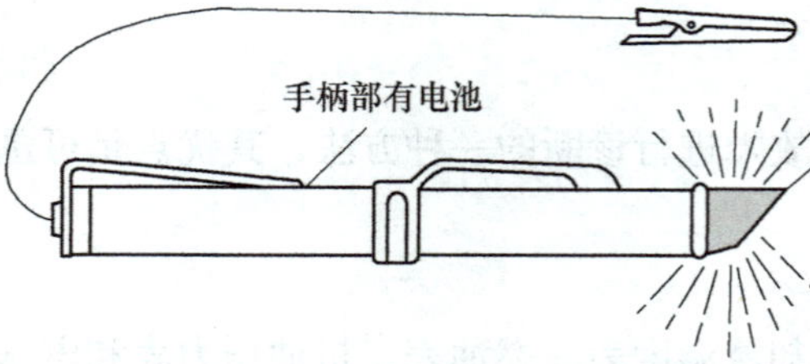

图1-16　有源试灯

2. 跨接线

跨接线有时可作为故障诊断的辅助工具，如图1-17所示。跨接线可用于跨过某段被怀疑已断开的导线，而直接向某一部件提供电的通路；也可用于不依赖于电路中的开关或导线而向电路中加上电池电压，如图1-18所示。它可配上与通导性测试笔相同的探针和夹子，也可设计为各种特殊形式。切勿将跨接线直接跨接在蓄电池的两端或蓄电池正极和搭铁之间。

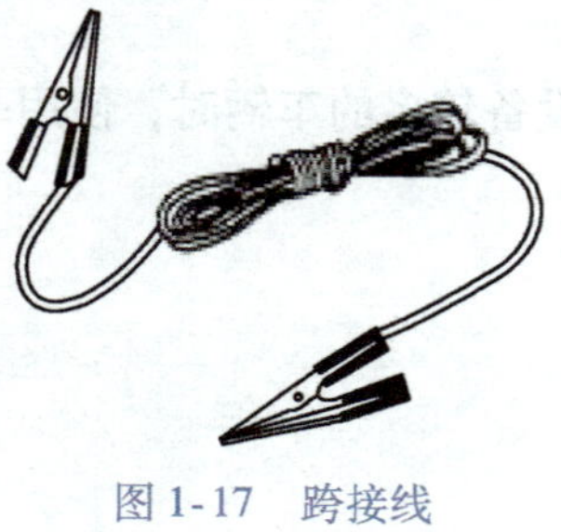

图1-17　跨接线

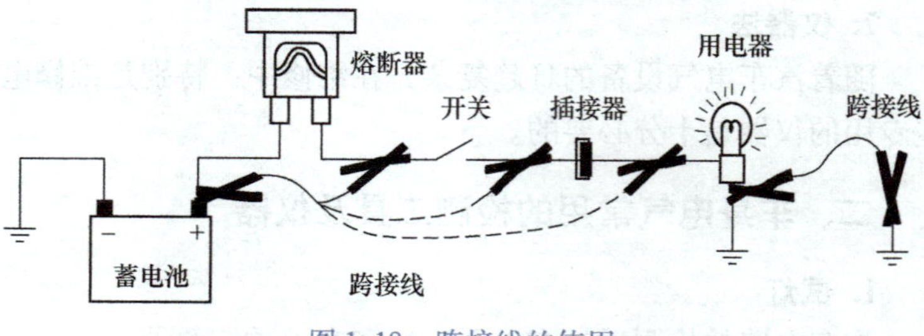

图1-18　跨接线的使用

3. 万用表

万用表有指针式和数字式两种，数字式万用表具有测试精确的电子电路，准确度远远超过指针式万用表，普遍用于汽车电气诊断与检测。

（1）指针式万用表　指针式万用表利用一个在所测数值相关刻度上摆动的弹簧指针来显示所测数据。测量数据实际上是与电表内的已知数据相对照，并反映在表盘上。使用者要按所设定的量程，判定并读出仪表上的示值。指针式万用表如图 1-19 所示，可用于测量电压、电阻和电流。

（2）数字式万用表　不同的汽车万用表功能及结构不尽相同，但基本都是由数字及模拟量显示屏、功能按钮、测试项目选择开关、温度测量插孔、公用插孔（用于测量电压、电阻、频率、闭合角、频宽比和转速等）、搭铁插孔、电流测量插孔和测试探针（或大电流钳）等构成。普通汽车数字式万用表如图 1-20 所示。

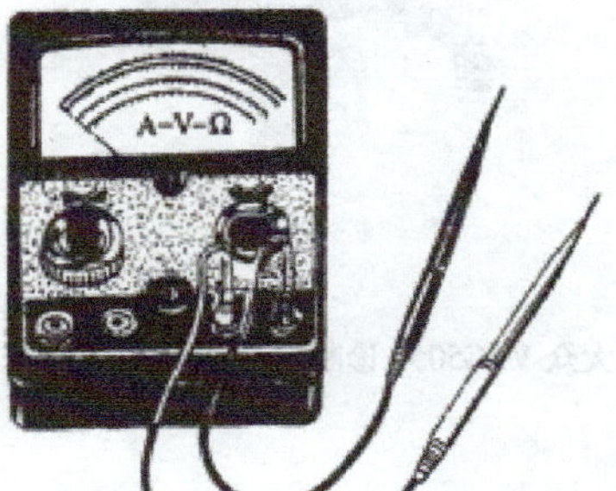

图 1-19　指针式万用表

图 1-20　数字式万用表

4. 汽车故障诊断仪

故障诊断仪通过数据通信线以串行的方式获得控制计算机的实时数据，包括故障信息、实时运行参数和控制计算机与诊断仪之间的相互控制指令。故障诊断仪有通用诊断仪和专用诊断仪两种。

（1）通用诊断仪　通用诊断仪的主要功能有：控制计算机版本的识别、故障码的读取和清除、动态数据参数显示、传感器和部分执行器的功能测试与调整、某些特殊参数的设定、维修资料及故障诊断提示和路试记录等。通用诊断仪可测试的车型较多，使用范围较宽，但它与专用诊断仪相比，无法完成某些特殊功能。通用诊断仪如图 1-21a、b 所示。

a)

b)

图 1-21　通用诊断仪

a）车博士 V-30　b）金德 KT600

（2）专用诊断仪　专用诊断仪除具有通用诊断仪的功能之外，还能完成某些特殊功能，使诊断的内容更深、更完善。专用诊断仪如图 1-22a、b 所示。

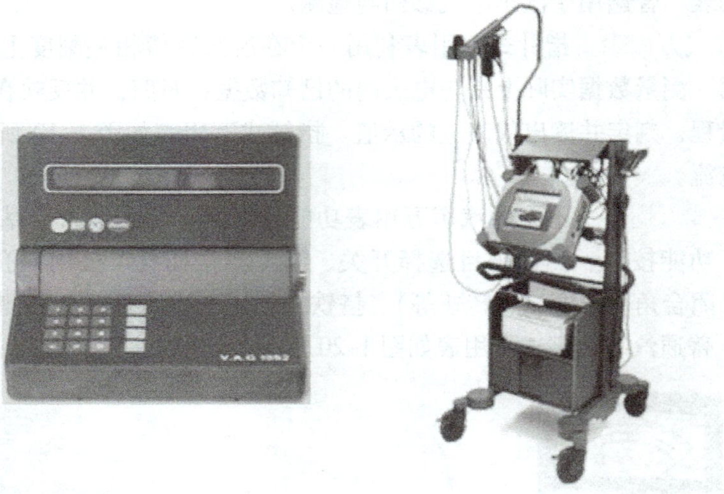

a)　　b)

图 1-22　专用诊断仪

a）大众 VAG1552 诊断仪　b）大众 VAG5051 诊断仪

5. 汽车示波器

常见的汽车专用示波器按功能一般可分为专用型示波器和综合型示波器两种。

1）专用型示波器　这类示波器专用性比较强，可以精确地显示各种变化的波形，如点火一次与二次波形、各种传感器的输入与输出电压波形、各种执行器的电流或电压波形、脉冲宽度和占空比等，缺点是功能比较单一。专用型示波器如图 1-23 所示。

2）综合型示波器　除了具有专用型示波器的一般功能外，综合型示波器通常还具有读取与消除故障码功能和动态数据分析功能等，部分诊断仪还具有发动机动力性能测试功能等，缺点是系统稳定性及精度略低。综合型示波器如图 1-24 所示。

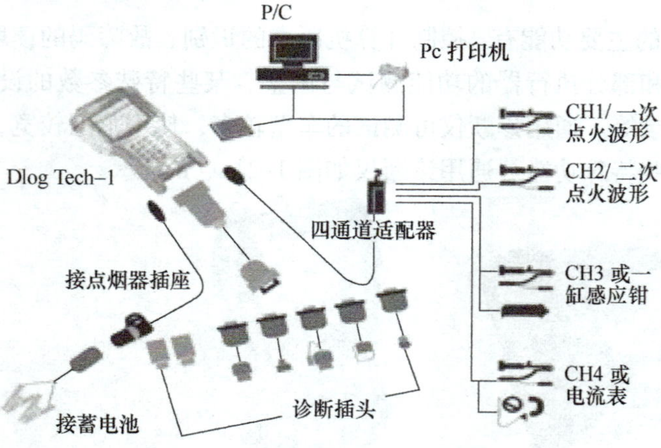

图 1-23　专用型示波器

图 1-24　综合型示波器

警告：

① 测试点火高压线时，必须使用专用探头，不能将示波器探头直接接入点火二次电路。

② 使用汽车专用示波器时，注意远离热源，如排气管、催化器等，温度过高会损坏仪器。

③ 汽车示波器在测试时，要注意尽量离开风扇叶片、传动带等转动部件。

④ 测试时需确认发动机盖支撑良好，防止发动机盖自动下降时伤及头部或示波器。

⑤ 路试时，不要将汽车专用示波器放在仪表台上方，最好是拿在手中测试。

任务实施

一、任务准备

1）设备：丰田卡罗拉轿车一辆

2）工具：相应检测工具

二、实施步骤

<table>
<tr><td colspan="2">1. 工位准备</td></tr>
<tr><td></td><td>1）将车停放在安全工位并安放好车内四件套，确认变速杆置于P位，拉起驻车制动器
2）准备好相应的工具与设备</td></tr>
<tr><td colspan="2">2. 试灯使用</td></tr>
<tr><td>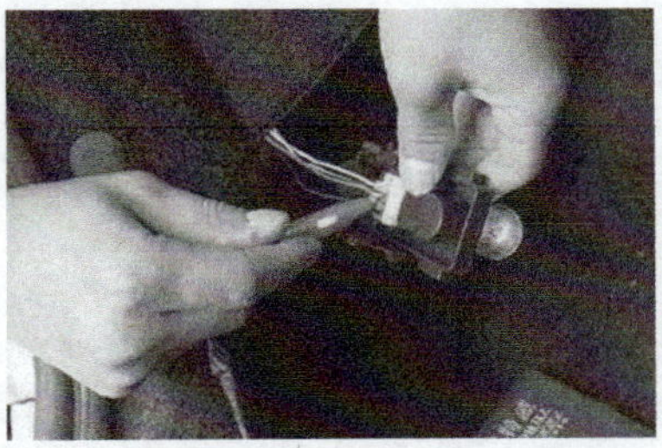</td><td>掌握试灯的使用规范</td></tr>
<tr><td colspan="2">3. 万用表的使用</td></tr>
<tr><td>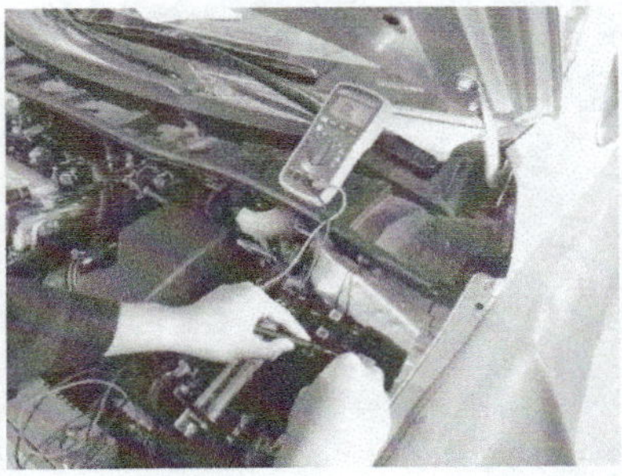</td><td>掌握万用表的使用规范</td></tr>
</table>

（续）

4. 解码器的使用	
	掌握解码器的使用规范
5. 工位整理清洁	
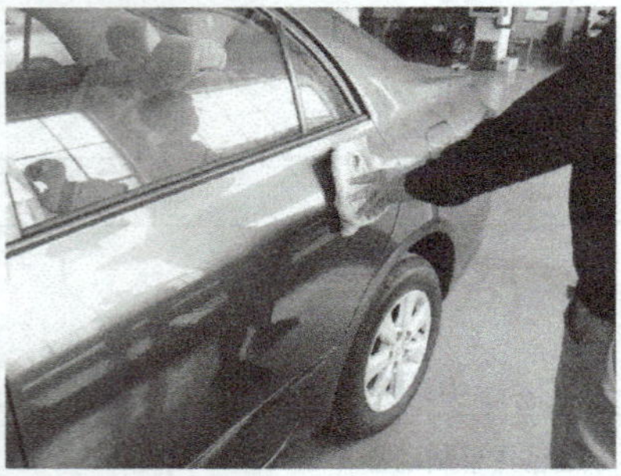	按照5S要求整理工位

课后评测

完成本任务对应工作页。

项目二

电源系统

项目描述

本项目主要内容包括：汽车电源系统的组成与功用；发电机的结构与工作原理；蓄电池的结构与工作原理；蓄电池的使用与维护；发电机的检测与维护；电源系统的故障检测与维修。通过分析发电机的电路，能够识别电路基础元件的组成，掌握检测与调试方法，学会使用检测工具进行故障诊断与排除。

任务一 电源系统电路的认知

学习目标

理论目标：

1. 熟悉电源系统的组成、分类与功用。
2. 掌握充电系统电路。
3. 掌握充电系统电路原理与电流走向。

技能目标：

1. 能够识别电源系统的主要元器件。
2. 能够正确测量发电机输出端电压。

知识储备

一、电源系统元件的认知

汽车电源系统主要由蓄电池、发电机和电压调节器等组成。蓄电池与发电机并联向用电设备供电。发电机与电压调节器互相配合工作，其主要任务是对除起动机以外的所有用电设备供电，并向蓄电池充电。

1. 蓄电池

蓄电池是一种将化学能转变为电能的装置，属于可逆的直流电源。汽油机起动电流为200～600A，有的柴油机起动电流达1000A。蓄电池如图2-1所示。

(1) 蓄电池的作用

1）起动发动机时，蓄电池向起动系统和点火系统供电。

2）当发动机低速运转，发电机电压低于蓄电池充电电压时，由蓄电池向用电设备供电。

3）当发电机中高速运转，发电机电压高于蓄电池充电电压时，蓄电池将发电机的剩余电能储存起来。

4）当发电机过载时，蓄电池协助发电机向用电设备供电。

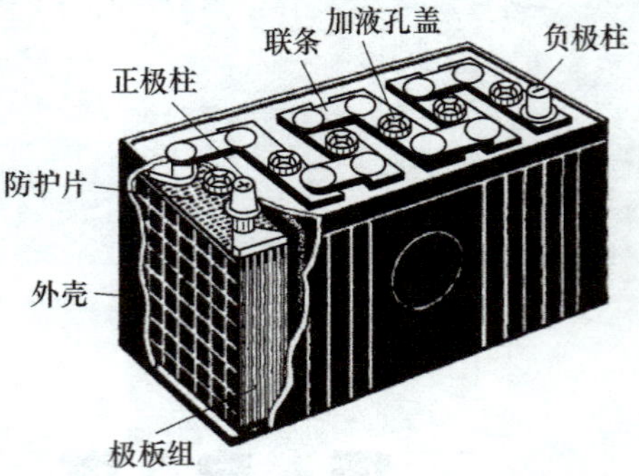

图2-1　蓄电池

5）蓄电池可以吸收电路中的瞬时过电压，保持汽车电气系统电压的稳定，保护电子元件。

(2) 蓄电池的分类　蓄电池可以分为普通铅蓄电池、干荷电铅蓄电池、湿荷电铅蓄电池和免维护蓄电池。

(3) 蓄电池的结构　蓄电池一般由三个或者六个单格电池串联而成，主要由极板、隔板、电解液和外壳等组成。

1）极板。极板是蓄电池的核心部分，蓄电池充、放电的化学反应主要是依靠极板上的活性物质与电解液进行的。极板分为正极板和负极板，均由栅架和活性物质组成。

栅架的作用是固结活性物质，一般由铅锑合金铸成，具有良好的导电性、耐腐蚀性和一定的机械强度。

正极板上的活性物质是二氧化铅，呈深棕色；负极板上的活性物质是海绵状的纯铅，呈青灰色。将活性物质调成糊状填充在栅架的空隙里并进行干燥即形成极板。

2）隔板。隔板插放在正、负极板之间，以防止正、负极板相互接触造成短路。隔板应具有耐酸及多孔性，以利于电解液渗透。

3）电解液。电解液在蓄电池的化学反应中起到离子间导电的作用，并参与蓄电池的化学反应。电解液由纯硫酸与蒸馏水按一定比例配制而成，其密度一般为1.24～1.30g/cm^3。

4）壳体。壳体用于盛放电解液和极板组，应具有耐酸、耐热、耐震性。壳体多采用硬橡胶或聚丙乙烯塑料制成，为整体式结构，底部有凸起的肋条以搁置极板组。

2. 交流发电机

交流发电机是汽车电源系统的重要组成部分，它与电压调节器互相配合工作，其主要任务是对除起动机以外的所有的用电设备供电，并向蓄电池充电。汽车发电机有交流发电机和直流发电机两种。汽车用交流发电机是伴随着半导体整流技术的出现而发展起来的，目前主要有硅整流交流发电机、感应子式交流发电机等。

桑塔纳2000GLi型轿车采用带调节器的整体式交流发电机，主要由转子总成、定子总成、整流部分、风扇和元件板等组成，其具体结构如图 2-2 所示。

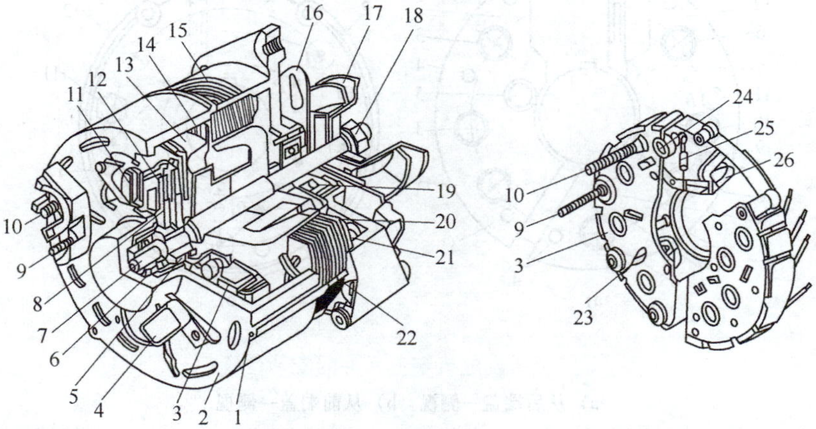

图 2-2 带调节器的整体式交流发电机结构

a）发电机总成 b）整流器总成

1—连接螺栓 2—后端盖 3—整流板 4—防干扰电容器 5— 集电环 6、19—轴承 7—转子轴 8—电刷 9—“D+”端子 10—“B+”端子 11—IC 调节器 12—电刷架 13—磁极 14—定子绕组 15—定子铁心 16—风扇叶轮 17—V 形带 18—紧固螺栓 20—磁场绕组 21—前端盖 22—定子槽楔子 23—电容器连接插片 24—输出整流二极管 25—磁场二极管 26—电刷架压紧弹簧

（1）定子 定子的功用是产生交流电，其结构如图 2-3 所示，由定子铁心和定子绕组两部分组成。

（2）转子 转子的功用是产生磁场，转子由转子铁心、磁场绕组、爪极和集电环组成，如图 2-4 所示。

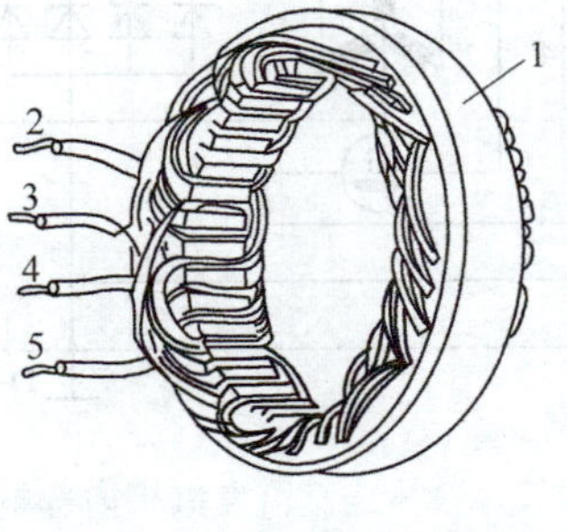

图 2-3 发电机定子的结构

1—定子铁心 2、3、4、5—定子绕组引线端

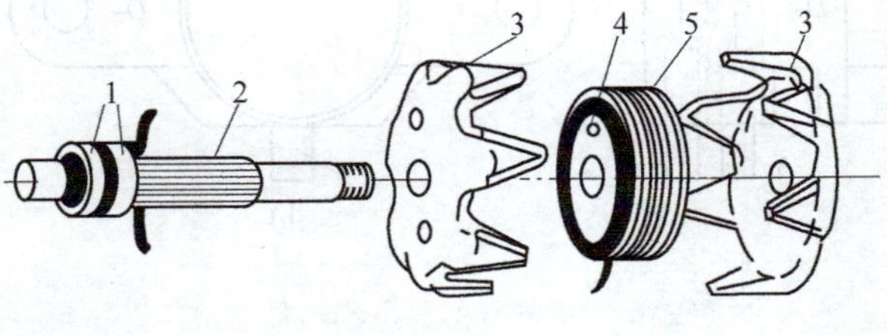

图 2-4 发电机转子的结构

1—集电环 2—转子轴 3—爪极 4—转子铁心 5—磁场绕组

（3）整流器 整流器的作用是将三相绕组产生的交流电变为直流电，其整流二极管的特点是工作电流大、反向电压高。汽车发电机整流器通常设有 6 只、8 只、9 只或者 11 只二极管，其中 11 只二极管包括三只正二极管、三只负二极管、三只磁场二极管和两只中性点二极管。发电机整流元件的安装位置如图 2-5 所示。

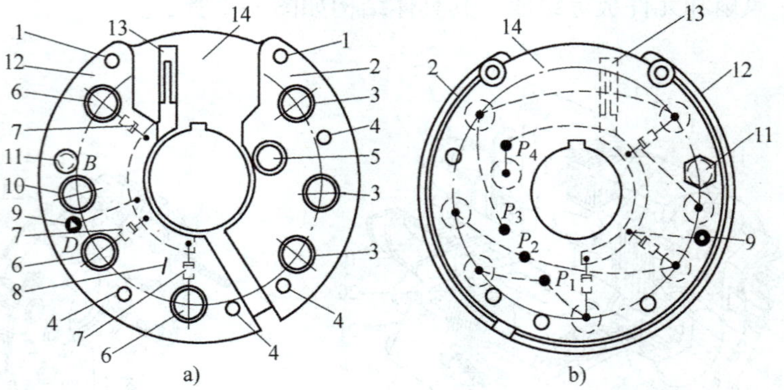

图 2-5 发电机整流元件的安装位置

a）从后端盖一侧视 b）从前端盖一侧视

1—IC 调节器安装孔（2 个） 2—负整流板 3—负二极管 4—整流器总成安装孔（4 个） 5—中性点二极管（负二极管） 6—正二极管 7—磁场二极管 8—防干扰电容器连接 9—“D +”端子 10—中性点二极管（负二极管） 11—“B +”端子 12—正整流板 13—电刷架压紧弹簧 14—硬树脂绝缘板

（4）电压调节器 桑塔纳 2000 型轿车交流发电机配用的调节器为集成式电压调节器（称为 IC 调节器），具有结构紧凑、工作可靠、体积小、质量小等优点。IC 调节器与电刷组件制成一个整体结构，并采用外装式结构，当电刷磨损或调节器损坏需要更换时，拆下总成部件的两个固定螺钉，即可取下总成，维修十分方便。IC 调节器与电刷组件总成如图 2-6 所示，整体式交流发电机的内部电路如图 2-7 所示。

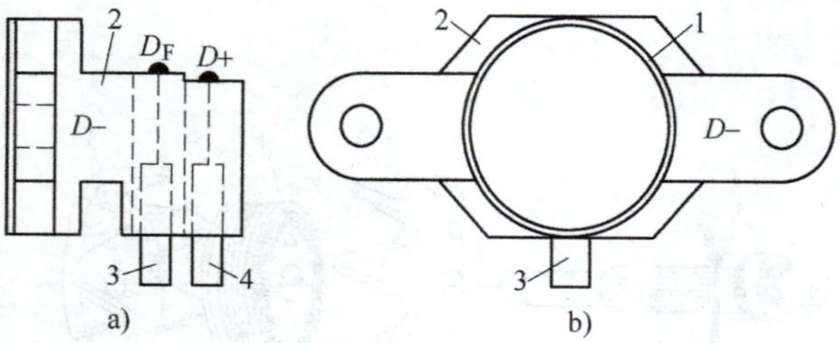

图 2-6 IC 调节器与电刷组件总成

a）右视图 b）主视图

1—IC 调节器 2—电刷架 3—负电刷 4—正电刷

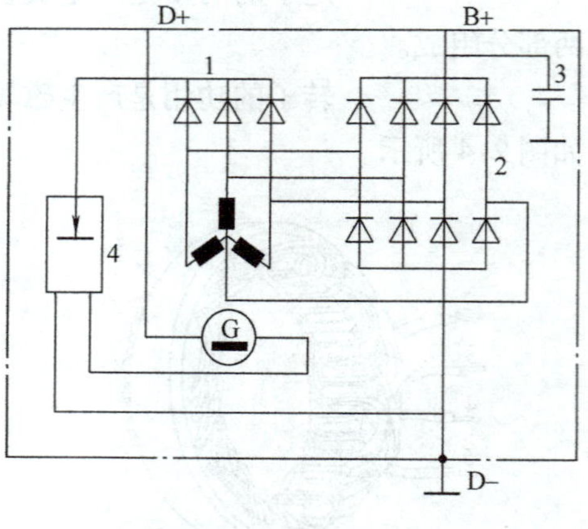

图 2-7 整体式交流发电机内部电路

1—磁场二极管 2—输出整流二极管 3—防干扰电容器 4—IC 调节器 G—磁场绕组

二、电源系统电路介绍

电源系统电路主要由蓄电池、交流发电机、电压调节器以及粗细不同的导线、熔丝等组成。以桑塔纳 3000 为例，电源系统电路如图 2-8 所示。

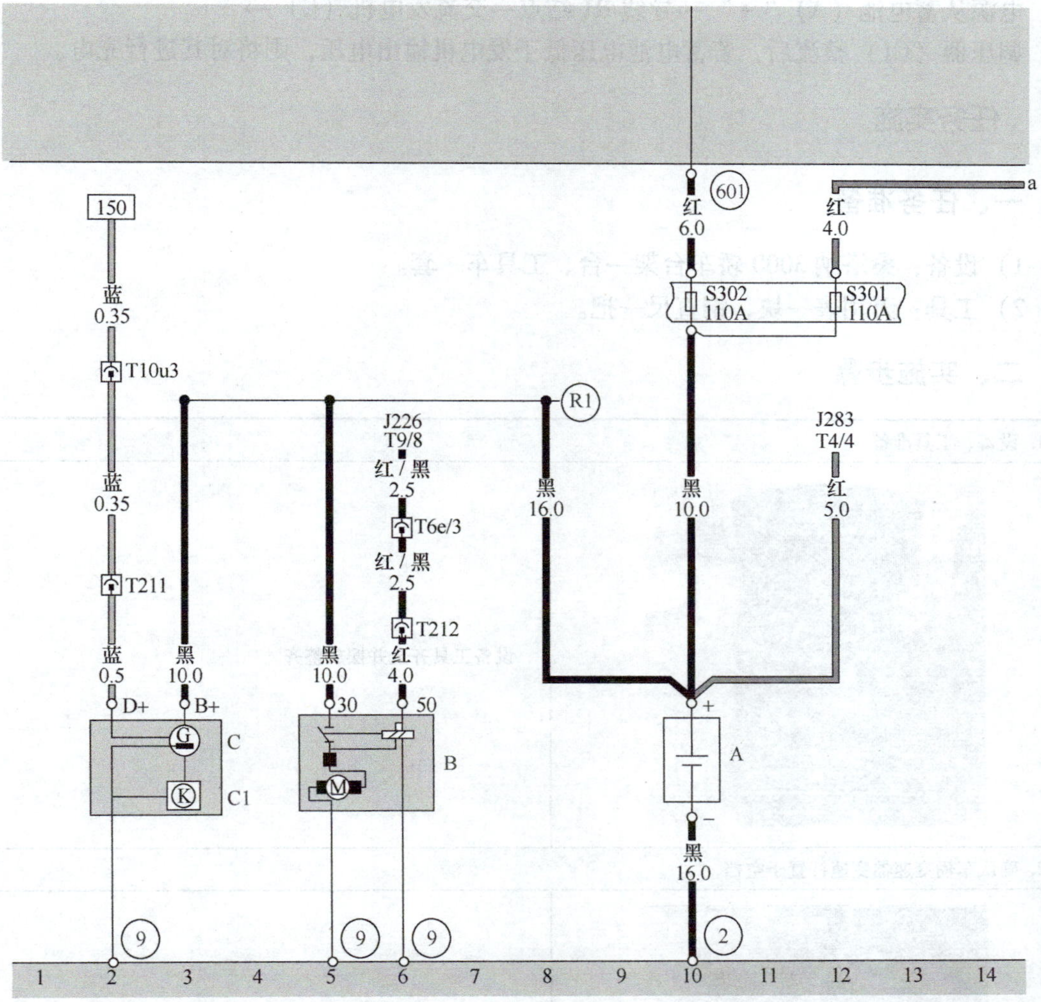

A — 蓄电池
B — 起动机
C1 — 交流电动机
J226 — 起动电动机闭锁器和倒车灯继电器，在继电器－熔丝支架上5号位 (175 继电器)
J283 — 散热风扇控制器，在发动机舱左侧
S301 — 熔丝 301，110A，在发动机舱继电器－熔丝盒内
S302 — 熔丝 301，110A，在发动机舱继电器－熔丝盒内
T2 — 2 针插头，黑色，在发动机舱中间支架上
T4 — 4 针插头，黑色，在散热风扇控制器上
T6e — 6 针插头，白色，在继电器－熔丝支架顶面上 (H 号位)
T9 — 9 针插头，黑色，在起动电动机闭锁器和倒车灯继电器上
T10u3 — 10 针插头，橙色，在继电器－熔丝支架顶面上 (K 号位)
(R1) — 正极连接线 (30)，在发电机线束内
(2) — 接地点，在蓄电池支架上
(9) — 自身接地
(601) — 正极螺栓连接点 (30)，在继电器－熔丝支架上

图 2-8 电源系统电路图

电源从蓄电池（A）“+”→导线 R1 结点→交流发电机（C）→调压器（C1）整流后，若蓄电池电压低于发电机输出电压，则将对其进行充电。

任务实施

一、任务准备

1）设备：桑塔纳 3000 轿车台架一台、工具车一套。

2）工具：万用表一块，钢直尺一把。

二、实施步骤

1. 设备、工具准备	
	设备工具齐全并摆放整齐
2. 确认车辆变速器变速杆置于空档	
	检查车辆变速器变速杆是否位于空档
3. 检查发电机传动带松紧度	
	使用钢直尺检查发电机传动带的松紧度（挠度），新传动带为 2mm，旧传动带为 5mm

（续）

4. 检查蓄电池静态电压

万用表的红表笔接蓄电池正极，黑表笔搭铁，检查蓄电池的静态电压，判断蓄电池是否处于亏电状态。蓄电池静态电压正常值为12～12.6V

5. 检查发电机怠速时的输出电压

起动发动机，当其处于怠速时，用万用表检查发电机的输出电压，此时电压应该略高于蓄电池静态电压

6. 逐渐升高发动机转速，检查发电机输出电压

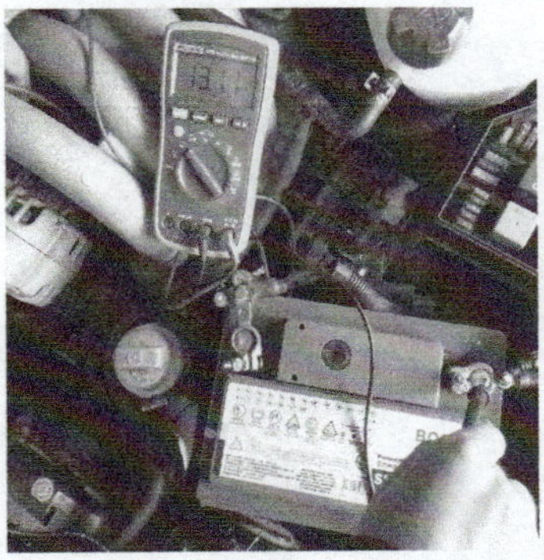

逐渐升高发动机转速，此时发电机输出电压应该逐步升高

7. 发动机处于高速运转时，检查发电机输出电压

发动机处于高速运转时，发电机的输出电压应该稳定在某一调节电压值上不再变化。若继续上升，说明发电机存在问题

（续）

8. 整理工具	
	整理工位，清洁工具、车辆

拓展与提高

桑塔纳 2000 系列轿车装用的是上海蓄电池厂按德国 DIN 标准生产的 12V 风帆牌整体干荷式免维护式蓄电池，其额定容量为 54A · h，最大允许放电电流为 256A。该蓄电池具有寿命长、故障少、维护工作少等优点。

课后评测

完成本任务对应工作页。

任务二 蓄电池的检测与维护

学习目标

理论目标：

1. 掌握蓄电池的作用。
2. 掌握蓄电池的组成。
3. 掌握充电系统电路原理与走向。

技能目标：

1. 能够正确检查蓄电池。
2. 能够正确掌握蓄电池的维护方法。

知识储备

汽油发动机一般采用 12V 铅蓄电池，由六个单格蓄电池组成，每个单格蓄电池的额定电压为 2V。蓄电池主要由电解液、外壳、极板、接线柱和加注口盖等组成。蓄电池能把电能转变成化学能存储起来，使用时再把化学能转化成电能释放出来。

一、蓄电池的拆卸和安装

1. 蓄电池的拆卸

1）先拆下蓄电池的搭铁线，再拆正极接线。

2）拆下蓄电池固定压板，从支架中取出蓄电池。

2. 蓄电池的安装

1）将固定压板压在蓄电池底部凸缘上。

2）先将蓄电池正极接线接上，然后连接上搭铁线。

二、蓄电池的检查

1. 检查蓄电池电解液液面高度

在正常使用条件下，蓄电池几乎不需要进行维护，在高温条件下则应定期对蓄电池电解液液面高度进行检查。检查时，应拆掉蓄电池上的搭铁线，观察蓄电池电解液液位，确认其应在隔板以上5mm或在标准刻度线“MAX”和“MIN”之间。若电解液不足，可用蒸馏水补充，绝不能随意添加补充液及其他不干净的水。

若蓄电池的电解液液面过高，在强大负荷（如白天长途行驶）情况下，会引起电解液“沸腾”而外溢；若电解液液面过低，会缩短蓄电池的使用寿命。

2. 检查蓄电池电解液密度

测量电解液密度，可使用电解液密度计，如图2-9所示。吸入密度计中的蓄电池电解液密度越大，浮子升起越高。从密度计刻度上可读出电解液密度值，蓄电池电解液正常的密度值见表2-1。

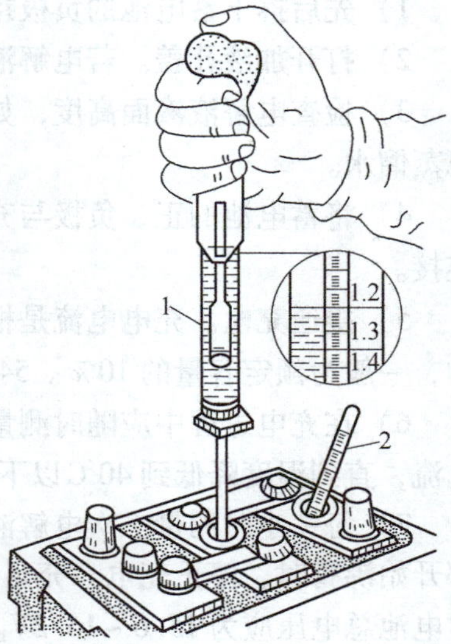

图2-9 测量电解液密度

1—密度计 2—温度计

表2-1 蓄电池电解液密度

温度条件	蓄电池状态	电解液密度/(g/cm^3)
常温下	放电	1.12
	半充电	1.20
	全充电	1.28
在热带地区	放电	1.08
	半充电	1.14
	全充电	1.23

若各电池槽中的电解液密度相互间的差值不超过0.02g/cm^3，可对蓄电池进行充电，以恢复其性能；若在一个或两个相邻电池槽中的电解液密度明显下降，说明蓄电池有短路故障，应对其进行修复或更换。

3. 检查蓄电池电压

蓄电池电解液密度与电压（有负荷时）结合起来分析，可以清楚地反映蓄电池充电的情况。

可用高率放电计来测量蓄电池电压（有负荷时），如图2-10所示。若负载电流为110A，则最小电压不得低于9.6V。在测试（5～10s）过程中，若电压低于规定的数值，可能为蓄电池已放完电或损坏。

三、蓄电池的充电

1. 常规充电

在蓄电池充电室内不能有明火，不得吸烟，室内禁止存放精密仪器。

1）先后拆下蓄电池的负极接线柱和正极接线柱。

2）打开加液孔盖。若电解液已冻结，应先融化。

3）检查电解液液面高度，如电解液不足，应先补充蒸馏水。

4）将蓄电池的正、负极与充电机的正、负极对应连接。

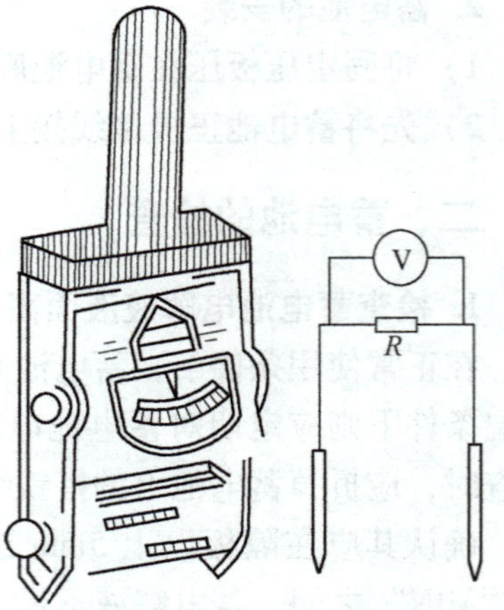

图 2-10　测量蓄电池电压的高率放电计

5）接通充电。充电电流是根据蓄电池的容量而定的，一般为额定容量的 10%。54A · h 的蓄电池，其充电电流约为 5.4A。

6）在充电过程中应随时测量电解液温度。若温度超过 40℃，应停止充电或者减小充电电流，直到温度降低到 40℃以下。

7）每一小时测量三次电解液密度和电压，直至电压不再上升，且所有电解槽的电解液都开始沸腾时，停止充电。充足电的电解液密度应为 1.28g/cm^3（热带地区：1.23g/cm^3），蓄电池总电压应为 15.6～16.2V。

2. 快速充电

快速充电应使用专用快速充电机（如 VW1266A）进行充电。

任务实施

一、任务准备

1）设备：丰田凯美瑞轿车一辆、车轮挡块、车内三件套、车外三件套。

2）工具：电解液密度计、十字螺钉旋具、抹布若干。

二、实施步骤

1. 设备、工具准备	
	设备工具齐全并摆放整齐

（续）

2. 车辆防护	
	1）安装车轮挡块 2）安装车内三件套 3）安装车外三件套
3. 检查蓄电池外壳	
	用手电筒检查蓄电池外壳四周是否有裂纹、渗漏，若有则需要更换蓄电池
4. 检查蓄电池接线柱	
	检查蓄电池接线柱端子是否松动、污损或腐蚀，若有污损可用温开水冲洗，并涂抹适量润滑脂防止接线柱腐蚀；若有松动需加以旋紧
5. 检查蓄电池电解液液位	
	通过蓄电池外壳体上的上下刻度线来判定液位是否符合要求，若液位偏低需加蒸馏水

（续）

6. 检查蓄电池加注口盖	
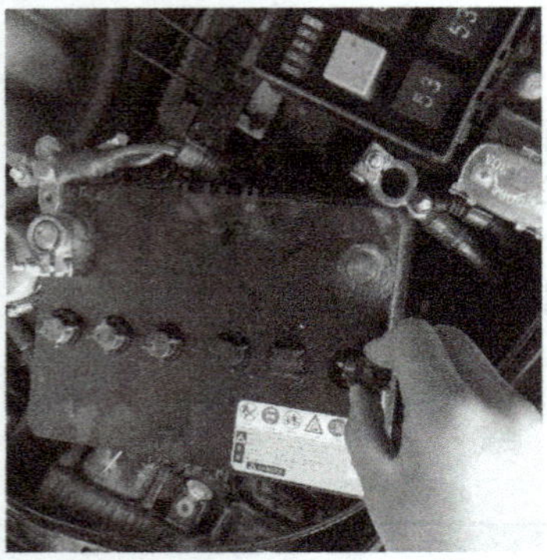	1）检查加注口盖是否损坏 2）检查加注口盖是否安装可靠 3）检查通风口是否堵塞
7. 检测蓄电池电解液密度	
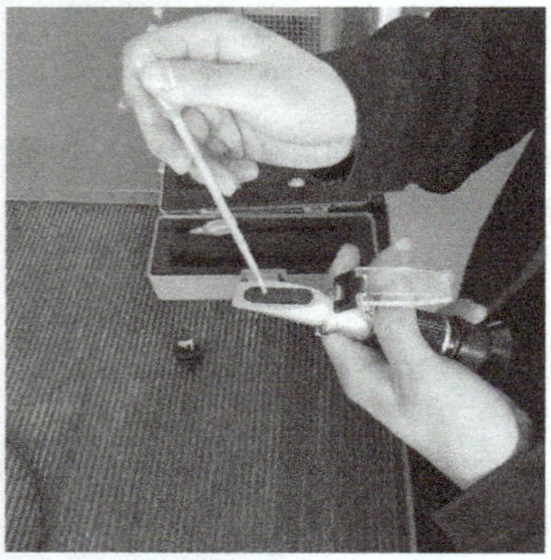	1）取出密度计并清洁 2）进行密度计校零 3）旋下加注口盖 4）用塑料吸管取出少量电解液并滴在密度计检测面 5）读出密度计读数 6）记录数据 7）清洁密度计并放回原位
8. 整理工具	
	整理工位，清洁工具、车辆

拓展与提高

蓄电池故障的判断与排除

蓄电池的故障主要是由接触点受腐蚀引起接触不良、电线绝缘层损坏或者电气设备内部短路等造成的。蓄电池放电故障的诊断与排除流程，如图 2-11 所示。

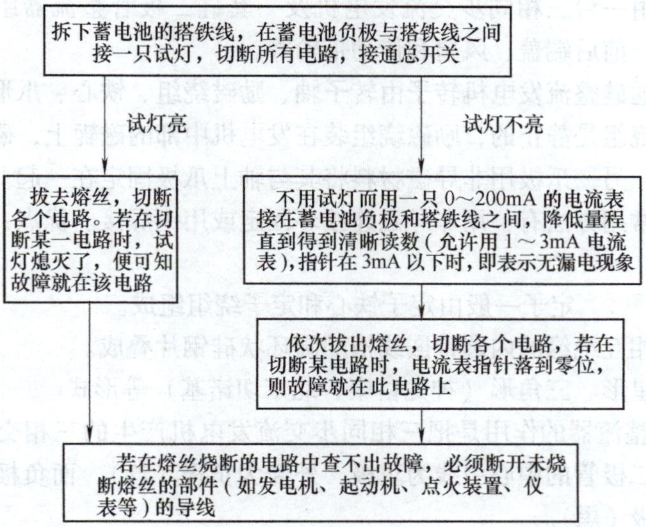

图 2-11　蓄电池放电故障的诊断与排除流程

课后评测

完成本任务对应工作页。

任务三　发电机的检测与维护

学习目标

理论目标：

1. 熟悉发电机的主要结构及其作用。
2. 掌握发电机的常用检测方法。
3. 熟悉发电机的一般维护步骤和注意事项。

技能目标：

1. 能够识别发电机的主要元器件。
2. 能实车检测发电机的性能。

知识储备

一、发电机的结构认知

汽车充电系统（电源系统）由蓄电池、发电机、调节器及充电状态指示装置组成。其中发电机的主要作用是向除起动系统之外所有用电设备供电和向蓄电池充电。

常见发电机的类型有硅整流发电机、带泵形发电机、整体式发电机和内（外）搭铁式发电机。

1. 硅整流发电机的结构

硅整流发动机一般分为有刷式硅整流发电机和无刷式硅整流发电机两种。

硅整流发电机由一台三相同步交流发电机及一套硅二极管整流器组成，主要部件有转子、定子、整流器、前后端盖、风扇和传动带轮等。

(1) 转子　普通硅整流发电机转子由转子轴、励磁绕组、铁心、爪形磁极和集电环等组成，其特点是励磁绕组是静止的，励磁绕组装在发电机中部的磁轭上，磁轭托架用螺栓固定在发电机后端盖上；另一爪极用非导磁材料将其与轴上爪极固定在一起。

固定两爪极的常用方法有：用非导磁连接环固定或用铜焊接。优点：结构简单、维护方便、工作可靠。

(2) 定子（电枢）　定子一般由定子铁心和定子绕组组成。

定子铁心：由相互绝缘的内圆带嵌线槽的圆环状硅钢片叠成。

定子绕组：有星形、三角形（神龙富康、北京切诺基）等形式。

(3) 整流器　整流器的作用是把三相同步交流发电机产生的三相交流电转换成直流电输出。其中，正极二极管的中心引线为正极，外壳为负极（红），而负极二极管的中心引线为负极，外壳为正极（黑）。

整流器组件的外形分长方形、马蹄形、半圆形和圆形等。

(4) 前后端盖（用铝合金铸造）

电刷组件：由电刷、电刷架和电刷弹簧组成。

安装形式：有外装式和内装式两种。

搭铁形式：有内搭铁和外搭铁之分。

(5) 风扇　风扇的作用是通风散热，装在前端盖与带轮之间。

(6) 带轮　带轮分单槽、双槽和多楔形槽三种。

(7) 真空泵　真空泵的作用是吸出真空筒内的空气，使其变为真空。

2. 硅整流发电机的型号

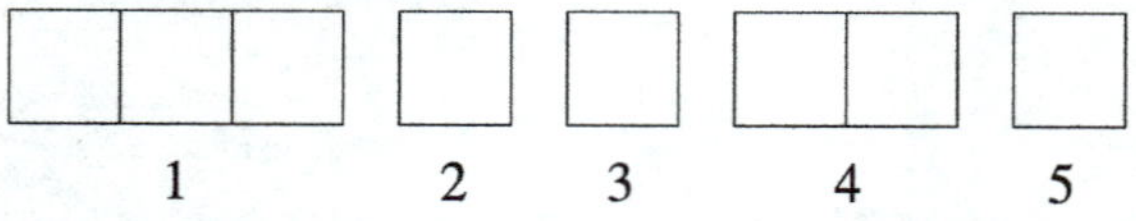

1）产品代号：由两个或三个汉语拼音大写字母构成。

JF——硅整流发电机

JFZ——整体式硅整流发电机

JFB——带泵整流发电机

JFW——无刷硅整流发电机

2）分类代号：发电机以标称电压分类，用阿拉伯数字表示。

3）分组代号：功率等级代号，用1位阿拉伯数字表示。

4）设计序号：表示产品设计的先后顺序，用1~2位阿拉伯数字组成。

5）变形代号：硅整流发电机以调整臂位置作为变形代号，右—Y，左—Z。

3. 三相同步交流发电机工作原理

(1) 发电原理　当励磁绕组有电流通过时，转子的两块爪极被磁化，形成了N、S极相互交错的六对磁极。发电机工作时，磁场同时旋转。于是，定子三相绕组的磁场发生相对运动，定子绕组切割磁极磁力线，产生电动势。

交流发电机每相绕组的电动势有效值 E 与发电机结构常数C、转子转速 n 及磁极磁通 Φ

成正比，即 $E = Cn\Phi$。

（2）励磁方式 在发电机低速运转且发电机电压低于蓄电池电压时，采用他励方式；当发电机电压高于蓄电池电压时，发电机由他励发电转为自励发电。

二、发电机的检修

交流发电机的检修主要包括转子总成的检修、定子总成的检修、电刷架组件的检修、整流器的检修以及前后壳体、后端盖及轴承的检修等。

（1）转子总成的检修

1）短路及断路检查。用万用表检测两集电环间的电阻，其值应为 3～4Ω。阻值大于此值或为无穷大，说明有断路故障；小于 3Ω，说明有短路故障。有故障的转子应修理或更换。

2）搭铁检查。用万用表检测集电环与转子轴之间的阻值，应为无穷大；否则说明有搭铁故障，应予以修理或更换。

3）转子铁心及转子轴的检测。转子铁心不得有松旷的现象。检查转子的直线度时，轴外圆与集电环的径向圆跳动应不大于 0.10mm，否则应进行校直。

4）集电环的检测。仔细检查集电环表面，应光滑平整，若有划伤或沟槽，应用“00”号砂纸磨光；用游标卡尺测量集电环的外径，其值不得小于标准直径（标准直径为 0.5mm），否则应更换；测量集电环的厚度，应不小于 2mm。

（2）定子总成的检修

1）电枢绕组表面不得有刮痕，导线表面不得有碰伤、绝缘剥落等现象，绕组不得有搭铁、断路或短路等现象。

2）搭铁检查。将中性点烫开，使三相绕组导线分离，用万用表分别测试定子铁心与绕组各端之间的电阻值，其值应为无穷大；否则说明有搭铁故障，应予以修理或更换。

3）断路检查。用万用表分别测试每两个绕组端子之间的电阻，其值应接近零；否则说明电路有断路故障，应更换新品。

（3）电刷架组件的检修

1）电刷架的检修。电刷架应无变形、无破损，否则应更换。

2）电刷的检修。电刷在电刷架内应活动自如、无卡滞。新电刷的长度为 13mm，允许磨损极限为 5mm，超过此极限应予更换。更换电刷时，应用“00”号砂纸覆在集电环上，用手按住电刷，沿集电环弧面左右推动，摩擦砂纸，使电刷磨出与滑环吻合的弧面，其接触面积应不小于 75%，保证电刷与集电环贴合良好。电刷与集电环接触的表面应无油污，集电环表面应无明显的氧化层。

3）电刷弹簧的检修。电刷弹簧的自由长度应符合维修使用说明要求，弹力为 10～20N。可用弹簧秤检测弹簧弹力。

（4）整流器的检修 将万用表调到 R×1 档，红表笔接元件板，黑表笔分别接二极管的引线，测得阻值应为 R_1；将万用表调到 R×10K 档，并且将两表笔对换，测得的阻值为 R_2。

若阻值 R_1、R_2 均为 0，说明二极管短路，应更换。

若阻值 R_1、R_2 均为∞，说明该二极管断路，应更换。

若阻值 R_1 为 8～10Ω、R_2 为无穷大，说明该二极管正常，且为正二极管。

若阻值 R_1 为无穷大、R_2 为 8～10Ω，说明该二极管正常，且为负二极管。

硅整流器的二极管的安装方式有焊接式和压装式。对于焊接式的二极管来说，只要有一只二极管坏，该二极管所在的散热板总成必须更换。如果是压装式二极管，那么已经损坏的二极管就可以单个更换。更换二极管时，应注意保证元器件的规格、极性及性能的一致。

（5）前后壳体、端盖及轴承的检修

1）前后壳体、端盖的检修。发电机端盖不允许有裂纹，其安装孔不能过于松旷，否则应作镶套处理。端盖上的轴承孔与轴承外径一般有 0.01～0.02mm 的过盈量。

2）轴承的检修。轴承应转动灵活，无明显的杂音，滚珠与滚道上应无斑点，轴承的轴向、径向间隙应不大于 0.2mm，否则应更换。

（6）交流发电机的装配及其注意事项　发电机的装配可按解体的相反顺序进行，在装配过程中应注意以下几个问题：

1）各绝缘衬套及绝缘垫圈不得漏装。

2）发电机前、后端盖及定子铁心应按装配标记对正装合。

3）各螺栓应按规定力矩拧紧。

4）装合后，转子在定子内应转动灵活，无碰擦现象；否则，应拧松前、后端盖紧固螺栓，边转动转子，边用木质器具轻轻敲击发电机端盖边缘，直至转子转动灵活时，再将紧固螺栓均匀拧紧。

5）硅整流发电机的所有接线必须连接正确，并谨防各插头接地；蓄电池必须负极搭铁；各线路连接好之前，最好不要转动发电机，以防烧坏二极管、熔丝及电路。

6）发电机装车后，应检查其传动 V 带张力。用拇指以 39.2～49N 的力按压 V 带中间部位时，V 带的挠度应为 8～12mm；否则，应将木棒放在发电机前端盖处撬动调整，直至符合要求（不得在后端盖处撬动，以防后端盖变形损坏元件）。调好后，将紧固螺栓拧紧。

三、发电机的就车检测与更换

（1）事前准备

1）将工位清理干净，排除障碍物，准备好相关的工具、物品等。

提示： 培养良好的工作习惯，做好事前准备，有利于安全操作和提高工作效率。

2）打开汽车左前门，拉紧驻车制动器，并将变速器变速杆置于空档。

提示： 为保证车辆在工位上的可靠停驻，防止出现溜滑，造成安全事故，要拉紧驻车制动器并将变速器变速杆置于空档。

3）打开并可靠支撑发动机舱盖。

提示： 将支持撑杆插入发动机舱盖支持孔时，要保证接触可靠，否则发动机舱盖滑落会造成人身伤害。

4）将护裙黏贴在汽车前部和左侧翼子板上。

5）安装转向盘套、变速杆手柄套、座套并铺设地板垫。

提示： 保护罩是由塑料制成的，极易破损，所以在安装时用力要均匀，避免因用力过大造成损坏。保护罩的主要作用是在操作过程中保持驾驶室内清洁。

(2) 检查充电指示灯状况

1) 用拇指下压发电机传动带轮与张紧装置之间楔形传动带，检查楔形传动带的挠度是否正常。

提示：①楔形传动带的正常挠度为：新传动带2mm，旧传动带5mm。如果楔形传动带过松，将降低发电机发电量。应视情更换楔形传动带或传动带张紧器。②如果产生传动异响，应更换楔形传动带。

2) 进入驾驶室，确认驻车制动器操纵手柄已拉紧，变速器变速杆位于空档位置。

3) 打开点火开关，起动发动机并保持运转3~5min后，关闭点火开关，停止发动机运转。

4) 发动机预热完毕后，将点火开关置于“ON”档位，此时位于组合仪表中的充电指示灯应点亮。

5) 再次起动发动机，并逐渐升高发动机转速，当发动机转速达到600~800r/min（发电机转速为1200~2000r/min）时，充电指示灯应自动熄灭。

(3) 检查发电机输出电压

1) 将数字式万用表调至“DC 20V”档位后，将“+”表笔接蓄电池正极接线柱；“-”表笔搭铁。

2) 按下万用表开关按钮，显示屏上显示电压，该电压即为蓄电池空载电压，正常值为12~12.6V。

3) 起动发动机，逐渐升高发动机转速。当发动机转速高于怠速转速（700~800r/min）时，观察万用表，指示电压值应高于蓄电池的空载电压值，并且随发动机转速升高而稳定在某一调节电压值上不再变化。

4) 使用一根跨接线，将发电机的磁场端子与输出端子（+B）的导线连接起来。

5) 起动发电机，并将转速提升到高于怠速转速，观察万用表指示电压值。

(4) 检查发电机输出电流

1) 拆下发电机（+B）接线柱上的连接导线后，将电流表的一鳄鱼夹夹持在发电机输出端子（+B）接线柱上，将另一鳄鱼夹夹持在连接导线上，这样便将电流表与发电机的电流输出电路连接起来。

2) 起动发动机，并将发电机转速升高到2000r/min，此时电流表指示数值应小于10A。

提示：如果电流表显示发电机的空载电流过大，则说明蓄电池充电不足或有故障，应充电或更换蓄电池。

3) 打开灯光、暖风或空调（夏季）开关。

提示：检验发电机负载运行性能。

4) 继续保持发动机以2000r/min的转速运转，观察电流表显示数值应大于30A。最后取下电流表并放置到仪器箱中。

提示：如果电流值小于30A，则说明发电机功率不足，应检修或更换发电机。

(5) 拆卸蓄电池负极电缆

1) 准备Φ10mm套筒、接杆、棘轮扳手。

2) 使用工具拧松蓄电池负极电缆的固定螺栓，然后从接线柱上取下电缆，并使电缆确实离开蓄电池负极接线柱。

（6）拆卸发电机

1）将16～17mm开呆扳手。

2）将该扳手的17mm开口端卡在发电机传动带张紧机构上的调整凸块，用力向发电机侧扳动扳手，使张紧机构顺时针转到一定角度，当张紧机构上的定位孔与其支架上的挡块对齐时，定位销钉插入定位孔中，定位销钉被支架上的挡块阻挡，张紧机构被固定在该位置。

3）张紧机构被固定后，确认发电机传动带已松弛。

4）将传动带从发电机传动带轮、动力转向液压泵传动带轮和曲轴传动带轮上取下来。

5）使用6mm内六角扳手，拧松发电机支架上端的1条固定螺栓。

6）使用8mm内六角扳手，拧紧发电机支架下端的1条固定螺栓，然后将工具递还。

7）用手旋下发电机两颗固定螺栓，分别摆放到零件车、工具车上。

8）将木柄锤的锤柄插入发电机和支架间的空隙中，撬动发电机。

9）从支架上取出发电机后，使用13mm套筒、棘轮扳手，拧松发电机后端盖上的+B接线柱固定螺母，取下螺母后，将导线脱离（+B）接线柱。

10）使用10mm套筒、棘轮扳手，拧松发电机后端盖上的励磁导线固定螺母。取下螺母后，将导线脱离接线柱。

11）将发电机摆放在零件车上。

12）使用10mm套筒、棘轮扳手，拧松发电机后端盖上的励磁导线固定螺母。取下螺母后，使导线脱离接线柱。

13）将发电机摆放在零件车上。

（7）安装发电机

1）将（+B）导线套装在（+B）接线柱上，用手旋上螺母。使用13mm套筒、棘轮扳手拧紧（+B）接线柱固定螺母。

2）将励磁导线套装在接线柱上，用手旋上螺母。使用13mm套筒、棘轮扳手拧紧（+B）接线柱固定螺母。

3）先将发电机下支撑臂插入固定在气缸盖上的支架上，然后将发电机推向气缸体一侧，调整发电机位置，使发电机支撑臂的螺栓孔与其支架的螺栓孔对齐。

4）将发电机的两颗固定螺栓用手旋入螺栓孔内，然后使用6mm和8mm内六角扳手，将螺栓力矩拧紧到适当力矩。固定螺栓规定力矩分别为25N·m和45N·m。

5）将发电机传动带安装到曲轴和发电机的传动带轮、导向轮和张紧轮上，并确认传动带安装走向正确且到位；否则重新安装调整传动带。

6）使用16～17mm开呆扳手，卡住传动带张紧机构上的凸块，转动张紧机构微量角度，使定位销钉松动，然后取出定位销钉。

7）缓缓放松张紧机构，使张紧轮压向传动带，直到张紧机构不再下降为止，取出扳手。

8）用手按压传动带，检查传动带的松紧度。

（8）安装蓄电池负极电缆

1）使用砂布清理负极电缆夹内孔和蓄电池负极柱，保持两者接触面清洁。

2）将负极电缆夹套装到蓄电池负极接线柱上之后，使用Φ10mm套筒、接杆、棘轮扳手，拧紧蓄电池负极电缆夹的固定螺栓。

（9）发电机运行检查　按照发电机性能检查的步骤和要求，再次对发电机的输出电压、电流等性能指标进行检测，保证发电机的正常使用性能。

（10）整理工位　拆除护裙，关闭发动机舱盖，清理工具和仪器，清洁地面。

任务实施

一、任务准备

1）设备：丰田卡罗拉轿车台架一台、工具车一套。

2）工具：世达工具一套。

二、实施步骤

1. 设备、工具准备	
	设备工具齐全并摆放整齐
2. 检查车辆变速器变速杆置于空档	
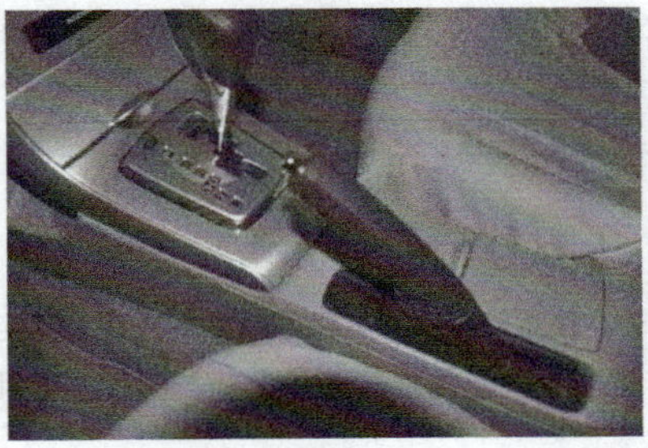	检查车辆变速器变速杆是否位于空档
3. 检查发电机传动带松紧度	
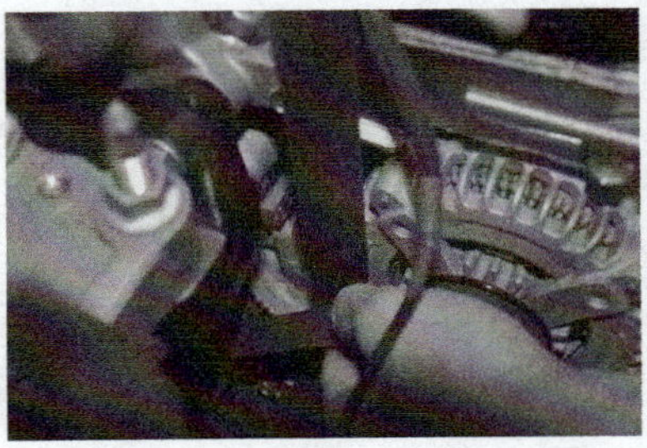	使用钢直尺检查发电机传动带的松紧度（挠度），新传动带为2mm，旧传动带为5mm

（续）

4. 检查蓄电池静态电压	
	万用表的红表笔接蓄电池正极，黑表笔搭铁，检查蓄电池的静态电压，判断蓄电池是否处于亏电状态。蓄电池静态电压正常值为 12 ~ 12.6V
5. 检查发电机怠速时的输出电压	
	起动发动机，当其处于怠速时，用万用表检查发电机的输出电压，此时电压应该略高于蓄电池静态电压
6. 逐渐升高发动机转速，检查发电机输出电压	
	逐渐升高发动机转速，此时发电机输出电压应该逐步升高
7. 发动机处于高速运转时，检查发电机输出电压	
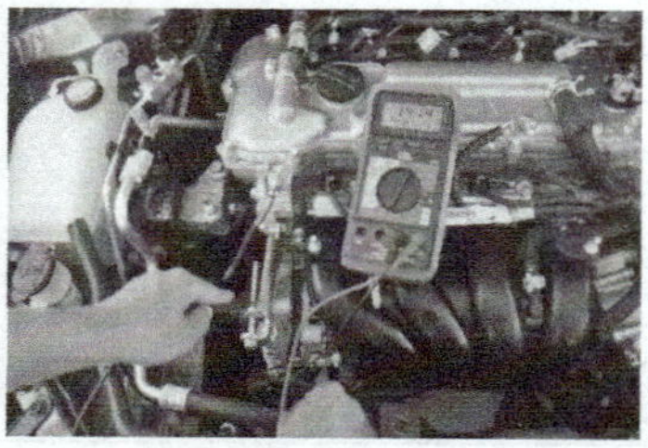	发动机处于高速运转时，发电机的输出电压应该稳定在某一调节电压值上不再变化。若继续上升，说明发电机存在问题
8. 整理工具	
	整理工位，清洁工具、车辆

拓展与提高

硅整流发电机在工作时具有输出特性、空载特性和外特性三种特性。

1. 输出特性

1）当发电机转速大于空转转速时，才能在额定电压下向负载供电。

2）当发电机转速等于满载转速时，发电机输出额定功率。

3）发电机输出电流达到一定值后，电流不随负载和转速的增加而增加。

2. 空载特性

发电机空载时，随着转速的增加，端电压急剧增加。所以，发电机在高速运转时，若突然失去负载，容易烧坏电子元件和用电设备。

3. 外特性

1）发电机转速越大，端电压越高。

2）发电机电流达到一定时，再继续减小电阻，输出电流反而减小。

课后评测

完成本任务对应工作页。

任务四 电源系统的故障诊断与检修

学习目标

理论目标：

1. 熟悉汽车电源系统的主要组成部分。
2. 掌握汽车电源系统的故障诊断与排除。
3. 学会汽车电源系统的检测与维护的方法。

技能目标：

1. 具备分析和排除蓄电池漏电及存电不足故障的能力。
2. 具备分析和排除发电机不充电故障的能力。

知识储备

一、蓄电池漏电及存电不足故障诊断与排除

1. 故障现象

蓄电池经常亏电，发动机起动无力。

2. 故障原因

1）蓄电池自身故障。

2）发电机不发电。

3）线路导线有擦破搭铁处。

4）线路连接点锈蚀或污染。

3. 故障诊断与分析

在使用中出现蓄电池亏电，首先要按照上一任务的步骤排除发电机不发电故障。发电机不发电故障可以通过车上的充电指示灯进行判断。在发动机运转时如果充电指示灯常亮，说明发电机不发电。线路连接点（特别是蓄电池的接线柱）要定期清洁，保证连接可靠。如果都检修过仍有问题，则线路中可能有搭铁短路现象。

二、不充电故障诊断与排除

1. 故障现象

发动机运转，充电指示灯常亮，即使提高发动机转速也不熄灭。

2. 故障原因

1）发电机或调节器故障。

2）线路有短路。

3）继电器盒故障。

4）发电机传动带断裂。

3. 诊断方法

出现充电指示灯常亮故障，首先要检查V带的工作是否正常，在V带工作正常情况下，拆下发电机的（D+）接线端子，打开点火开关，如果充电指示灯熄灭，说明发电机或电压调节器有故障，该部分的诊断方法和步骤详见上一任务；如果充电指示灯仍亮，则说明发电机(D+）接线端子和充电指示灯之间的导线有搭铁处。

任务实施

一、任务准备

1）设备：丰田卡罗拉轿车台架一台、工具车一套。

2）工具：世达工具一套。

二、实施步骤

1. 蓄电池漏电及存电不足故障诊断

1. 设备、工具准备	
	设备工具齐全并摆放整齐

（续）

2. 停车时检查蓄电池静态电压	
	使用万用表检查蓄电池静态电压，正常值为 12～12.6V
3. 若电压过低，从车上拆下蓄电池	
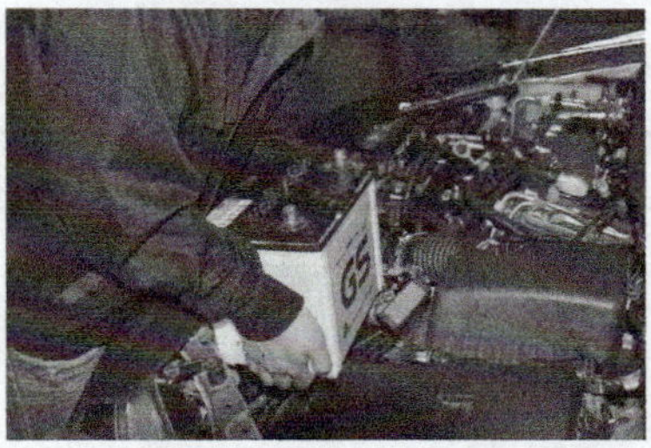	拆卸蓄电池进行下一步性能检查
4. 对蓄电池电解液进行采样	
	对电解液进行采样，滴在检测仪器镜面上
5. 读取蓄电池电解液密度	
	读取蓄电池的电解液密度，若密度过低则说明蓄电池亏电，需要充电。若充电后，电解液密度仍然过低，则说明该蓄电池已经损坏，需要更换
6. 检查蓄电池电解液液面高度（免维护蓄电池除外）	
	如果电解液液面过低，则需要补充蒸馏水至正常值 注：免维护蓄电池无需补充

（续）

7. 清洁蓄电池接线柱	
	对蓄电池正、负极接线柱进行清洁、除锈操作

2. 不充电故障诊断与排除

1. 设备、工具准备	
	设备工具齐全并摆放整齐
2. 检查充电指示灯是否点亮	
	起动发动机，检查仪表盘上的充电指示灯，若持续点亮，则检查发电机是否有故障
3. 检查发电机传动带	
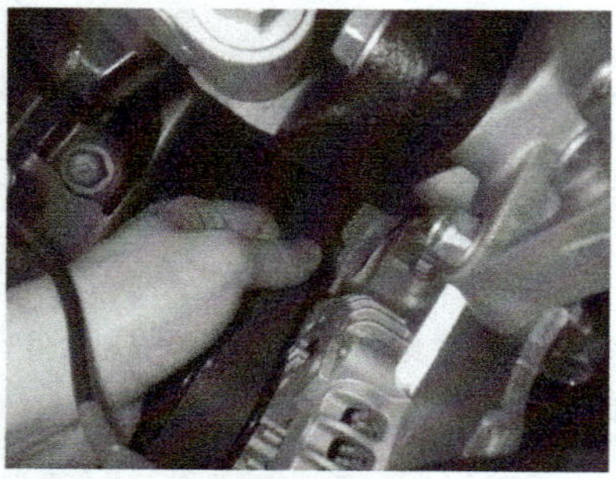	检查发电机传动带是否断裂

（续）

4. 检查发电机传动带张紧度	
	检查发电机传动带张紧度是否正常
5. 检查发电机输出电压	
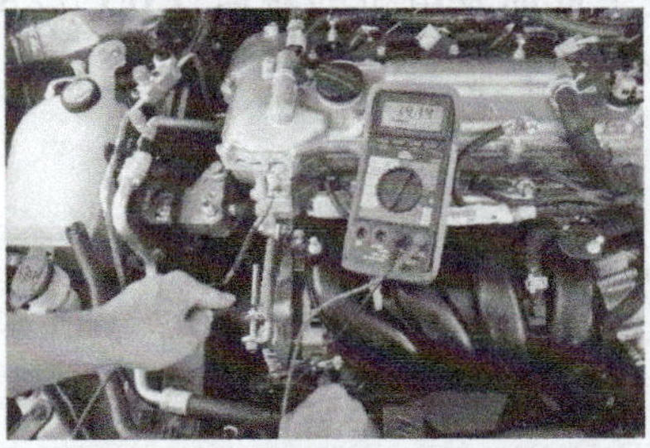	起动发动机，在怠速、中速和高速时，检查发电机的输出电压，应该超过蓄电池静态电压12～12.6V后保持不变。若输出电压低于蓄电池电压或持续升高，则需要检查或更换发电机及其电压调节器
6. 如发电机无问题，则需检查线路和继电器盒	
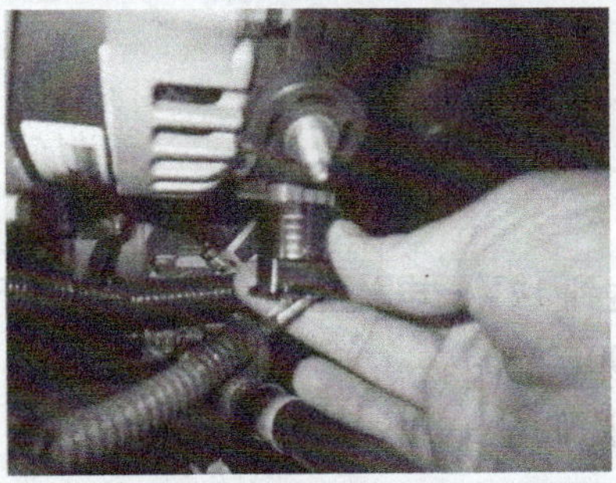	如发电机输出电压正常，则需检查相关的线路及其继电器盒
7. 排除故障后，整理工位	
	排除故障后，对工位进行整理和清洁，工具摆放到位

拓展与提高

一、硅整流发电机空载试验

1. 发电机的固定

1）调整平台高度，使发电机轴线与调速电机轴线在同一条直线上。

2）用联轴器联接好。

3）夹紧发电机。

4）检查发电机转子转动是否灵活。

2. 试验线路的连接

根据万能试验台的接线要求连接好电路。

3. 发电机空载试验的具体操作步骤

1）将记录转速表量程开关拨到 0～1000r/min 档。

2）使发电机转速逐渐升高，电压指示也不断升高。

3）当发电机电压达到 12V 时，断开他励电路，使发电机自励发电。

4）继续提高转速，使电压表指示稳定在 14V，记下此时发电机的转速（JF1522A 发电机应不大于 1100r/min；JF152V 发电机应不大于 1150r/min）。

二、发电机负载试验

先将发电机固定牢固，连接试验的相关线路，具体操作步骤如下：

1）将可变电阻调至最大。

2）将量程开关拨至 0～1000r/min 档。

3）将发电机转速逐步升高，使其电压稳定在 14V 以上。

4）使发电机自励发电。

5）接通负载。

6）将记录转速表量程开关拨至 0～5000r/min 档。

7）继续提高转速，使发电机输出电流不断增大。

8）不断调节发电机转速和可变电阻值，使电压达到 14V，电流达到额定值，记下此时的转速（JF1522 不大于 2500r/min；JF152V 不大于 2200r/min）。

9）试验完毕，将调速电机转速调至最低，可变电阻调至最大，断开交流电源。

课后评测

完成本任务对应工作页。

项目三

照明信号系统

项目描述

本项目的主要内容包括：照明系统元器件的认知；信号系统元器件的认知；照明系统的故障诊断与检修；信号系统的故障诊断及检修；照明信号系统的案例分析。通过本项目的学习，学生可以掌握照明信号系统的组成及相关的电路知识，经过实训训练，学生可以学会照明信号系统的故障诊断与检修。

任务一　照明信号系统的认知

学习目标

理论目标：

1. 掌握照明系统元器件的原理。
2. 掌握信号系统元器件的原理。

技能目标：

1. 能够识别实车照明系统元器件。
2. 能够识别实车信号系统元器件。

知识储备

一、照明系统的组成

照明系统由电源、照明装置和控制部分组成，照明装置名称及特征见表3-1。照明装置包括外部灯（前照灯、雾灯和牌照灯等）、内部灯（仪表灯、顶灯和阅读灯等）和工作照明灯（行李箱灯、发动机罩灯等）。

表 3-1 照明装置名称及特征

名 称	位 置	功 率	用 途	光 色
前照灯	汽车头部两侧	远光灯：40～60W 近光灯：20～35W	夜间行驶时，照亮车前的道路及物体：用远近光的变换，在超车时告知前方车辆避让	白色
雾灯	汽车头部和尾部	前雾灯：45W 后雾灯：21W 或 6W	前雾灯：在雾天、雨雪天或尘埃弥漫等情况下，用来改善车前道路的能见度 后雾灯：用来警示尾随车辆保持必要的安全距离	前：黄色 后：红色
牌照灯	汽车尾部牌照上方或左右两侧	5～10W	用于夜间照亮汽车牌照（光束不应外射，保证在 25m 外能认清牌照上的号码）	白色
顶灯	驾驶室顶部	5～15W	用作驾驶室内照明及监视车门是否可靠关闭	白色

二、汽车灯具的作用

汽车灯具为车前及车内提供充分可靠的照明，并通过不同色泽的发光标志显示汽车工作状况，从而向其他车辆、行人传达信息。汽车组合灯具的名称和特征如图 3-1 所示。

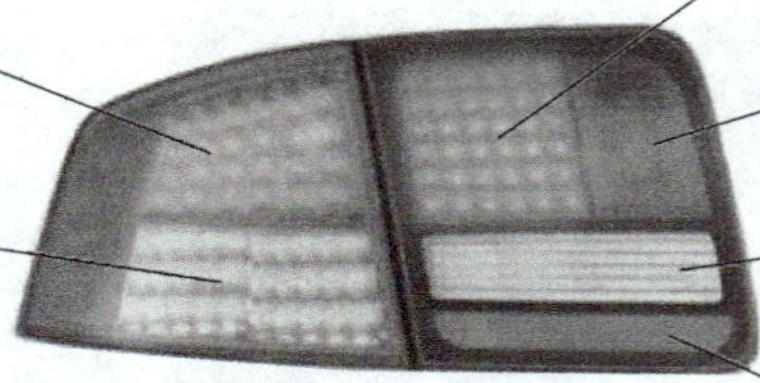

图 3-1 汽车组合灯具的名称和特征

三、汽车照明灯的结构

1. 前照灯的基本要求

1）前照灯应保证夜间车前有明亮而均匀的照明，使驾驶人能辨明 100m 以内道路上的任何障碍物。

2）前照灯应具有防炫目装置，以免夜间两车交会时造成对方驾驶人炫目而发生事故。

3）前照灯的上缘距地面高度不大于 1.2m，外缘距车外侧不大于 0.4m。

4）汽车的前照灯应有远、近光变换装置，并且当远光变为近光时，所有远光应能同时熄灭。

5）四灯制前照灯并排安装时，装于外侧的一对应为远、近光双光束灯；装于内侧的一对应为远光单光束灯。

2. 前照灯的结构

前照灯由灯泡、反射镜和配光镜三部分组成，其结构如图 3-2 所示。

（1）灯泡　分为充气灯泡、卤钨灯泡和新型高压放电氙灯。

（2）反射镜　反射镜的作用是将灯泡的光线聚合并导向远方，其材料一般为薄钢板、玻璃和塑料等。表面是旋转抛物面，内表面镀银、铝或铬，再进行抛光。

（3）配光镜　配光镜又称散光玻璃，它是用透光玻璃压制而成，是很多块特殊的棱镜和透镜的组合，其几何形状比较复杂，外形一般为圆形和矩形。配光镜的作用是将反射镜反射出的平行光束进行折射，使车前路面和路线都有良好而均匀的照明。

3. 前照灯的防炫目措施

（1）前照灯采用远近光变光措施　远光位于反射镜焦点上，近光位于焦点的上方偏右。前照灯的远光和近光如图 3-3 所示。

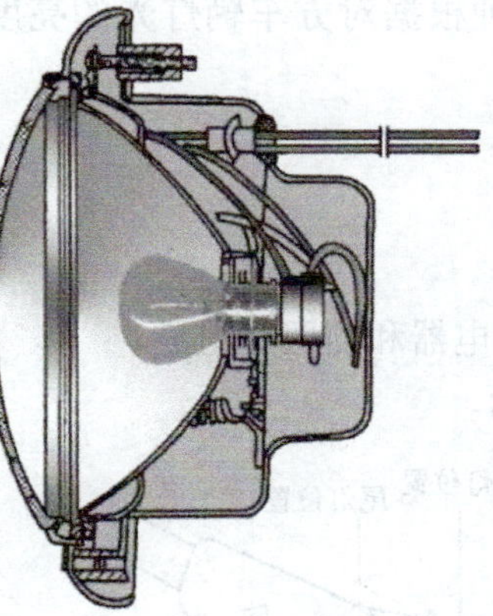

图 3-2　前照灯的结构

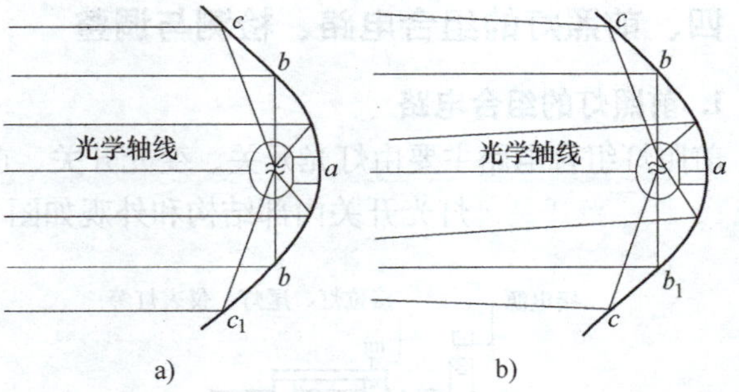

图 3-3　前照灯的远光和近光

（2）在近光灯丝下设置配光　配光屏遮挡灯丝射向反光镜下半部的光线，极大地减少了使对面驾驶人炫目的光线；而射向反射镜上部的光线反射后倾向路面，满足了汽车近距离范围内的照明需要。配光屏的作用如图 3-4 所示。

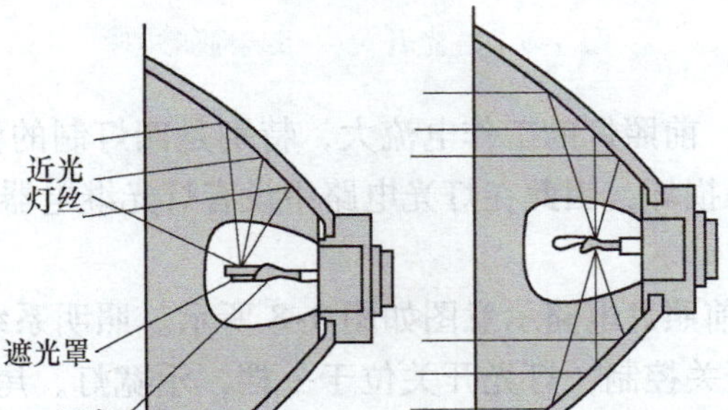

图 3-4　配光屏的作用

（3）非对称式配光　利用配光屏安装时偏转角度的不同分为多种非对称式配光，如

图3-5所示。例如Z形配光屏，其明暗截至线呈Z形，它不仅避免对面来车驾驶人的炫目，还可以防止对面行人和非机动车使用者炫目。

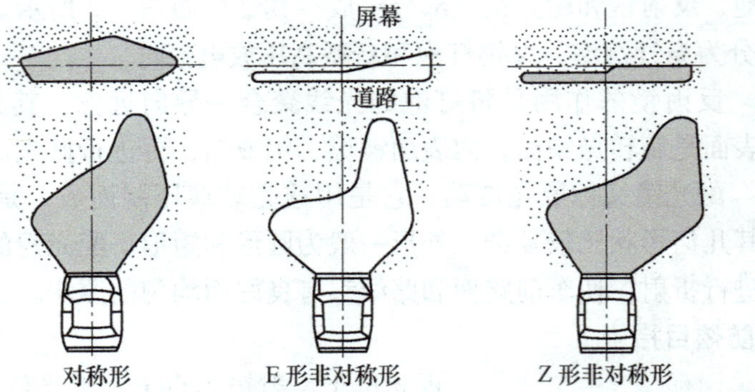

图3-5　非对称式配光

(4) 采用前照灯自动变光器　前照灯自动变光器是一种根据对方车辆灯光的亮度自动变远光为近光或变近光为远光的自动控制装置。

四、前照灯的组合电路、检测与调整

1. 前照灯的组合电路

前照灯组合电路主要由灯光开关、变光开关、前照灯继电器和前照灯组成。

(1) 灯光开关　灯光开关内部结构和外观如图3-6所示。

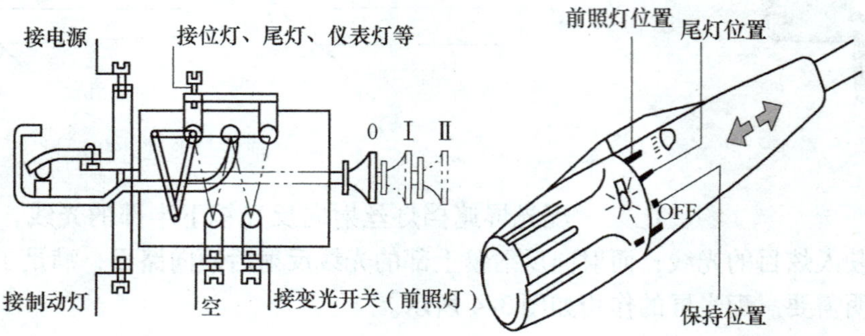

图3-6　灯光开关内部结构和外观

(2) 前照灯继电器　前照灯的工作电流大，特别是四灯制的汽车，如果车灯开关直接控制前照灯，车灯开关易损坏，因此在灯光电路中设有灯光继电器。前照灯继电器结构和外形如图3-7所示。

(3) 前照灯电路　前照灯电路示意图如图3-8所示。照明系统工作情况一般服从如下规律：①照明灯由灯光开关控制，灯光开关位于一档，示宽灯、尾灯、仪表灯及牌照灯亮；位于二档，一档接通的灯仍发亮的同时前照灯发亮。②超车灯信号常用远光灯亮灭来表示，发出此信号时不通过灯光开关，属于短时接通式。③在有些车辆中，为了保证发动机顺利起动，当点火开关拨至起动档时，前照灯及空调系统等耗电量较大的用电设备将被断电。④由于前照灯远光功率较大，为了减少照明开关的烧蚀，常用灯光继电器来控制。

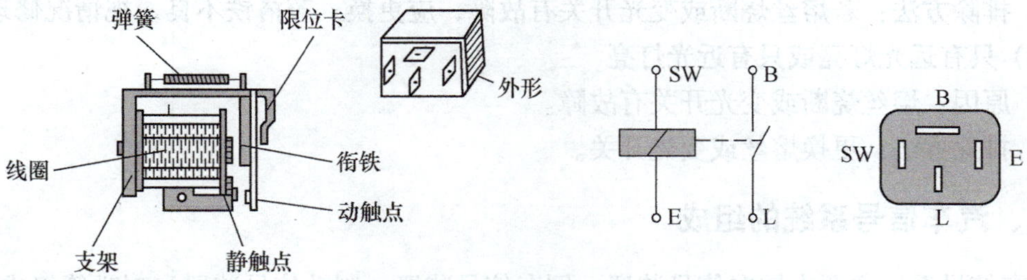

图 3-7　前照灯继电器结构和外形

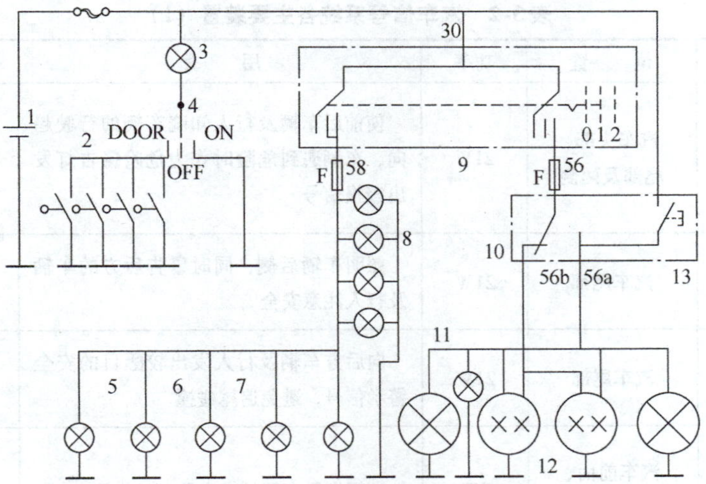

图 3-8　前照灯电路示意图

1—蓄电池　2—门控开关　3—室内灯　4—室内灯手控开关　5—示宽灯　6—尾灯　7—牌照灯　8—仪表灯　9—灯光开关　10—变光开关　11—远光指示灯　12—前照灯（4 灯亮远光、2 灯亮近光）　13—超车灯开关

2. 前照灯的检测与调整

前照灯控制单元根据车辆的负载情况，自动调节前照灯照程。控制单元采集安装于前、后轴水平位置传感器的信号来确定车辆的负载情况，然后命令电动机动作，使前照灯照程始终处于最佳状态。正常状态下的前照灯照程如图 3-9 所示，车辆负载情况下的前照灯照程如图 3-10 所示。

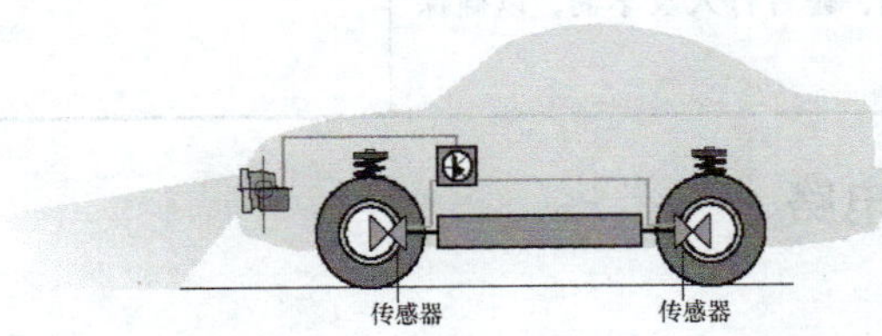

图 3-9　正常状态下前照灯照程

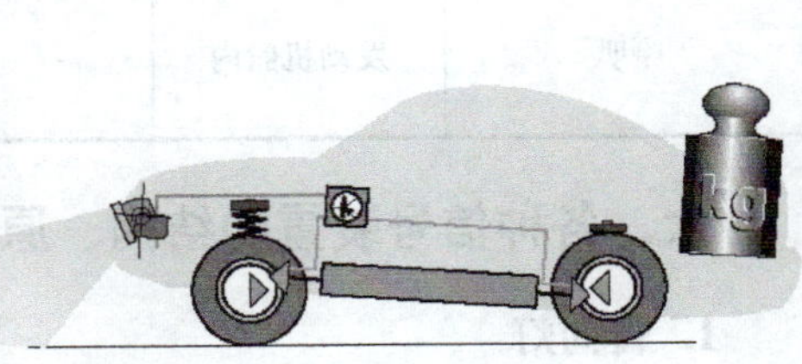

图 3-10　车辆负载情况下前照灯照程

3. 前照灯的故障现象及排除

（1）前照灯不亮

1）原因：熔丝烧断、变光开关有故障或前照灯搭铁不良。

2）排除方法：若熔丝烧断或变光开关有故障，应更换；若搭铁不良，视情况修理。

（2）只有远光灯亮或只有近光灯亮

1）原因：熔丝烧断或变光开关有故障。

2）排除方法：更换熔丝或变光开关。

五、汽车信号系统的组成

汽车信号系统主要由转向信号装置、倒车信号装置、制动信号装置和喇叭等组成，各信号装置的名称及特征见表3-2。

表3-2　汽车信号系统各主要装置（1）

名　称	位　置	功率	用　途	光　色
转向灯、危险警告灯	汽车头部、尾部及两侧	21W	使前后车辆及行人知晓车辆的行驶趋向，车辆遇到危险时作为危险警告灯发出警报信号	淡黄色光
倒车灯	汽车尾部	21W	照明车辆后侧，同时警告后方的车辆及行人注意安全	白色光
制动灯	汽车尾部	21W	向后方车辆及行人发出较醒目的安全警示信号，避免追尾碰撞	红色光
示位灯	汽车前面、后面和侧面	5W	夜间标示车辆的存在及所处位置	前：白色或黄色 后：红色 侧：淡黄色
示廓灯	车身的前后左右四角	3～5W	标示车辆轮廓	红色光
驻车灯	车头、车尾和两侧	3W	标示车辆形状和位置，警示车辆及行人注意避让，以防碰撞	前：白色光 后：红色光
警告灯	汽车顶部	40～45W	标示车辆特殊类型，消防车、警车为红色，救护车为蓝色	白色或黄色光
喇叭	发动机舱内	-	发出声响，警告行人及车辆，以确保行车安全	-

六、各种信号装置的结构、原理和控制电路

1. 转向灯

转向信号系统一般由转向信号灯、转向指示灯、转向开关和闪光器等组成。当汽车要向左或向右转向时，通过操纵转向开关，使车辆左边或右边的转向信号灯经闪光器得电而闪烁发光。驾驶人可以通过操纵危险警告灯开关使全部转向灯闪亮，起到警示作用。

2. 制动信号灯

制动信号灯是与汽车制动系统同步工作的，它通常由制动信号灯开关控制。

3. 电容式闪光器

电容式闪光器的工作原理如图 3-11 所示。当汽车转弯接通转向灯开关时，电流形成回路。随着动触点不断开闭，使转向灯发出闪光。

4. 转向灯、危险警告灯控制电路

转向灯系统组成：转向信号灯、转向指示灯、转向开关和闪光器。转向信号灯及危险警告灯电路如图 3-12 所示，转向灯系统的工作过程如下：

(1) 转向　当汽车要向左或向右转向时，通过操纵转向开关，使车辆左边或右边的转向信号灯经闪光器接通电源而闪烁发光。转向后，回转转向盘，转向盘控制装置可自动使转向开关回位，转向灯熄灭。

(2) 报警　通过操纵危险警告灯开关使全部转向灯闪亮，起到警示作用。

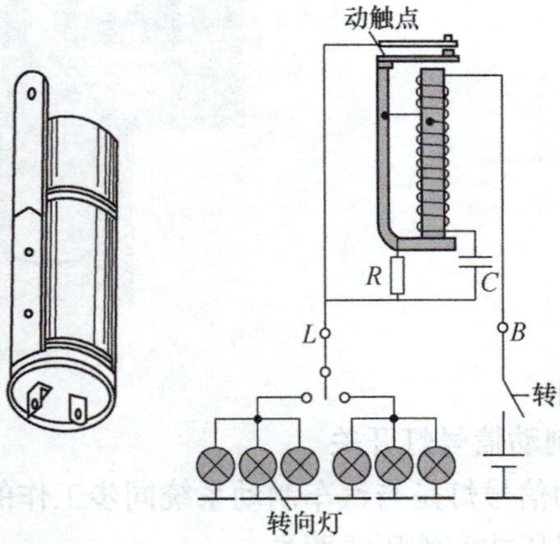

图 3-11　电容式闪光器的工作原理

注意：转向信号灯的频闪在国标中规定为 60 ~ 120 次/min，日本规定为（85 ± 10）次/min，并要求信号效果要好，亮暗时间比（通电率）为 3∶2。

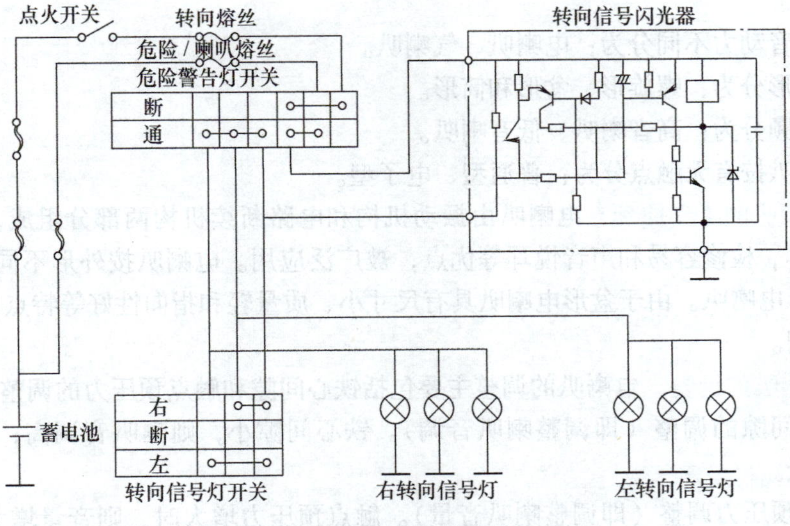

图 3-12　转向信号灯及危险警告灯电路

5. 倒车信号灯开关

倒车信号装置由倒车信号灯开关控制，倒车信号灯开关示意图如图 3-13 所示，其工作原理如下：钢球平时被顶起，而当变速杆拨至倒车档时，钢球被松开，在弹簧的作用下，触点闭合，将倒车信号电路接通。

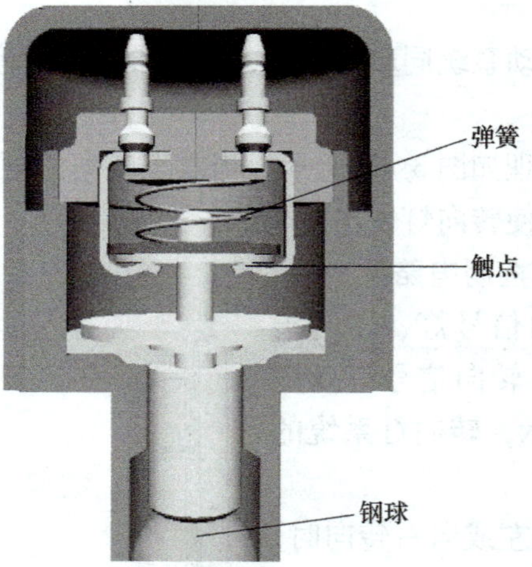

图 3-13 倒车信号灯开关示意图

6. 制动信号灯开关

制动信号灯是与汽车制动系统同步工作的，通常由制动信号灯开关控制，而制动信号灯开关分气压式和液压式两类。

气压式开关：安装在制动系统管路中或制动阀上。

液压式开关：安装在踏板直接联动的机械行程上或制动液压回路上。

7. 喇叭

（1）作用　警告行人或其他车辆，保证行车安全。

（2）分类

1）按发音动力不同分为：电喇叭、气喇叭。

2）按外形分为：螺旋形、盆形和筒形。

3）按声频分为：高音喇叭、低音喇叭。

4）电喇叭按有无触点分为：普通型、电子型。

（3）电喇叭的工作原理　电喇叭由振动机构和电路断续机构两部分组成，具有操作方便、结构简单、检修容易和声音悦耳等优点，被广泛应用。电喇叭按外形不同可分为筒形、螺旋形和盆形电喇叭。由于盆形电喇叭具有尺寸小、质量轻和指向性好等特点，因此被现代汽车普遍采用。

（4）电喇叭的调整　电喇叭的调整主要包括铁心间隙和触点预压力的调整。

1）铁心间隙的调整（即调整喇叭音调）。铁心间隙小，则喇叭音调高；铁心间隙大，则喇叭音调低。

2）触点预压力调整（即调整喇叭音量）。触点预压力增大时，则音量增大；触点预压力减小时，则音量减小。

任务实施

一、任务准备

1）设备：丰田卡罗拉轿车台架一台、工具车一套。

2）工具：世达工具一套。

二、实施步骤

1. 设备、工具准备	
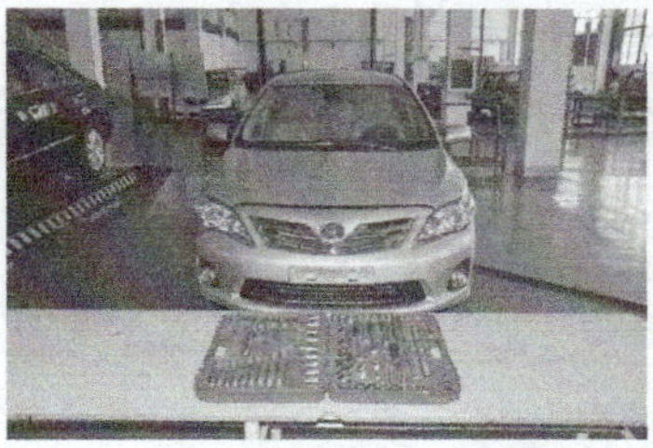	设备工具齐全并摆放整齐
2. 打开照明信号系统装置	
	在卡罗拉车上认识并正确操作照明、信号灯光，正确识读各种仪表和警告灯
3. 按规范检查照明信号系统	
	检查卡罗拉全车照明信号系统各个装置是否正常

拓展与提高

可缩回式前照灯装置

可缩回式前照灯装置如图 3-14 所示。可缩回式前照灯提高了车身的空气动力学性能，有利于协助改善燃油经济性和轿车款式，因此在一些轿车上得到了应用。

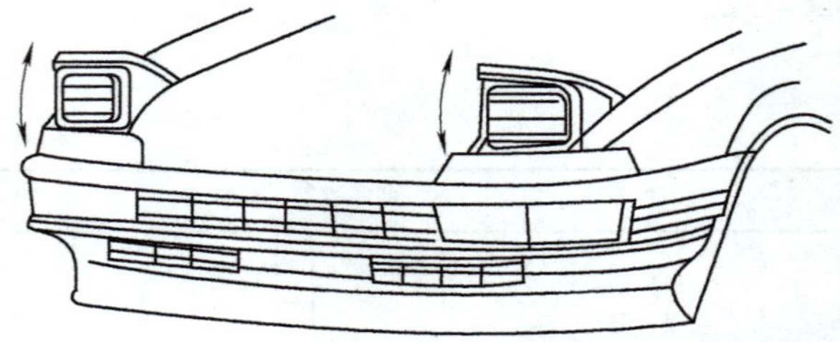

图 3-14　可缩回式前照灯装置

课后评测

完成本任务对应工作页。

任务二　照明系统的故障诊断与检修

学习目标

理论目标：

1. 掌握照明系统检测与调整的方法和步骤。
2. 熟悉照明系统故障诊断与排除的一般思路。

技能目标：

1. 能够对实车的照明系统进行检测与调整。
2. 能够对实车的照明系统故障进行诊断与排除。

知识储备

一、照明系统电路

1. 照明系统电路的特点

1）照明灯由灯光开关控制，灯光开关在 0 档断开，1 档为小灯（包括示宽灯、尾灯、仪表灯和牌照灯）亮、2 档为前照灯、小灯同时亮。

2）前照灯远光功率较大，采用灯光继电器来控制。

3）超车灯信号常用远光灯亮灭来表示，发出该信号不通过灯光开关，属于短时接通式。

4）室内灯除了起到照明作用，还受各车门开关控制，为驾驶人提供车门开闭状态信息。

5）在有些车辆中，为使发动机顺利起动，点火开关置于起动档时，前照灯及空调系统等耗电量较大的用电设备将被断电。

2. 典型汽车的照明系统

1）解放 CA1092 汽车照明系统电路如图 3-15 所示。

2）桑塔纳轿车照明系统电路如图 3-16 所示。

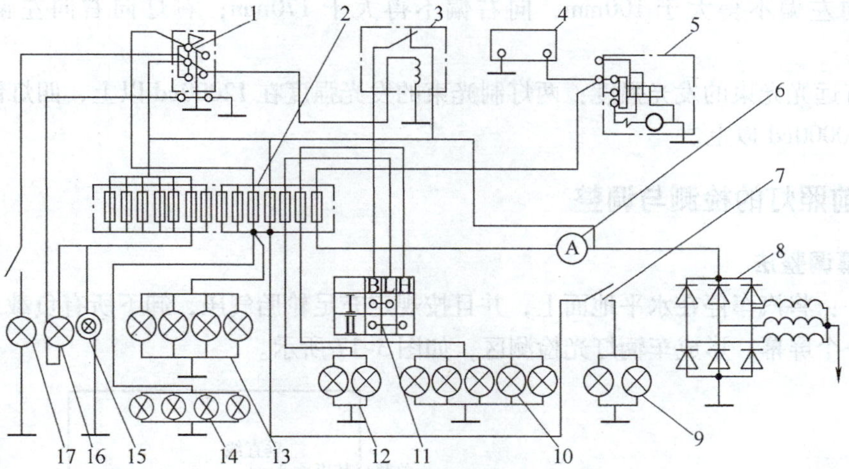

图 3-15　解放 CA1092 汽车照明系统电路

1—车灯开关　2—熔断器　3—前照灯继电器　4—蓄电池　5—起动机　6—电流表　7—雾灯开关　8—发动机　9—雾灯　10—远光灯　11—变光开关　12—近光灯　13—示廓灯　14—仪表灯　15—工作灯插座　16—顶灯　17—工作灯（发动机罩下灯）

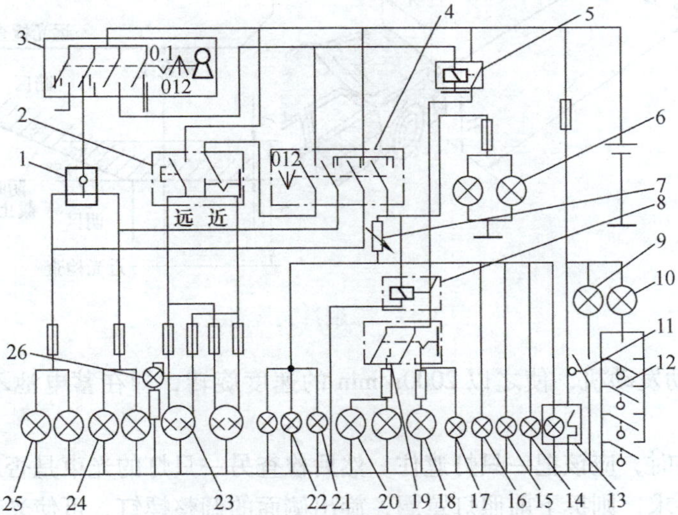

图 3-16　桑塔纳轿车照明系统电路

1—停车灯开关　2—变光和超车灯开关　3—点火开关　4—车灯开关　5—中间继电器　6—牌照灯　7—仪表灯调节电阻　8—雾灯继电器　9—行李箱灯　10—前顶灯　11—行李箱灯开关　12—前顶灯门控开关　13—点烟器照明灯　14—雾灯开关照明灯　15—后风窗除霜器开关照明灯　16—空调开关照明灯　17—雾灯指示灯　18—后雾灯　19—前后雾灯开关　20—前雾灯　21—仪表灯　22—时钟照明灯　23—前照灯　24—右前后示廓灯　25—左前后示廓灯　26—远光指示灯

3. 对前照灯的要求

前照灯在距离屏幕 10m 处，近光灯光束明暗截止线中心的高度应为 0.6H～0.8H（H 为前照灯基准中心的高度）；四灯制前照灯远光单光束要求在屏幕上光束中心离地高度应为 0.85H～0.90H。

在水平方向上，光束向左向右偏均不能超过 100mm。四灯制前照灯其远光灯水平位置要求左灯向左偏不得大于 100mm，向右偏不得大于 170mm；右灯向右向左偏均不得大于 170mm。

前照灯远光光束的发光强度：两灯制光束的发光强度在 12000cd 以上，四灯制光束的发光强度在 10000cd 以上。

二、前照灯的检测与调整

1. 屏幕调整法

步骤一：将汽车停在水平地面上，并且按规定充足轮胎气压，卸下所有负载，距前照灯 10m 处竖一个屏幕，形成车辆灯光检测区，如图 3-17 所示。

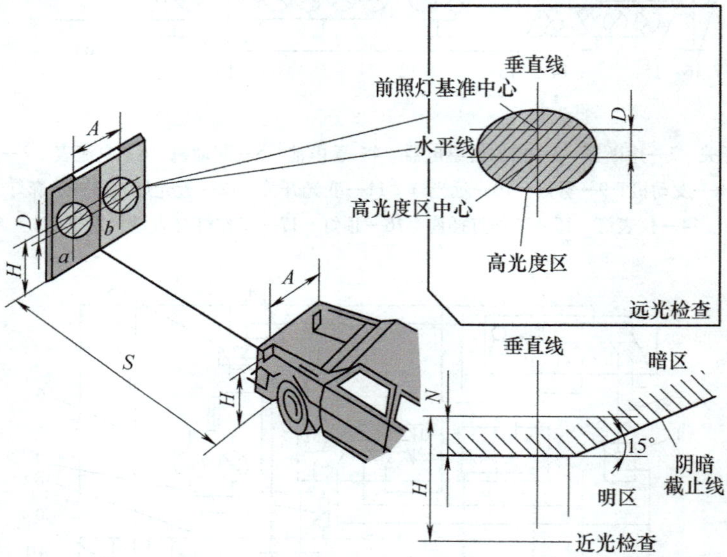

图 3-17　车辆灯光检测区

步骤二：起动发动机，使之以 2000r/min 的速度旋转，即在蓄电池不放电的情况下点亮前照灯远光。

步骤三：调整时，应该把一只灯遮住，然后检查另一只灯的光束是否对准同一侧的光照中心。若不符合要求，则拆下前照灯罩圈，旋出侧面的调整螺钉，可使光束作水平方向的调整，旋入或旋出上面的调整螺钉，也可使光束作高低方向的调整，如图 3-18 所示。

步骤四：当远光调好后，应该打开近光灯，检查屏幕上是否有明显的明暗截止线，其高度是否符合规定。

一般规定是前照灯上边缘距地面不大于 1350mm 的车，在距灯 10m 远的屏幕上明暗截止线水平部分应比前照灯基准中心低 H/3 左右。

前照灯光束调整好后，还应对其照度进行测量，可采用屏幕式测试器或聚焦式测试器进行测试。

2. 利用集光式测试仪调整前照灯

步骤一：将测试仪垂直放置，汽车和测试仪的相对位置应保证检验仪聚光凸透镜与前照灯配光镜之间的距离为 1m。

步骤二：调整测试仪，使对正校准器对准被测汽车的纵向中心线，即对中。集光式测试仪如图 3-19。

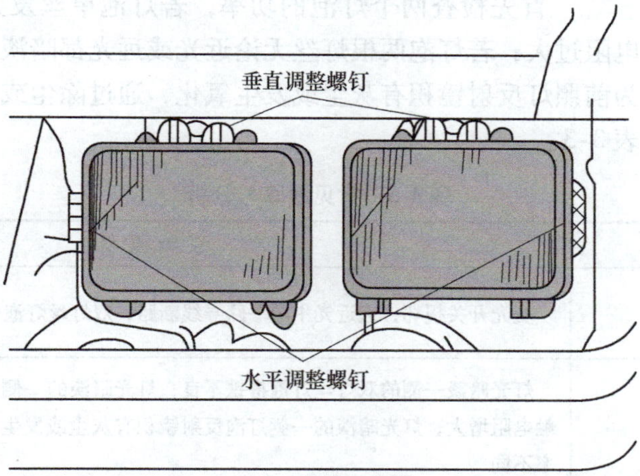

图 3-18 灯光调整

步骤三：利用前照灯对正校准器，通过上下、左右调整测试仪，使前照灯中心与测试仪聚光凸透镜中心对中，然后将测试仪固定在支柱上。

步骤四：接通前照灯，将光度—光轴转换开关转到光轴位置上。左右、上下偏移指示计，转动左右、上下调整旋钮，使左右、上下偏移指示计的指针指示中央位置。

步骤五：将光度—光轴转换开关转到光度位置上，光度计开始工作，读取此时光度计指示值和左右、上下调整旋钮转动时的刻度值，即测出发光强度和光轴的左右、上下偏移量。

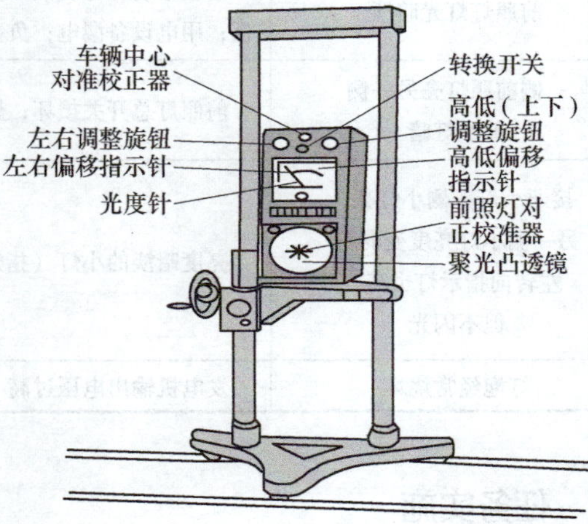

图 3-19 集光式测试仪

三、照明系统常见故障的诊断与分析

1. 前照灯远近光不全

(1) 现象 车灯开关处于 2 档位置，用变光开关变换远近光，只有远光灯或近光灯亮。

(2) 故障原因 ①变光开关损坏；②远近光中的一路导线断路；③双灯丝灯泡中某灯丝烧断。

(3) 故障诊断与排除 先查变光开关，然后检查相关熔断器，最后检查不良灯丝所在线路。

2. 左右前照灯的亮度不同

(1) 现象 前照灯开关接通后，不论是远光还是近光，有一侧灯较暗。

(2) 故障原因 ①灯光暗淡一侧的双灯丝灯泡搭铁不良；②灯光暗淡的一侧灯泡插头松动或锈蚀使接触电阻增大；③灯光暗淡的一侧灯泡反射镜积有灰尘或发生氧化；④左右两

侧灯泡的功率不同。

（3）故障诊断与排除　首先检查两个灯泡的功率，若灯泡单丝发光微弱，一般为插头松动或锈蚀等导致的电阻过大；若灯泡两根灯丝无论近光或远光都暗淡，如灯泡亮度正常就排除搭铁不良，一般为前照灯反射镜积有灰尘或发生氧化，通过除尘或更换反射镜即可，其他故障现象及原因见表3-3。

表3-3　常见故障与分析

故障现象	故障原因
前照灯远近光不全	变光开关损坏；远近光中的一路导线断路；双灯丝灯泡中某灯丝烧断
左右前照灯的亮度不同	灯光暗淡一侧的双灯丝灯泡搭铁不良；灯光暗淡的一侧灯泡插头松动或锈蚀使接触电阻增大；灯光暗淡的一侧灯泡反射镜积有灰尘或发生氧化；左右两侧灯泡的功率不同
所有灯都不亮	蓄电池至总开关之间火线断路；总开关损坏；电源总熔丝断路
前照灯灯光暗淡	熔丝松动；导线插头松动；前照灯开关或继电器触点接触不良；发电机输出电压低；用电设备漏电；负荷增大；接触不良
一侧前照灯亮另一侧前照灯暗	前照灯总开关损坏；熔丝断路；小灯灯泡损坏；小灯线路断路；继电器损坏
接通小灯一侧小灯亮，另一侧小灯亮度变弱且左转向指示灯也亮，但不闪光	亮度暗淡的小灯（指灯壳接地的灯）搭铁不良
灯泡经常烧坏	发电机输出电压过高

任务实施

一、任务准备

1）设备：丰田卡罗拉轿车一台、工作台一个。
2）工具：世达工具一套。

二、实施步骤

1. 设备、工具准备	
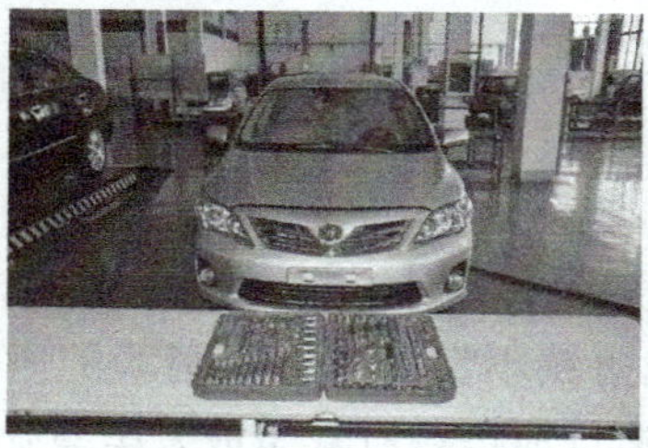	设备工具齐全并摆放整齐

（续）

2. 左前照灯的拆卸和检查方法	
	由实训指导教师对卡罗拉左前照灯进行拆卸和检查操作，学生在旁观看
3. 学生分组训练	
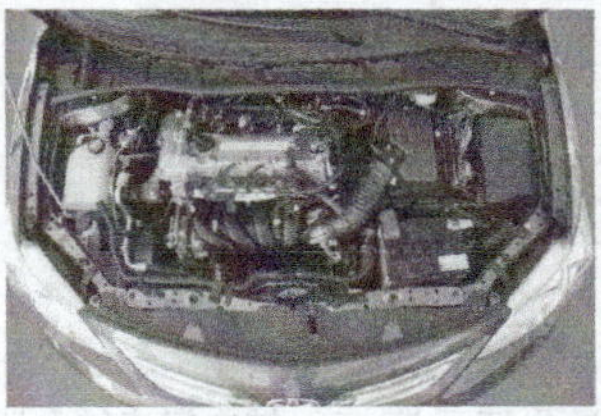	实训指导教师在旁进行指导

课后评测

完成本任务对应工作页。

任务三 信号系统的检测与维修

任务目标

学习目标：

1. 掌握信号系统的检测与调整原理。
2. 掌握信号系统故障诊断与排除的一般方法和步骤。

技能目标：

1. 掌握信号系统检测与调整的一般方法。
2. 以喇叭为例进行信号系统故障诊断与排除。

知识储备

一、信号系统电路的特点

转向信号与危险警告信号电路如图 3-20 所示。

1）转向信号灯是在点火开关处于工作档时使用的。

2）危险警告灯可以在发动机不工作时使用。

3）闪光灯灯泡烧坏时有监测装置，会自动以加快/放慢闪光频率提示驾驶人。

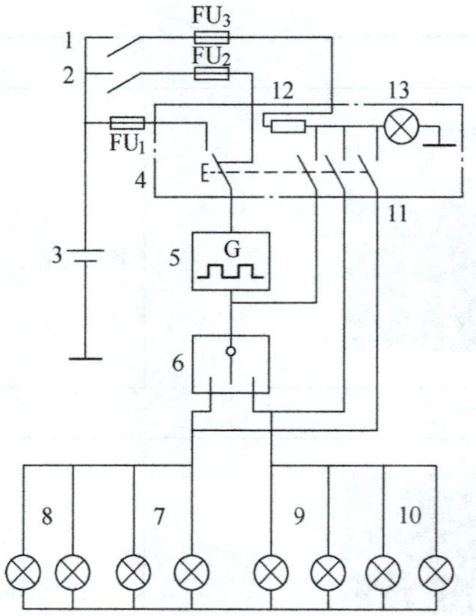

图 3-20 转向信号与危险警告信号电路

1—照明灯开关 2—点火开关 3—蓄电池 4—危险警告灯开关 5—转向闪光继电器 6—转向灯开关 7—左转向信号灯 8—左转向指示灯 9—右转向信号灯 10—右转向指示灯 11—危险警告灯开关 12—降压电阻 13—危险警告灯指示灯

二、信号系统常见故障的诊断与分析

1. 灯光信号

（1）转向灯电路的检修 转向灯电路常见故障有单边不亮、频率不当等。

1）单边不亮：说明电源电路到转向灯开关均正常，故障出在转向灯支路上（有断路），应检查灯丝有无烧断，灯泡是否接触不良，插接器是否接触不良。

2）转向灯不闪烁：故障原因为电源—闪光继电器—转向开关的电源电路中有断路或闪光继电器损坏或转向开关损坏，故障排除方法为将其重新接好、修理或更换。

3）左转向时闪光正常，而右转向时闪光变快：故障原因为右转向灯功率小或右转向灯有一只灯泡损坏或线路有接触不良处，故障排除方法为按规定安装或更换蓄电池或使搭铁接触良好。

4）右转向时转向灯闪烁正常，但左转向时前面对面两前位灯均微弱发光：故障原因为左前位灯搭铁不良（采用双丝灯泡时），排除方法为使搭铁接触良好。

5）接通转向开关，闪光继电器立即烧坏：故障原因为转向开关至某一转向灯之间的电路中有搭铁处，故障排除方法为找出搭铁处且重新绝缘。

（2）制动灯电路故障检修 汽车制动灯受行车制动器控制，常见控制开关分踏板控制式、液压控制式和气压控制式三种，如图 3-21 所示。

（3）倒车灯、倒车报警器电路故障检修 倒车灯常见故障有以下三种：

1）倒车灯不亮：先查看倒车灯保险装置熔丝是否烧断，若完好，可将倒车灯开关短接，短接后灯变亮，说明倒车灯开关失效；短接后灯仍不亮，可查倒车灯灯丝是否烧断，灯

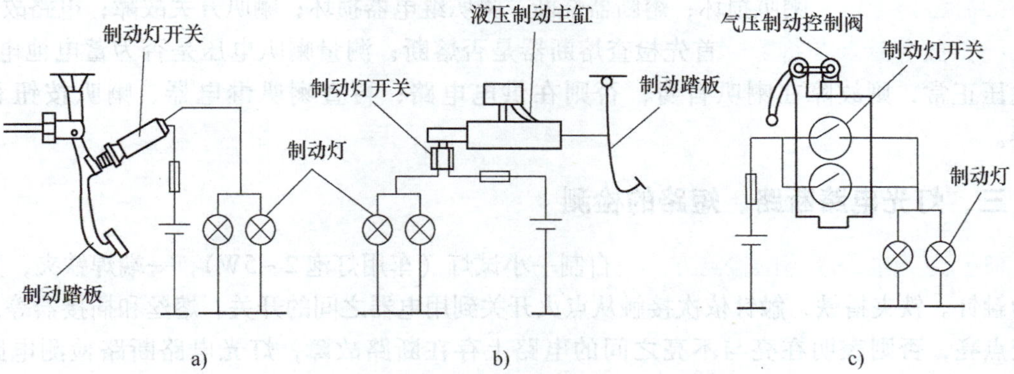

图 3-21　常见控制开关

a）踏板控制式　b）液压控制式　c）气压控制式

座是否接触不良，最后用试灯检查电路是否断路。

2）倒档挂不进：遇此故障，可旋出倒车灯开关再重挂，挂进了说明倒车灯开关钢球卡死、漏装垫圈或垫圈太薄；重挂挂不进，说明变速器有故障。

3）仅倒档灯不亮，其余档位倒车灯全亮：常开式与常闭式倒车灯开关装反了。

倒车报警电路故障的诊断方法同上。发现倒车报警器失效，一般作换件处理。在有电子配件来源的情况下，可拆开报警器外壳，检查各分立元件的性能并修复。

2. 电喇叭的调整

拧动上下调整螺母，铁心即上升或下降，从而改变铁心与振动块的间隙。如图 3-22 所示，先转动振动块，调整振动块与铁心之间的间隙，接着用螺母紧固，然后拧松调整螺母，使弹簧片与振动块平行。调后应使振芯四周间隙均匀，以免两者工作时相碰产生杂音。

如图 3-23 所示，调整盆形电喇叭铁心气隙时应先松开锁紧螺母，然后旋转音调调整螺栓（铁心）。

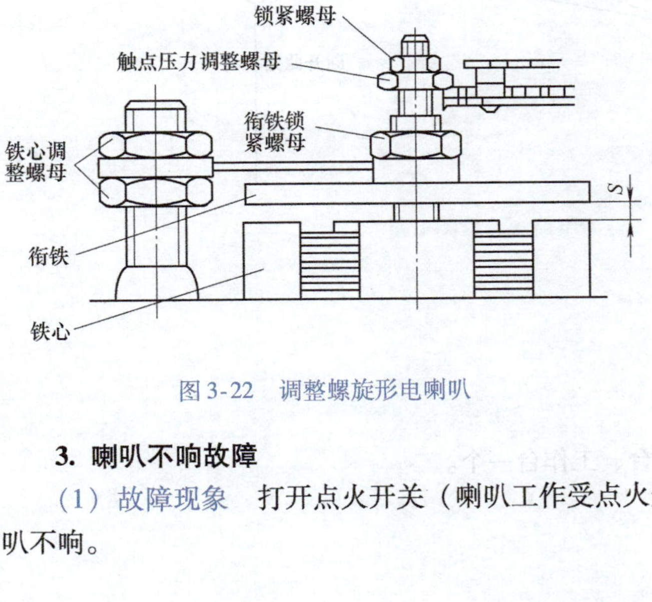

图 3-22　调整螺旋形电喇叭

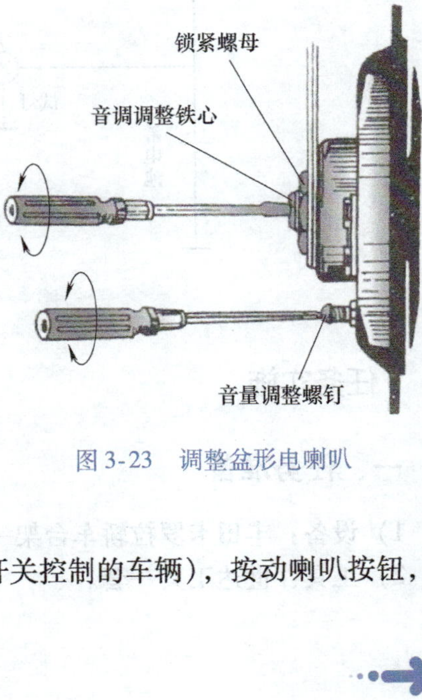

图 3-23　调整盆形电喇叭

3. 喇叭不响故障

（1）故障现象　打开点火开关（喇叭工作受点火开关控制的车辆），按动喇叭按钮，喇叭不响。

(2) 故障原因　喇叭损坏；熔断器烧断；喇叭继电器损坏；喇叭开关故障；电路故障。

(3) 故障诊断与排除　首先检查熔断器是否熔断；测量喇叭电压是否为蓄电池电压，若电压正常，则故障在喇叭自身，否则在供电电路；再查喇叭继电器、喇叭按钮和电路等。

三、灯光电路断路、短路的检测

(1) 灯光电路断路的检测方法　自制一小试灯（车用灯泡2～5W），一端焊铁夹，另一端为触针。铁夹搭铁，触针依次接触从点火开关到用电器之间的开关、熔丝和插接器等，试灯应点亮，否则表明在亮与不亮之间的电路上存在断路故障，灯光电路断路检测电路如图3-24所示。

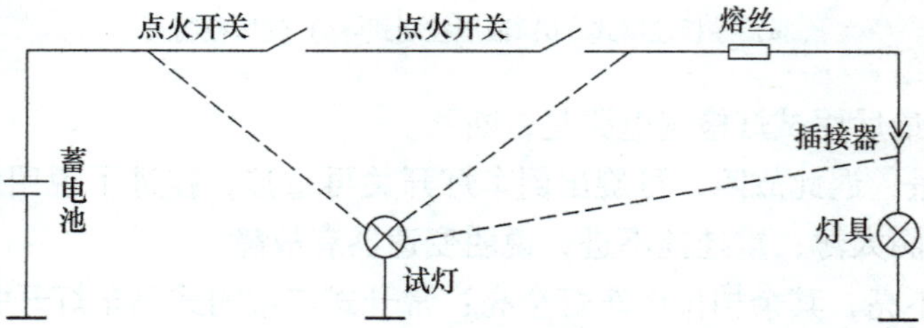

图3-24　灯光电路断路检测电路

(2) 灯光电路短路的检测方法　当闭合开关时，若熔丝熔断，不能只更换熔丝，应检查漏电情况。断开用电器的搭铁线，试灯铁夹夹到电源正极，触针分别接触从电源正极到用电器正极之间的电路，试灯应不亮，否则表明在不亮与亮（甚至微亮）之间的电路上有短路现象，灯光电路短路检测线路如图3-25所示。

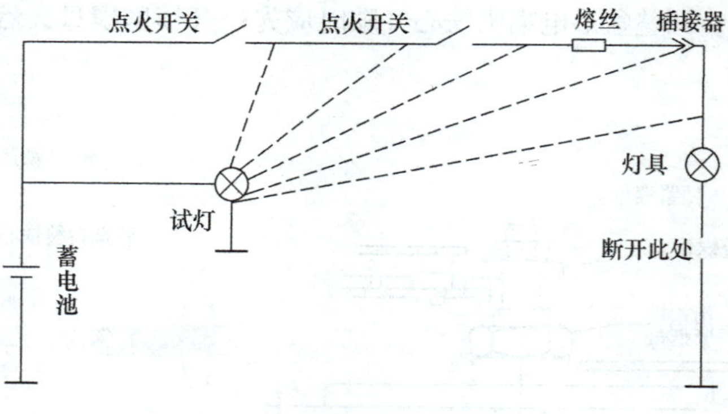

图3-25　灯光电路短路检测电路

任务实施

一、任务准备

1）设备：丰田卡罗拉轿车台架一台、工作台一个。

2）工具：世达工具一套。

二、实施步骤

1. 设备、工具准备	
	设备工具齐全并摆放整齐
2. 找出喇叭的安装位置	
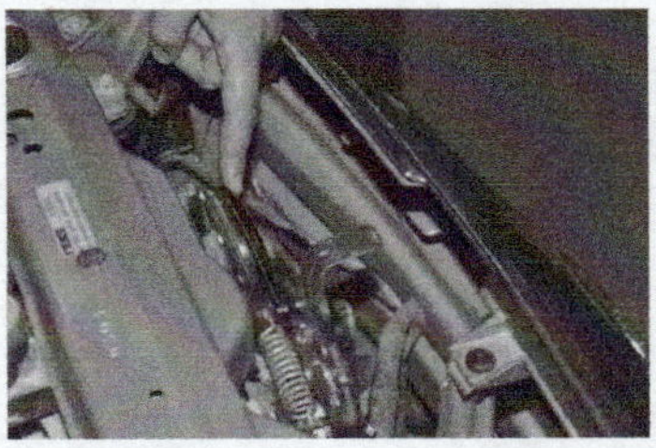	实训指导教师演示检查卡罗拉轿车喇叭不响故障的步骤
3. 拆卸喇叭并检查	
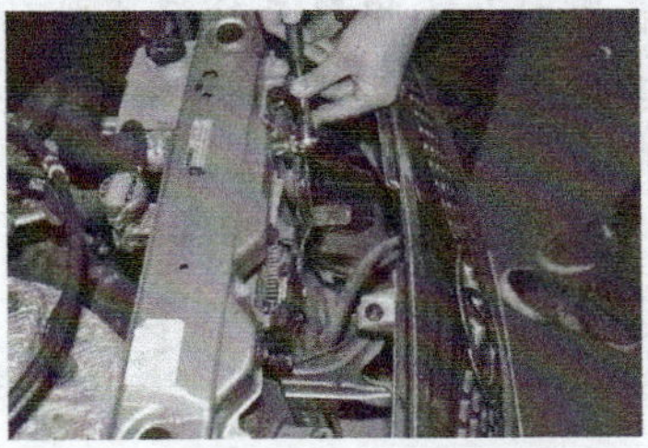	实训指导教师进行指导，学生分组在旁观看
4. 学生分组训练	
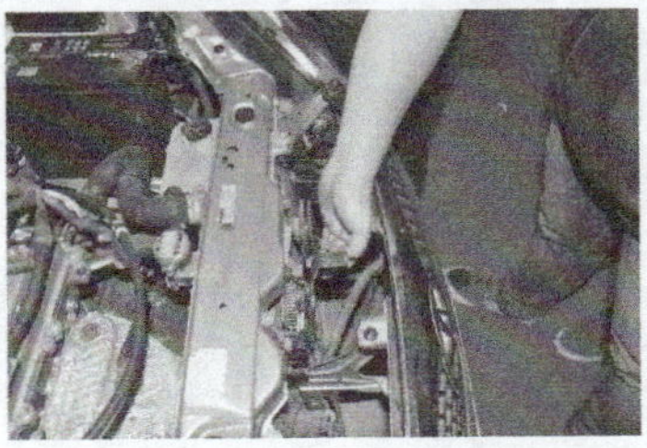	让学生分组进行训练，实训指导教师在旁指导

课后评测

完成本任务对应工作页。

项目四

仪表报警系统

项目描述

本项目主要介绍仪表报警系统相关电路的基础知识以及检测与维护方法。通过本项目的学习，学生能够熟悉仪表报警系统的结构，加深对仪表报警系统元器件的认识，掌握仪表报警系统的故障诊断与排除以及仪表报警系统的检测与维护的一般方法。

任务一 仪表报警系统电路的认知

学习目标

理论目标：

1. 熟悉仪表报警系统的结构。
2. 掌握仪表报警系统故障诊断与排除的方法。
3. 学会仪表报警系统检测与维护的方法。

技能目标：

1. 能够识别仪表报警系统元器件。
2. 具备分析仪表报警系统电路的能力。

知识储备

一、仪表系统元器件的认知

宝马 6 系的组合仪表盘如图 4-1 所示，主要由机油压力表、冷却液温度表、燃油表和车速里程表等组成。

汽车仪表的主要作用是指示汽车行驶过程中的各种动态指标，以便驾驶人随时了解各系统的工作情况，保证汽车安全可靠地行驶。

现代汽车对仪表的要求是结构简单、工作可靠、耐震、抗冲击性好、仪表示数准确、随电源波动尽可能小以及随周围温度变化小。

汽车仪表的分类：按工作原理分为机械式、电气式和电子式；按安装方式分为组合式、独立式（也称为分装式）。

图 4-1 宝马 6 系组合仪表盘

下面对汽车仪表报警系统常用部件进行说明：

1. 机油压力表

机油压力表用来指示发动机机油压力的大小，以便了解发动机润滑系统工作是否正常。它由装在发动机主油道上的机油压力传感器和仪表上的机油压力指示表组成。常用的机油压力表有双金属片式、电磁式和动磁式三种。

2. 冷却液温度表

冷却液温度表用来指示发动机内部冷却液的温度，其由装在气缸盖水套中的温度传感器和仪表上的冷却液温度指示表组成，其形式有双金属片式和电磁式两种。

3. 燃油表（油量表）

燃油表用来指示燃油箱内燃油的储存量，其由装在燃油箱内的传感器和装在仪表板上的燃油指示表组成，燃油指示表有双金属片式、电磁式和动磁式。近年来还出现了新型的电子燃油表，其传感器均为可变电阻。

4. 车速里程表

车速里程表用来指示汽车行驶速度和累计行驶里程数的仪表，它由车速表和里程表组成，有的车速里程表上还有车程小计表和车程小计复位表。

5. 发动机转速表

发动机转速表用来指示发动机的运转速度。

6. 电流表

电流表用来指示蓄电池充、放电的电流量。

7. 电压表

电压表用来指示发电机和蓄电池的端电压。

8. 仪器稳压表

仪器稳压表在电源电压变化时稳定仪器平均电压，避免仪器的指示误差。

二、报警系统元器件的认知

汽车报警系统的主要作用是保证行车安全和提高车辆的可靠性，其组成包括传感器和安装在组合仪表面板上红色、黄色和蓝色的警告指示灯。其作用是及时点亮安装在组合仪表上相应的指示灯，发出警告信号，提醒驾驶人注意或停车检修。

下面对常用报警元器件进行介绍：

1. 制动系统低压报警装置

（1）主要作用　在采用气制动的汽车上，一旦制动气压低于最小允许值，那么制动系统将不能正常工作而危及安全。制动系统低压报警装置可起到指示作用。

（2）工作过程　气压下降到 340～370kPa 时，触点闭合，警告灯点亮；气压升高到400kPa 时，触点断开，电路切断，警告灯熄灭。低气压报警传感器如图 4-2 所示。

2. 机油压力报警装置

（1）主要作用　润滑系统机油压力低于正常值时指示，警告灯点亮。

（2）工作过程　机油压力低于 50～90kPa 时，管形弹簧产生变形较大，使触点分开，电路切断，警告灯熄灭。弹簧管式机油压力报警装置如图 4-4 所示。

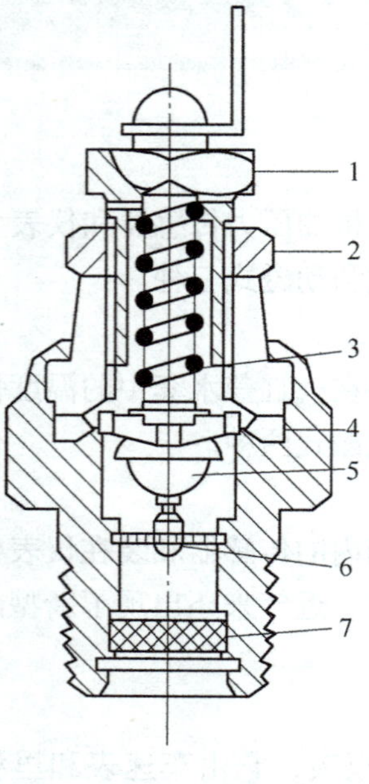

图 4-2　低气压警告传感器

1—调整螺钉　2—锁紧螺母　3—复位弹簧　4—膜片　5—动触点　6—静触点　7—滤清器

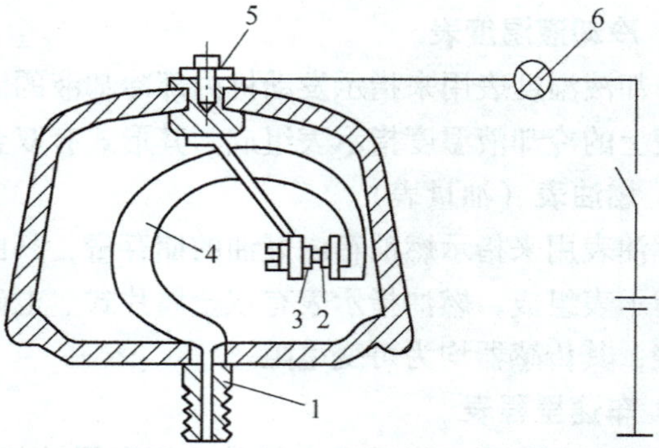

图 4-3　弹簧管式机油压力报警装置

1—管接头　2—动触点　3—静触点　4—管形弹簧　5—接线柱　6—警告灯

三、仪表报警电路介绍

1. 燃油量报警装置

（1）作用　当油箱内燃油减少到规定值以下，仪表板上的燃油量警告灯点亮。

（2）组成　主要由热敏电阻式传感器和警告灯组成。

（3）工作过程　燃油减少到规定值以下时，露在油外负温度系统的热敏电阻散热慢，温度升高，阻值减小，电流增大，警告灯亮。热敏电阻式燃油量报警装置如图 4-4 所示。

2. 制动信号灯断线报警装置

制动信号灯断线报警装置电路图如图 4-5 所示，其工作过程如下：正常时，磁场相互抵消，舌簧开关 5 断开，警告灯 3 不亮；当某一制动信号灯不亮时，电磁线圈 4（或 6）无电流通过，则电磁线圈 4（或 6）产生电磁吸力使舌簧开关 5 闭合，警告灯 3 点亮。

3. 冷却液温度报警装置

（1）作用　当发动机冷却液的温度达到或超过规定温度时，驾驶室仪表板上的冷却液温度警告灯就点亮报警。

（2）过程　冷却液温度达到规定的极限值后，双金属片受热变形，两触点相接触，警告灯点亮，反之两触点不接触，警告灯不亮。冷却液温度报警装置如图 4-6 所示。

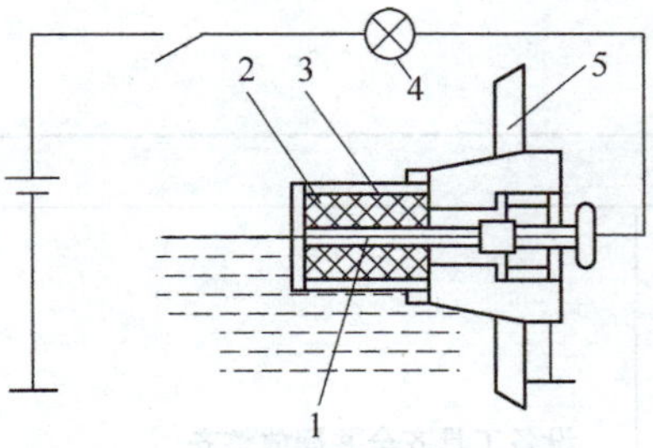

图 4-4 热敏电阻式燃油量报警装置

1—热敏电阻 2—防爆金属网 3—外壳 4—警告灯 5—油箱外壳

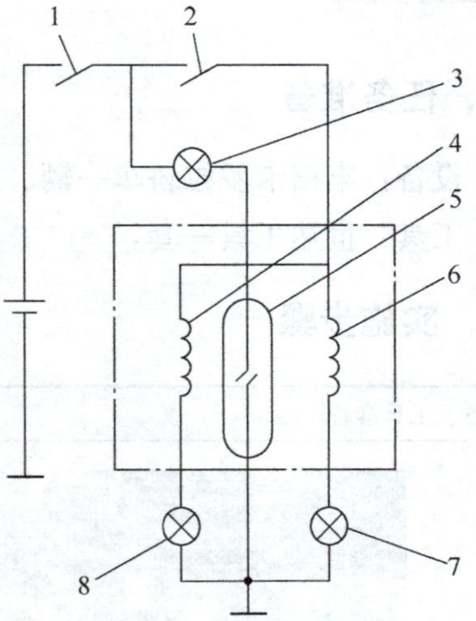

图 4-5 制动信号灯断线报警装置电路图

1—点火开关 2—制动灯开关 3—警告灯 4、6—电磁线圈 5—舌簧开关 7、8—制动信号灯

4. 制动液液面报警装置

(1) 作用 当制动液液面过低时，发出警告信号，防止因制动效能下降而发生事故。

(2) 组成 由传感器和警告灯组成，两者都安装在储液罐里。

(3) 工作过程 通过浮子上的永久磁铁使外壳内的舌簧开关触点吸合和断开，点亮警告灯。制动液液面报警装置如图 4-7 所示。

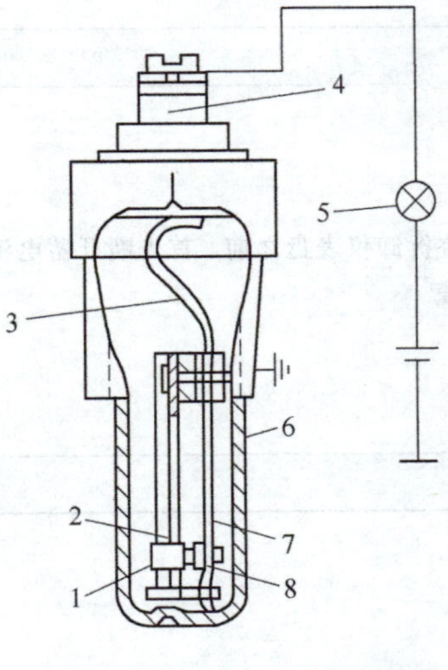

图 4-6 冷却液温度报警装置

1—调节螺钉 2—支架 3—导电片 4—端钮铜接头 5—警告灯 6—接头壳体 7—条形双金属片 8—触点

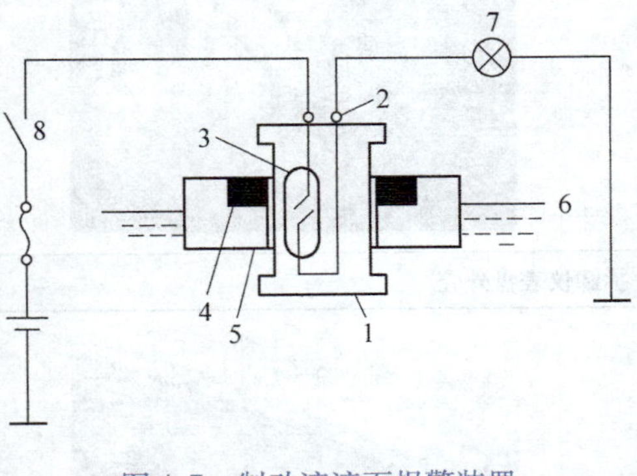

图 4-7 制动液液面报警装置

1—外壳 2—接线柱 3—舌簧开关 4—永久磁铁 5—浮子 6—制动液液面 7—警告灯 8—点火开关

任务实施

一、任务准备

1）设备：丰田卡罗拉轿车一辆、工作台一张。

2）工具：世达工具一套。

二、实施步骤

<table>
<tr><td colspan="2">1. 设备、工具准备</td></tr>
<tr><td></td><td>设备工具齐全并摆放整齐</td></tr>
<tr><td colspan="2">2. 指出仪表盘上拆卸的具体位置</td></tr>
<tr><td></td><td>由实训指导教师指出卡罗拉轿车仪表盘拆卸的具体位置</td></tr>
<tr><td colspan="2">3. 断开蓄电池负极电缆</td></tr>
<tr><td>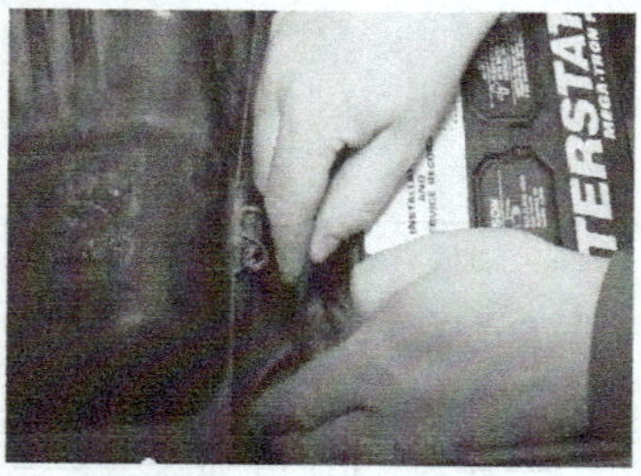</td><td>在拆卸仪表盘之前，首先断开蓄电池的负极电缆</td></tr>
<tr><td colspan="2">4. 拆卸仪表盘外壳</td></tr>
<tr><td></td><td>进行仪表盘外壳的拆卸</td></tr>
</table>

（续）

5. 进一步拆卸仪表盘内部线束插座	
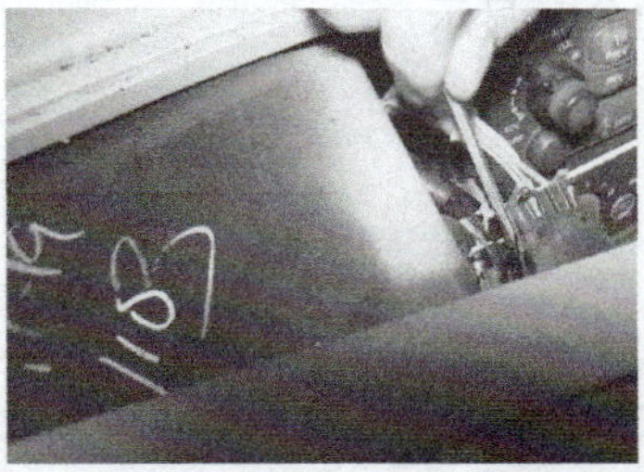	依次断开仪表盘连接线束插座，然后取下仪表盘外罩
6. 检查仪表盘各仪表外观和线束	
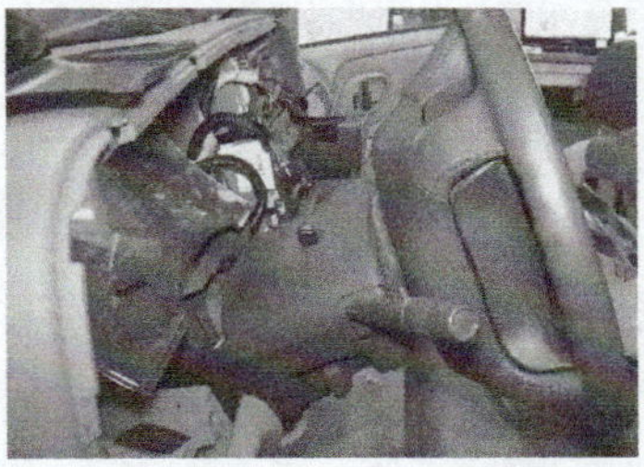	主要检查转速表、车速表、油量表以及各指示灯外观和功能良好，连接各仪表的线束有无破损，插接器安装是否紧固、有无明显的氧化和锈蚀
7. 安装仪表盘和仪表台	
	检查完毕，将仪表盘外壳进行复位
8. 安装蓄电池负极电缆并整理工位	
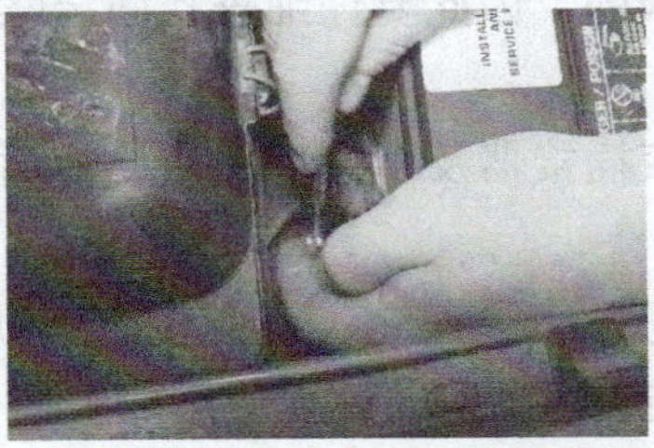	使用工具安装蓄电池负极电缆并紧固到位，最后整理工位并清洁车辆

拓展与提高

电子化仪表

在汽车技术电子化的大趋势下，大量的电子元器件、计算机网络设备应用到汽车上，使得仪表电子化有了前提保证。电子化仪表的优点，主要有以下5点：

1）电子显示装置能提供大量、复杂的信息，显示直观清晰。

2）作为信息终端，能以数字、文字或图形显示复杂信息。

3）能充分满足小型、轻量化的要求。

4）具有高精度和高可靠性。

5）具有一表多用的功能，可以实现多种数据的分时显示。

课后评测

完成本任务对应工作页。

任务二 仪表报警系统的检测与维护

学习目标

理论目标：

1. 掌握仪表总成的结构及各组成的作用。
2. 掌握仪表报警系统的拆装、检修和调试方法。

技能目标：

1. 掌握仪表总成拆装的步骤。
2. 掌握仪表报警系统的检修方法。
3. 学会调试仪表报警系统。

知识储备

一、仪表总成拆装的注意事项

1）拆装仪表系统时，应先拆下蓄电池负极电缆，以免手触摸仪表板后面时造成电路短路。

2）拆卸装饰面板时，由于固定螺钉一般是隐蔽的，因此要仔细查找固定螺钉，否则强行拆卸将会损坏装饰面板。

3）拆装仪表系统时，应注意仪表板后面的线束插接器及车速里程表软轴插头，一般都带有锁止机构，切忌强拆，安装时要确保到位。

4）从电路板上拆下仪表表芯、电源稳压器、照明及指示灯时，小心不要损坏印制电路。

5）单独更换表芯或仪表传感器时，注意仪表与传感器必须配套使用。

6）拆装仪表及传感器时，注意动作要轻，不要敲打。

7）电热式机油压力传感器安装时有方向要求。

8）仪表与传感器的接线、传感器的搭铁线必须可靠。

9）电磁式仪表的接线柱有极性之分，不得接错。

二、仪表报警系统的检修

1. 燃油表、冷却液温度表和机油压力表常见故障诊断与排除

（1）单个仪表不工作 仪表的故障检查如图 4-8 所示，可使用万用表直接对具体仪表进行诊断和排除。

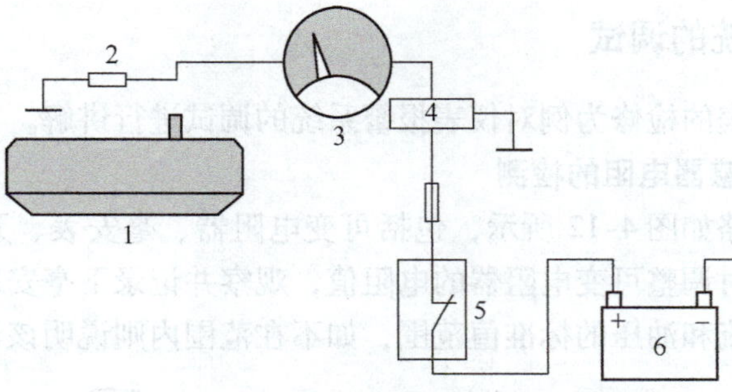

图4-8　仪表的故障检查

1—燃油表　2—电阻　3—燃油表　4—电源稳压器　5—点火开关　6—蓄电池

（2）两个或两个以上仪表同时不工作　两个或两个以上仪表同时不工作的诊断如图4-9所示，使用万用表的直流电压档逐一对可能出故障的仪表进行检查。

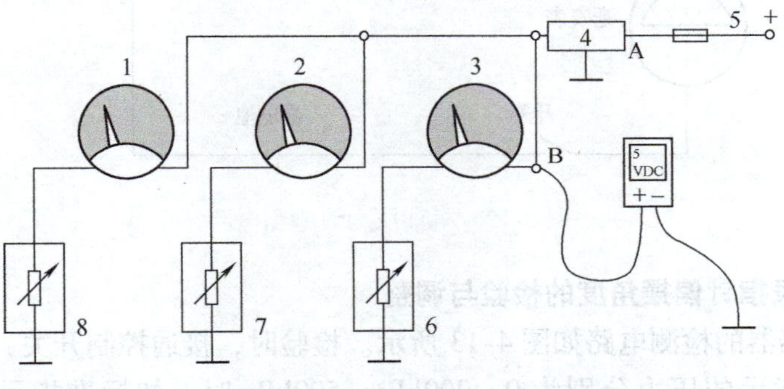

图4-9　两个或两个以上仪表同时不工作的诊断

1、2、3—仪表　4—电源稳压器　5—蓄电池正极　6、7、8—传感器

2. 车速里程表的检修方法

下面以车速里程表为例介绍仪表报警系统的检修方法：

1）使用万用表检查仪表稳压器的输入端是否为电源电压，其次检查输出端是否有电压输出，最后检查搭铁端是否搭铁良好。检查稳压器如图4－10所示。

2）如仪表稳压器没有问题，进一步检查仪表系统线束插接器的端子是否有松脱、断线等故障。仪表系统线束插接器1～26端子如图4-11所示。

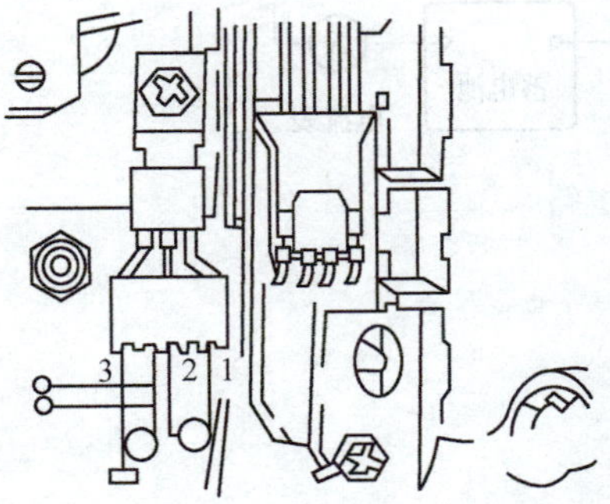

图4-10　检查稳压器

1—输入端　2—搭铁端　3—输出端

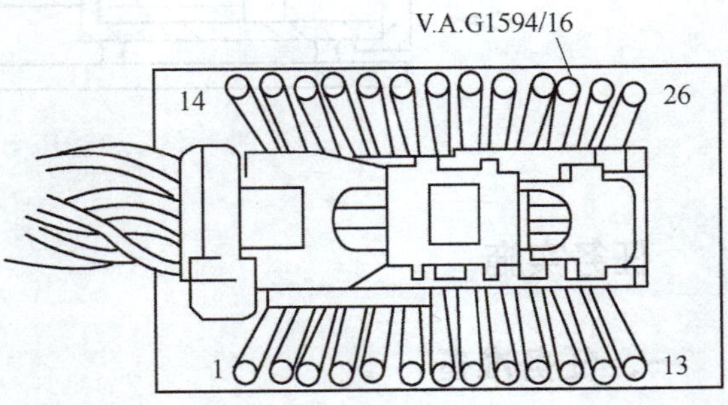

图4-11　仪表系统线束插接器1～26端子

三、仪表报警系统的调试

下面是以机油压力表的检修为例对仪表报警系统的调试进行讲解。

1. 机油压力表和传感器电阻的检测

机油压力表检测电路如图4-12所示，包括可变电阻器、毫安表、开关、蓄电池和待检修的机油压力表。检测时调整可变电阻器的电阻值，观察并记录下毫安表上的电流值和油压表上的油压值，对照电流和油压的标准值范围，如不在范围内则说明该油压表有问题。

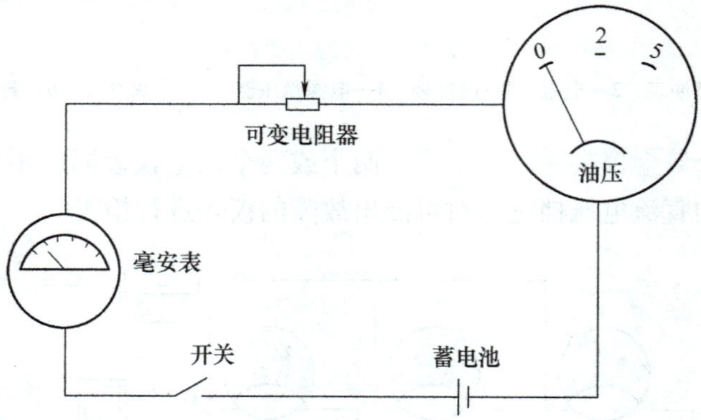

图4-12 机油压力表检测电路

2. 机油压力表指针偏摆角度的检验与调整

机油压力传感器的检测电路如图4-13所示。检验时，接通控制开关，摇转油压机手柄，当机械式油压表指示的压力分别为0、200kPa、500kPa时，如标准指示表相应地指示0、200kPa、500kPa压力，则表明被检传感器工作良好。否则，说明传感器工作不正常，应换用新品。

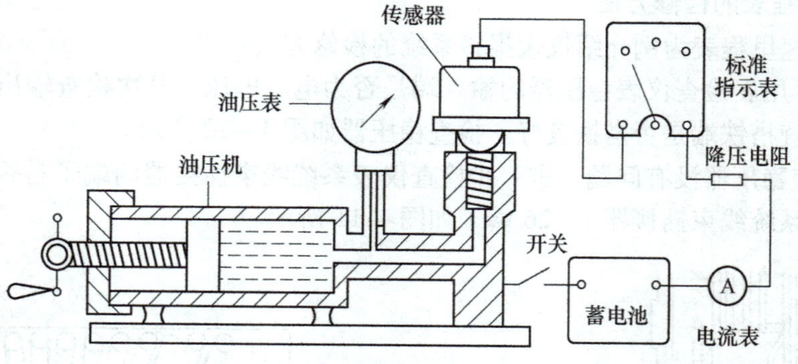

图4-13 机油压力传感器检测电路

任务实施

一、任务准备

1）设备：丰田卡罗拉轿车一台、工作台一个。

2）工具：世达工具一套。

二、实施步骤

1. 设备、工具准备

	设备工具齐全并摆放整齐

2. 起动发动机

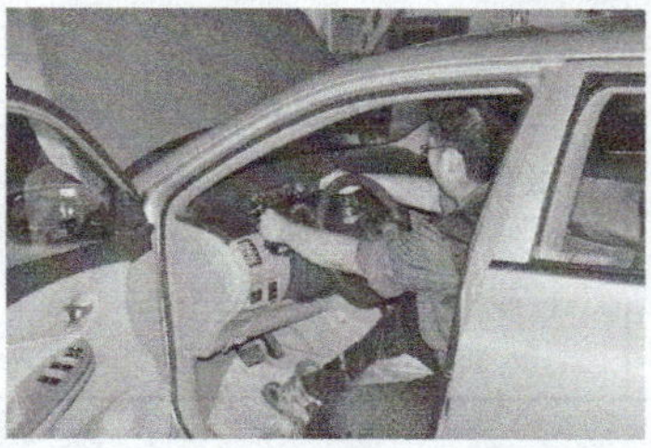	在确认安全的条件下进入驾驶室，起动发动机

3. 检查仪表盘上发动机转速表

	轻轻踩下加速踏板，观察发动机转速表指针是否向右偏转，读数是否符合实际。若没有偏转或读数明显存在偏差，则进行步骤 4

4. 拆卸仪表盘

	使用十字螺钉旋具拆卸仪表盘的固定螺钉

5. 取下仪表盘塑料罩

	取下仪表盘上方的塑料罩

（续）

6. 拆卸组合仪表上方紧固螺钉	
	使用螺钉旋具拆卸组合仪表上方的一颗紧固螺钉
7. 撬出组合仪表	
	使用螺钉旋具在组合仪表的左下方和右下方撬出组合仪表
8. 取出组合仪表总成	
	小心取出组合仪表，注意不要损坏
9. 检查转速表相关电路板	
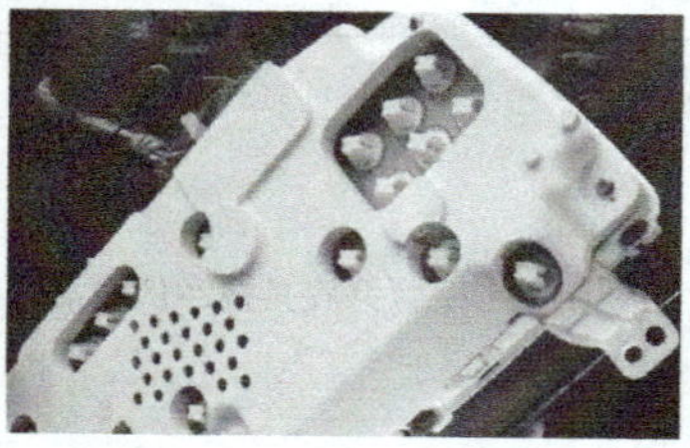	在取下的组合仪表背后检查跟转速表相关的电路板是否正常，若有明显烧蚀和氧化现象，则需更换新件
10. 检查转速表相关线束	
	检查和转速表相关的线束和插头有无破损，若存在破损则需进行修理

（续）

11. 更换或修理转速表后进行确认	
	更换损坏的仪表盘或修理线束后，起动发动机，确认转速表功能是否正常
12. 将组合仪表装回仪表台	
	将组合仪表装回仪表台原位，同时安装好透明塑料防尘罩。起动发动机，确认发动机转速表功能正常
13. 安装蓄电池负极电缆并整理工位	
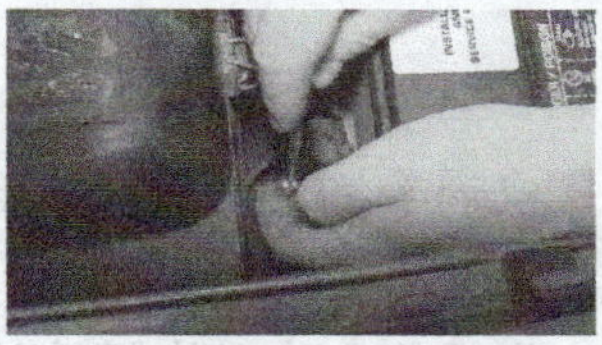	使用工具安装蓄电池负极电缆并紧固到位，最后整理工位并清洁车辆

拓展与提高

汽车仪表中的 LED 技术

定义：LED（发光二极管）是一种把电能转换成光能的固态发光器件，实际上也是一种晶体管，它是应用最广泛的低压显示器件。发光二极管结构如图 4-14 所示。

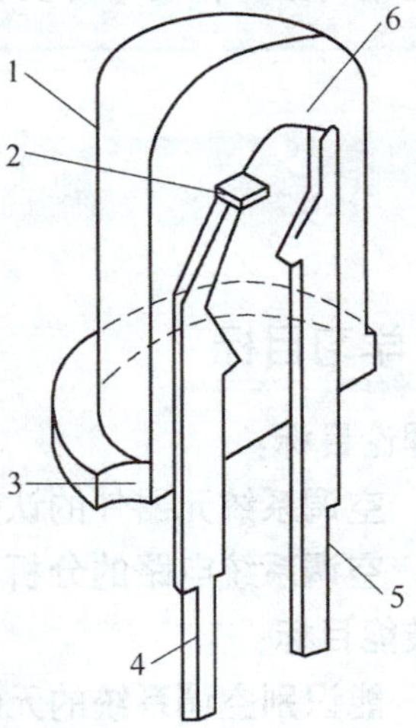

图 4-14 发光二极管结构

1—塑料外壳 2—发光二极管芯片 3—阴极缺口标记 4—阴极引线 5—阳极引线 6—导线

特点：发光的颜色有红、绿、黄、橙，可单独使用，也可组合使用，用来组成数字。

应用：常把它焊接到印制电路板上，以形成数字显示或带色光杆显示。有些则用发光二极管组成光点矩阵型显示器。

优点：响应速度较快、工作稳定、可靠性高、体积小、质量轻、耐振动、寿命长 。

场合：只适用于小型显示，如汽车指示灯、数字符号段或点数不太多的光杆图形。

课后评测

完成本任务对应工作页。

项目五

空调系统

项目描述

本项目的主要内容包括：空调系统元器件介绍；空调系统电路认知；空调的维护；空调系统的故障诊断及维修；空调系统的案例分析。通过对项目的学习，学生能够掌握空调系统的构造与相关工作原理；通过实训的学习，能够独立地对空调系统进行维护；通过案例分析，能够对空调系统进行故障诊断与排除。

任务一 空调系统电路及元器件的认知

学习目标

理论目标：

1. 空调系统元器件的认知。
2. 空调系统电路的分析。

技能目标：

1. 能识别空调系统的元器件。
2. 能读懂空调系统的电路图。

知识储备

一、空调系统的组成

空调系统由制冷装置、取暖装置、配气装置以及控制电路等构成，用于调节车厢内的温度、湿度和清洁度，从而给驾驶人和乘客提供一个空气清新舒适的环境。汽车空调的组成如图 5-1 所示。

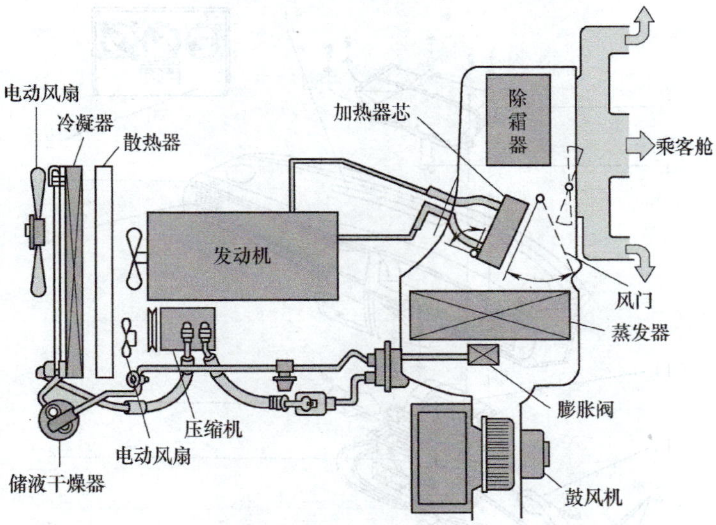

图 5-1 汽车空调的组成

制冷装置如图 5-2 所示，它由压缩机、冷凝器、储液干燥器或集液器（气液分离器）、节流元件、蒸发器、制冷剂管路和鼓风机等组成，它是将车内的热量传递给车外环境的装置。

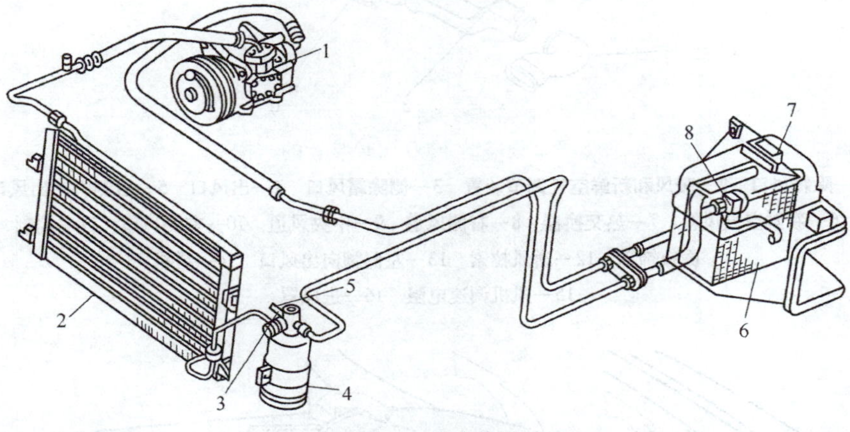

图 5-2 制冷装置

1—压缩机 2—冷凝器 3—低压开关 4—储液干燥器 5—高压阀
6—蒸发器 7—热控开关 8—膨胀阀

取暖装置将汽车发动机提供的余热或独立燃烧器产生的热量作为热源，它是实现车厢内采暖及风窗玻璃除霜和除雾的热交换装置。图 5-3 为桑塔纳 3000 取暖装置的结构。

配气装置将外部新鲜空气吸进车内，起着通风与换气作用。同时，通风对防止风窗玻璃起雾也起着良好的作用，汽车空调配气装置如图 5-4 所示。

控制电路包括点火开关，A/C 开关，电磁离合器、鼓风机开关、调速电阻器、各种温度传感器、制冷剂高低压力开关、温度控制器、送风模式控制装置和各种继电器等。

二、空调系统的电路认知

典型的热敏电阻式温度控制器控制电路如图 5-5 所示。

车内温度的调整：

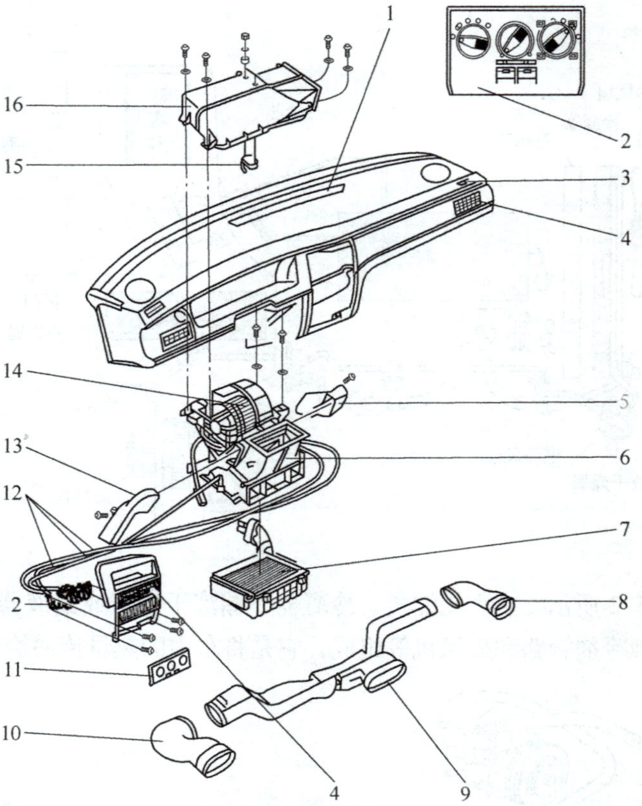

图 5-3　桑塔纳 3000 取暖装置的结构

1—除霜风口　2—暖风和新鲜空气调节装置　3—侧除霜风口　4—出风口　5—右侧脚向出风口　6—新鲜空气风箱　7—热交换器　8—右侧风道　9—中央风道　10—左侧风道　11—控制面板饰罩　12—通风拉索　13—左侧脚向出风口　14—风机　15—风机调速电阻　16—进风罩

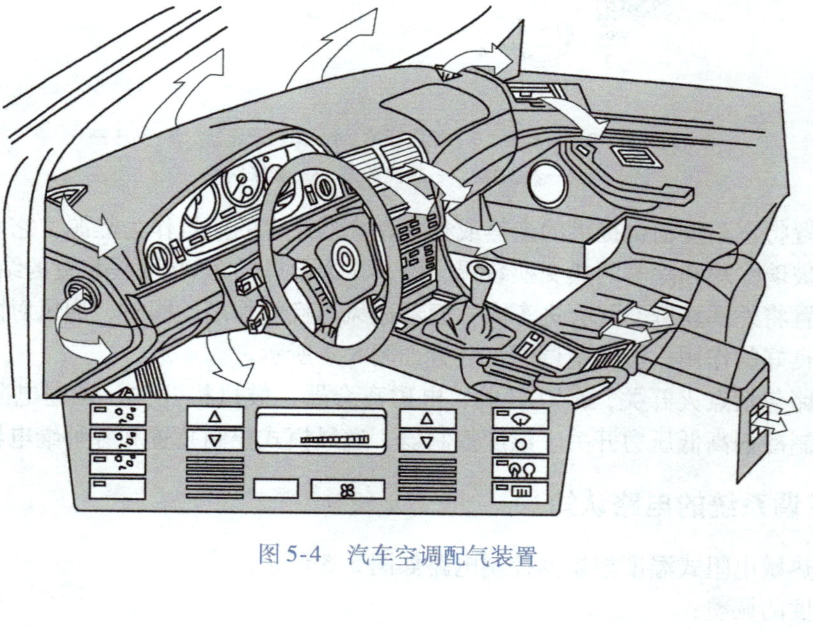

图 5-4　汽车空调配气装置

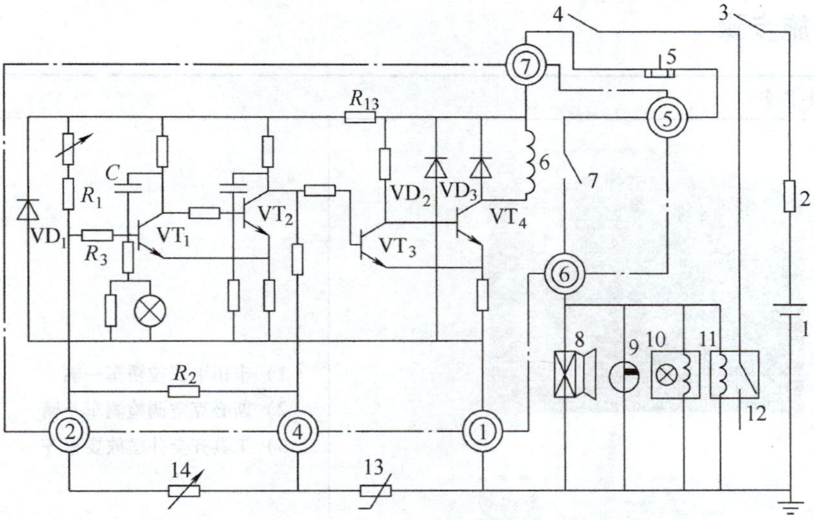

图 5-5 典型的热敏电阻式温度控制器控制电路

1—蓄电池 2—熔丝 3—点火开关 4—空调开关 5—高压压力开关 6—电磁线圈 7—触点 8—电磁离合器 9—空调工况指示灯 10—真空开关阀 11—冷凝器风扇继电器 12—通往调节器（冷凝器风扇空调发电机） 13—热敏电阻 14—可变温度控制电阻器 ①、②、④、⑤、⑥、⑦—放大器接点

当空调开关开通后，蓄电池 1 的电流便经空调开关 4→热敏电阻 R_{13}→R_1→R_3加至 VT_1 的基极上，使得 VT_1 导通后，VT_2、VT_3、VT_4亦导通，此时电流便由蓄电池 1→空调开关 4→电磁线圈 6→VT_4→接地，使触点 7 吸合，电磁离合器线圈通电而吸合，压缩机运转。当车内温度下降到低于调定值时，即蒸发器出风口温度低于规定值，热敏电阻 R_{13}的阻值增大，使 VT_1 的基极电位降低，这时 VT_1、VT_2、VT_3、VT_4 均截止，电磁线圈 6 中均无电流通过，触点 7 分开，电磁离合器 8 线圈断电，压缩机停止工作。当压缩机停止工作后，蒸发器表面温度又要慢慢上升，负温度特性系数的热敏电阻 R_{13}阻值减少到一定值，重新使得 VT_1、VT_2、VT_3、VT_4 导通，触点 7 闭合，电磁离合器吸合使得压缩机工作，重复上述过程可以使车内温度稳定在所要求的范围内。调整可变温度控制电阻器以设定车内温度。

任务实施

一、任务准备

1）设备：丰田卡罗拉轿车一辆，斯必克空调检测车一辆。

2）工具：世达工具一套。

二、实施步骤

1. 设备、工具准备	
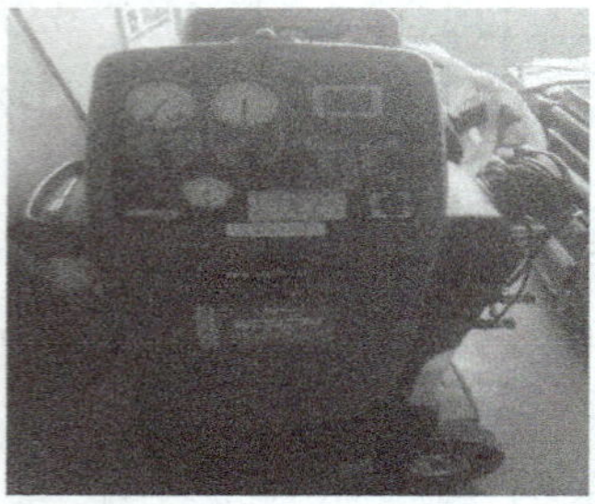	1）丰田卡罗拉轿车一辆 2）斯必克空调检测车一辆 3）工具齐全并摆放要整齐

2. 汽车空调正确使用及电路图的识读	
	1）学会汽车空调的正确使用方法： ① 打开点火开关，起动车辆 ② 打开 AC 开关，旋转温度开关，选择合适的温度 ③ 旋转风速开关，控制出风口风速 ④ 选择出风口模式 2）识读电路图，掌握该车型空调系统的控制原理

3. 根据电路图指出空调系统相关元器件的位置及线路走向	
	1）压缩机—高压管路—冷凝器—储液干燥器—膨胀阀电—蒸发器—低压管路—压缩机（1 个工作循环） 2）指出相关控制电路中继电器、熔丝和电动机位置；对鼓风机、冷凝器、控制板电路进行分析 3）指出各元器件电路连接情况

拓展与提高

汽车座椅的空调功能

在炎热的夏天，车内温度如干蒸房、座椅更烫得让人无法忍受。汽车即使没有暴晒，驾驶人长时间开车，屁股下面和靠背处还是会又潮又热，还会引起湿疹、痔疮等疾病。这时，驾驶人最迫切需要的是降低车内座椅的温度，最大的希望就是拥有一款能够迅速降低车内座椅温度的产品。正因如此，专为驾驶人长期驾驶设置的汽车座椅空调就在市场上诞生了。汽车座椅空调如图 5-6 所示。汽车座椅空调系统主要是由出风及吸风装置、透气层及防压的专用材料、风向转换装置以及风力大小调节装置组成，可在座部及靠部表面形成出风、吸风以及加热功能，可快速散去座椅表面的热气、湿气以及冷气，有效改善人体与椅面接触部分的空气流通环境，即使长时间乘坐，驾驶人及乘客也会感觉到身体与座椅的接触部分干爽舒适。

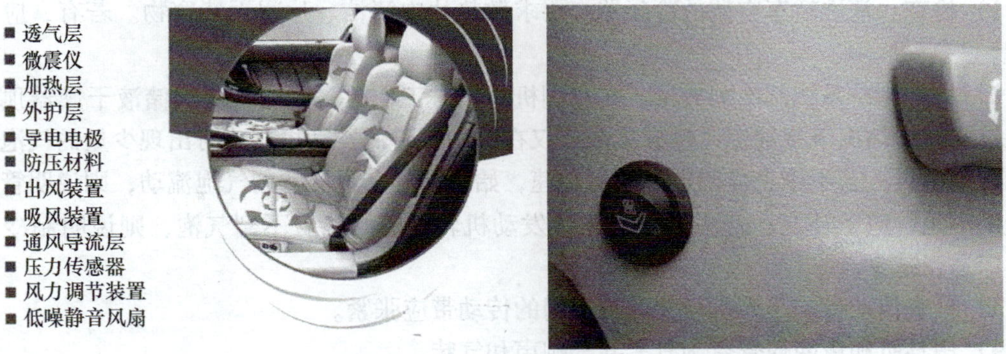

图 5-6 汽车座椅空调

课后评测

完成本任务对应工作页。

任务二 空调系统的维护

学习目标

理论目标：

1. 学会正确使用汽车空调。
2. 熟知每个空调功能键的作用。
3. 了解汽车空调维护的类型。
4. 学会正确的空调维护方法。

技能目标：

1. 能够正确使用汽车空调并对其进行维护。
2. 能够对汽车空调进行常规的检查与紧固。

3. 能够对汽车空调制冷系统进行抽真空。

4. 能够加注、回收、补充制冷剂以及加注冷冻机油。

知识储备

汽车空调系统的维护分日常维护和定期维护。日常维护一般由驾驶人或一般汽车维修人员进行，在维护时会发现许多潜在的故障，而这些故障的早期发现和及时处理对延长空调装置的寿命起着重要作用。定期维护由空调维修工进行，汽车空调维修工除检查和调整日常维护项目外，还应按汽车空调专门的维护周期及时进行作业项目。

一、汽车空调系统的维护

1. 日常维护

汽车空调的日常维护主要是通过看、听、摸、测等方法进行检查。

1）检查、清洗轿车空调的冷凝器。要求散热片内清洁、片间无堵塞物。若有，应及时清理。

2）检查制冷系统制冷剂数量。在空调机组正常工作时，用肉眼观察储液干燥器顶部的视液镜，正常情况下视液镜内没有气泡，仅在增加或降低发动机转速时出现少量的气泡，说明制冷剂适量；若不论怎样调节发动机转速，始终看到有混浊状的气泡流动，则说明管路内制冷剂不足，应予补充；若不论怎样调节发动机转速，始终看不到气泡，则说明制冷剂过量，应适当减少。

3）检查传动带。压缩机与发动机之间的传动带应张紧。

4）用耳听和鼻闻检查空调有无异常响声和气味。

5）用手触摸压缩机附近高、低压管并判断有无温差，正常情况下低压管路呈低温状态，高压管路呈高温状态。

6）用手触摸冷凝器进口和出口处，正常情况下是前者较后者热。

7）用手触摸膨胀阀前后应有明显温差，正常情况是前热后凉。

8）检查制冷系统软管外观是否正常，各接头处连接是否牢靠，接头处有无油污，有油污表明有微漏，应进行紧固。

9）检查制冷系统电路连接是否牢靠以及有无断路脱节现象。

10）空调系统运行状态是否可靠，可通过歧管压力表组的指示压力来进行判断。可将歧管压力表组接到压缩机的高、低压管接头上。汽车空调制冷系统正常工作时压力范围见表5-1。

表5-1　汽车空调制冷系统正常工作时压力范围

车外温度/℃	高压表指示压力/MPa	低压表指示压力/MPa
25	1.05～1.25	0.10～0.15
30	1.35～1.55	0.15～0.20
35	1.45～1.80	0.20～0.25
40	1.90～2.55	0.25～0.30

2. 定期维护

为保证汽车空调无故障运行，需要定期对系统各零部件进行维护，主要是针对压缩机、冷凝器、散热器、蒸发器和电器部件等主要工作部件进行检查与调整。

(1) 压缩机　检查润滑油液面的高度。在压缩机运转情况下，听是否有异常响声，如有，说明压缩机的轴承、阀片、活塞环或其他部件有可能损伤或冷冻润滑油过少；用手检查压缩机的高低压端有无温差，若无温差则制冷剂有泄漏或阀片泄漏；运转中如压缩机有振动，应检查传动带的张紧度。

(2) 冷凝器、蒸发器　检查两者的清洁和通道的畅通，保证其能通过最大的通气量。

(3) 膨胀阀　保证膨胀阀无堵塞，检查感温包与蒸发器出口管路是否贴紧、工作是否正常以及膨胀阀能否根据温度的变化自动调节制冷剂的供给量。

(4) 高、低压管　检查软管有无裂纹、鼓包、老化或破损现象；检查硬管是否有裂纹或渗漏现象，是否会碰到硬物或运动件；检查管道螺栓是否紧固。

(5) 储液干燥器　检查易熔塞是否熔化，各接头处是否有油迹；正常工作时其表面应无露珠或挂霜现象；每年四五月份维护期中视需要更换干燥剂或干燥过滤器总成。

(6) 电气系统　检查电磁离合器是否有打滑现象；检查低温保护开关在规定的气温下能否正常起动压缩机，如能正常起动压缩机则说明其有故障；检查电线连接是否可靠。

(7) 高低压压力开关　高压开关在压力2.2MPa时，应能自动接通声光报警电路并使电磁离合器断电，当压力小于2MPa时应能自动复位。低压开关在压力小于0.2MPa时，应能自动接通声光报警电路并使电磁离合器断电，当压力大于0.2MPa时应能自动复位。

(8) 冷凝器和蒸发器风机　风机工作时检查有无异常响声；保证叶片无破损，固定螺栓、螺母齐全牢固；检查电动机轴承有无缺油现象。

二、空调系统维修基本操作

汽车空调制冷系统中，制冷剂的量及压力直接影响着制冷效果，制冷系统压力异常也是制冷系统多种故障的主要表现。制冷系统制冷剂量及压力的检查是汽车空调制冷系统检修的基本操作，制冷剂的量可以通过视镜进行检查，制冷系统的压力则可以使用歧管压力表组件进行检查。通过检查制冷系统制冷剂的量及压力，可以知道汽车空调制冷系统工作循环的情况。

1. 空调制冷剂量的检查

制冷系统中制冷剂的量可以通过观察视窗（视窗大多安装在储液干燥器上，个别也安装在从储液干燥器到膨胀阀之间或冷凝器到储液干燥器之间的管路上）了解。具体方法是：起动发动机，将发动机转速稳定在1500~2000r/min，使用空调功能键将空调置于最大制冷状态，将鼓风机置于最高转速，开动空调系统5 min后通过视窗进行观察。从视窗中看到的制冷剂情况主要有5种，如图5-7所示。

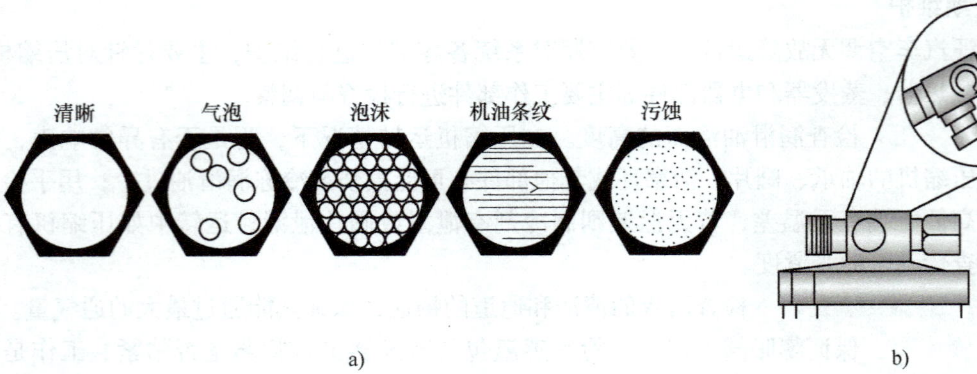

图 5-7　视窗迹象

a）制冷剂情况图　b）视窗位置图

2. 空调制冷剂压力的检测

1）卸掉系统高、低压管路上的检修阀护帽。

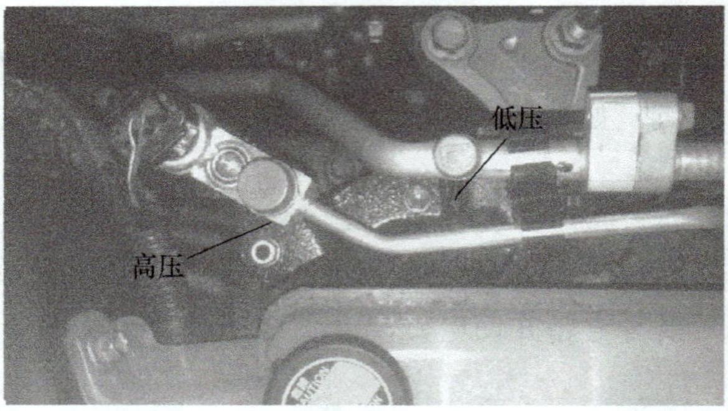

图 5-8　连接高低压阀门

2）将歧管压力表组件高、低压侧手动阀都关闭，蓝色的低压侧软管接低压检修阀，红色的高压侧软管接高压检修阀。

3）起动发动机，调整发动机转速至 1500～2000r/min，启动空调系统，将鼓风机开关置于高速状态，温度控制开关置于最冷位置，按需要使发动机温度正常（约运行 5min）后，进行检测。

4）通过歧管压力表组件高、低压侧压力的读数，来判断制冷系统的故障。制冷系统高压端的压力一般为 1103～1517kPa，低压端压力一般为 103～241kPa，其压力会因车型和环境温度的不同而有所不同，见表 5-1。

任务实施

一、任务准备

1）设备：丰田卡罗拉轿车一辆，斯必克空调检测车一台。

2）工具：世达工具一套，测试线一套。KT600 解码仪一台，适当的冷媒，空调检漏仪一台，手套一副，护目镜一副，抹布一块，空调性能鉴别仪一台。

二、实施步骤

1. 车辆准备	
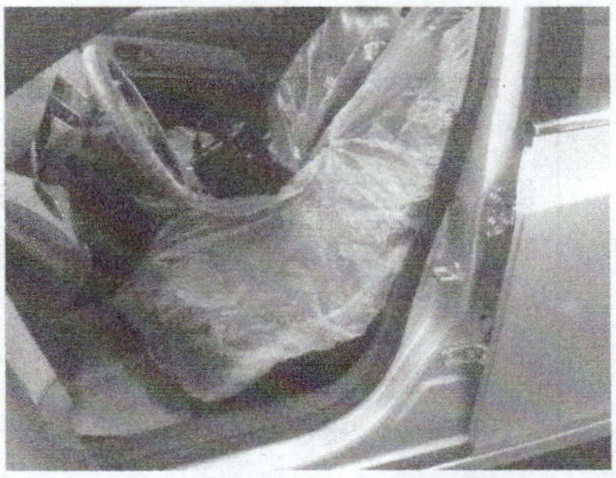	1）放置驾驶室四件套（脚垫、变速杆套、座椅套和方向盘套） 2）确认变速杆置于P位，拉起驻车制动器

2. 制冷剂回收、排油、抽真空、注油	
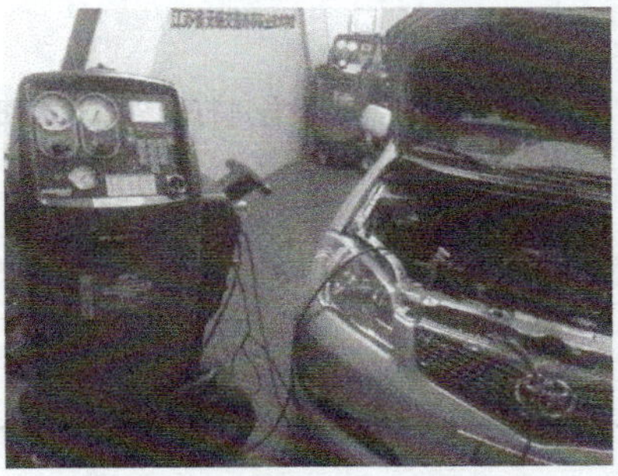	1）运转空调两分钟后，打开AC350两个控制阀，设定回收量 2）回收完毕后，关闭两阀，进行排油 3）排油完毕，打开两阀，设定抽真空时间为3min 4）抽真空完毕，保压，关闭低压阀，打开高压阀，按规定注油量注油

3. 二次抽真空	
	1）二次抽真空时间设定5min，打开低压阀，关闭高压阀，单管抽真空 2）抽真空完毕，查阅数据库，选取好加注量，关闭低压阀，戴上手套、护目镜，关闭低压加注口阀，进行高压管加注冷媒，加注期间可打开所有车门

4. 清理管路、检漏	
	1）加注完毕，戴上手套、护目镜，对高低压管路进行管路清理，复位AC350 2）打开检漏仪，检漏高低压阀加注口，检漏复查两次

（续）

5. 调试	
	清洁纯度鉴别仪两阀并安装到位，起动发动机，打开空调，THR 放在正面出风口上前方，将温度设定至最低，发动机转速保持在 1500 ~ 2000r/min 之间，进行空调性能鉴别
6. 清理场地	
	1）对工具和设备进行清洁，并放回原位 2）整理场地 3）清扫场地

课后评测

完成本任务对应工作页。

任务三 空调系统的故障诊断与检测

学习目标

理论目标：

1. 了解空调故障诊断的程序。
2. 掌握空调故障诊断的基本方法。
3. 掌握空调的故障现象及故障原因。

技能目标：

1. 能够用常用的方法对空调进行故障诊断。
2. 能够使用仪器对空调进行故障诊断。
3. 能够对空调常见的故障进行诊断并分析原因、排除故障。

知识储备

汽车空调系统的故障大致有以下几类：不制冷故障、制冷不足故障、间歇性制冷故障和出风不正常故障等。其主要表现为制冷系统、电气系统和机械元件出现异常，只有及时诊断和排除这些故障，才能保证或维持系统的正常运行。制冷系统的故障，经常用系统内部的压力进行分析，制冷效果、制冷剂泄漏也是分析故障的重要依据。电气系统方面的故障常表现为电气元件损坏、熔丝烧断和接线柱接触不良等，这些故障发生时常伴有异味、过热等现象。机械元件出现异常一般为压缩机、鼓风机、带轮、电磁离合器、膨胀阀、轴封、轴承和阀片等出现故障。针对汽车空调制冷系统的常见故障，可以通过故障现象，根据制冷系统工作原理分析故障原因，快速排除故障，从而确保空调系统的正常工作。

一、空调系统故障诊断的基本方法

汽车空调故障检修是通过看、听、摸、测等手段来进行的。同时，还应仔细向驾驶人询问故障的情况，判断是由于驾驶人操作不当，还是设备本身造成的故障。如果是设备本身造成的故障应该根据看、听、摸、测四个方面进行综合分析，找出故障所在，并分析原因再进行修理。

1）“看”就是用眼睛观察整个制冷系统有无异常。首先，看干燥过滤器视液镜中制冷剂流动的情况，若流动的制冷剂中央有气泡，说明制冷系统内制冷剂不足，应补充到适量。若流动的制冷剂呈雾状，且水分指示器呈淡红色，说明制冷剂中含水量偏高，应缓慢泄放完系统中原有制冷剂，拆下干燥过滤罐，将其置于110℃以上烘箱内，对干燥剂硅胶进行干燥处理后再使用。其次，看系统中各部件管路连接是否可靠密闭，是否有微量的泄漏存在。若有泄漏，由于在制冷剂泄漏过程中常夹有冷冻机油一起泄出，因此泄漏处有明显潮湿痕迹，并可以观察到黏附有一些灰尘。此时用检漏灯能测出泄漏的存在，如确认该处有慢性泄漏，应将该处连接螺帽拧紧，或重新做管路喇叭口，并加装橡皮密封，防止系统内制冷剂的减少。最后，看冷凝器是否被杂物封住、散热翅片是否倾倒变形。若此现象发生将影响流过冷凝器的空气流量，导致冷凝效果变差，使流过膨胀阀的制冷剂温度偏高，从而影响系统的制冷效果。为此，应该将冷凝器清扫干净，将变形的翘片修正。

2）“听”就是用耳朵仔细听制冷系统运转过程中有无异响。首先，听压缩机电磁离合器有无发出刺耳噪声。若有噪声，多为电磁离合器线圈老化，通电后所产生的电磁力不足或离合器片磨损引起间隙过大，使离合器打滑而发出尖叫声。这时，应重绕离合器磁力线圈或抽掉1~2片离合器调整垫片，减小离合器间隙，防止打滑，消除噪声。其次，听压缩机在运转过程中有无液击声，若有液击声，多为系统内制冷剂过多或膨胀阀开度过大，节流作用不足，导致制冷剂在未汽化时吸入压缩机。此现象对压缩机危害较大，有可能损坏压缩机内部零件，应缓慢释放制冷剂到适量或调整膨胀阀开度，以便及时加以排除。

3）“摸”就是在无温度计情况下，可以用手触摸空调系统各部件及连接管路表面温度的高低。手感有“烫”“热”“温”“凉”四种表现。高压回路应呈现较热状态，如果在某一部位特别热或者进出口之间有明显温度差，则说明此处有堵塞现象；低压回路应呈现较冷状态；若压缩机高、低压侧无明显温度差，则说明系统存在泄漏或制冷剂不足的问题。

4）“测”就是在上述过程中发现不正常的现象后，借助于有关的仪表进行数据的测试。主要是通过检漏仪检测各关接头是否泄露；用万用表检查空调电路是否存在故障，判断电路的通断情况；用温度计判断蒸发器、冷凝器和储液器是否存在故障；用压力表检查高低压管路的压力值，看是否在规定的标准数值范围内。

二、汽车空调常见故障诊断与排除

不制冷故障诊断与排除

（1）故障现象

1）打开鼓风机开关及 A/C 开关，鼓风机工作正常，但压缩机不转动，系统不制冷。

2）打开鼓风机开关及 A/C 开关，压缩机转动，但鼓风机不转动，系统无冷风。

3）打开鼓风机开关及 A/C 开关，鼓风机与压缩机均正常，但不制冷。

（2）故障分析

汽车空调不制冷故障分析如图 5-9 所示。

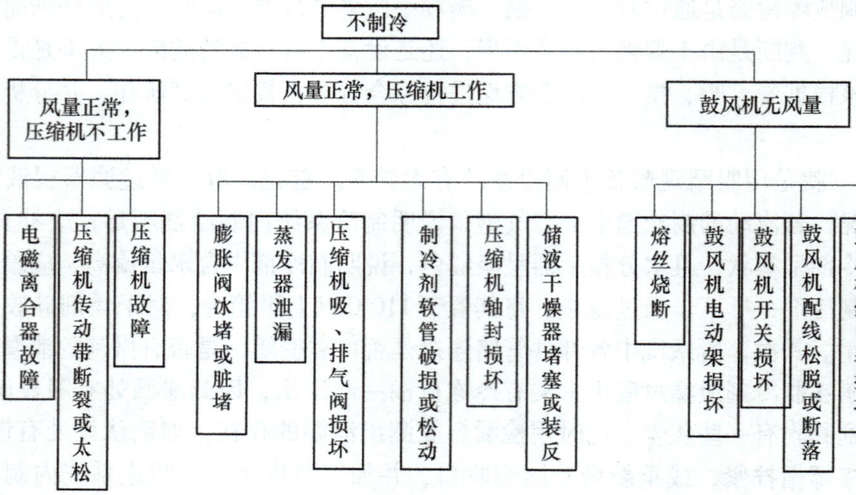

图 5-9　汽车空调不制冷故障分析

（3）故障诊断与排除

情况 1. 风量正常，压缩机不工作

诊断一　电磁离合器故障

打开空调开关，用试灯检查电磁离合器电源，如果试灯亮，说明电磁离合器线圈烧坏，电磁离合器无电流通过，造成压缩机不工作。

排除方法：修理或更换电磁离合器线圈。

诊断二　压缩机传动带断裂或太松

压缩机传动带断裂或太松，造成压缩机不能正常工作，使空调不能制冷。

排除方法：更换压缩机传动带或张紧压缩机传动带。空调压缩机传动带调整如图 5-10 所示，首先将传动轴支架上的两个锁紧螺母松开，然后转动调整螺栓使传动带张力至规定值，最后将支架上的螺母锁紧。

情况 2. 无风量

诊断一　熔丝烧断

鼓风机控制电路的熔丝烧断，造成鼓风机不能正常工作。

排除方法：更换相同规格的新的熔丝。

诊断二　鼓风机继电器损坏

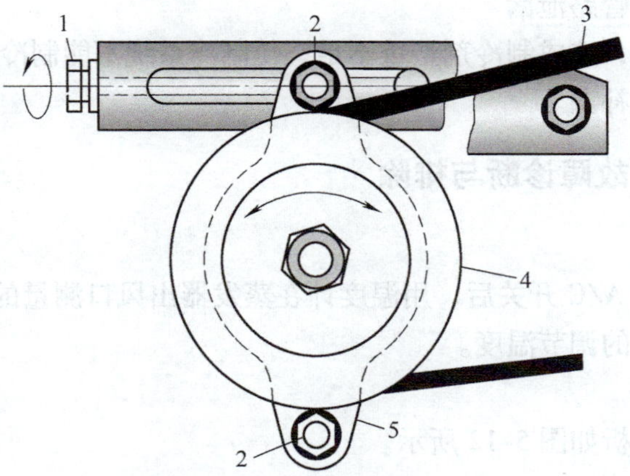

图 5-10 空调压缩机传动带调整

1—调整螺栓 2—锁紧螺母 3—传动带 4—带轮 5—传动轴支架

鼓风机继电器线圈烧断、触点损坏，使继电器不能工作，从而导致鼓风机不能工作。

排除方法：更换鼓风机继电器。鼓风机继电器的检测方法如图 5-11 所示，拆去空调继电器插头，并让蓄电池向线端①和线端②供电，检查线端③和线端④之间是否出现断路。如果欧姆表上的读数为零，说明继电器正常；如果不为零，则需要更换继电器。

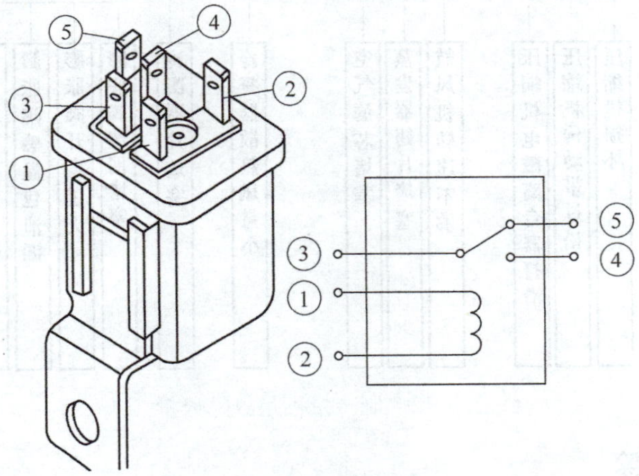

图 5-11 鼓风机继电器的检测方法

情况 3. 风量正常，压缩机工作，但不制冷

诊断一 膨胀阀脏堵

脏堵是指空调制冷系统工作时，脏物随制冷剂流经小截面通道处形成堵塞现象。脏堵能导致空调系统制冷能力下降，甚至不制冷。

排除方法：清洗或更换膨胀阀。排除脏堵的方法如下：①放出制冷系统中的制冷剂。对于带有储液干燥器的较大型制冷系统，可将制冷剂抽到储液干燥器中。②拆下制冷系统中脏堵的部件进行清洗或更换。③脏堵严重时，应将制冷系统全部拆卸，并分段清洗，清洗液可用工业汽油或四氯化碳。清洗完全部部件后，经组装即可重新对制冷系统充注制冷剂，然后试车。

诊断二　蒸发器或管路泄漏

蒸发器或管路泄漏，造成制冷剂严重不足，使制冷系统不能制冷。

排除方法：检漏、补漏。

三、制冷量不足故障诊断与排除

1. 故障现象

打开鼓风机开关及 A/C 开关后，用温度计在蒸发器出风口测量的温度大于正常值 5℃以上或车内温度高于正常的调节温度。

2. 故障分析

制冷量不足故障分析如图 5-12 所示。

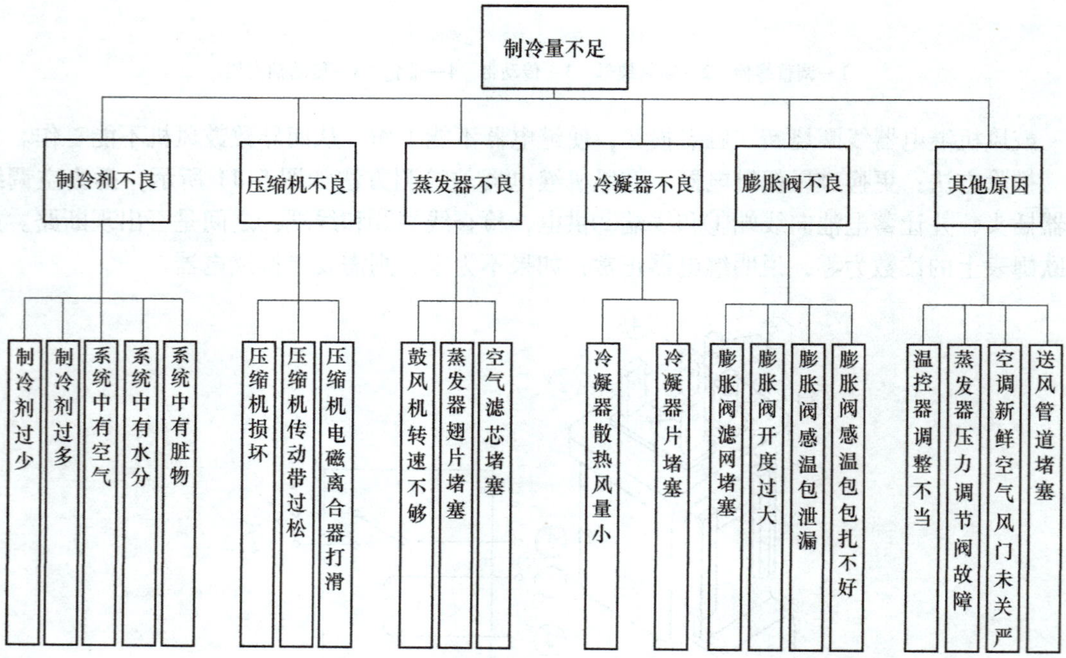

图 5-12　制冷量不足故障分析

3. 故障诊断与排除

情况 1. 制冷剂不良

诊断一　制冷剂过少

若通过视窗观察到每隔 1 ~ 2s 就会有气泡出现，则表明制冷剂不足。制冷剂不足或制冷剂泄漏，都将降低制冷效果。

排除方法：检漏，修补，重新充注制冷剂。

诊断二　制冷剂过多

如果从视窗中看到有气泡出现，但看不见液体流动，且高压侧过热、高低压力均过高，表明制冷剂过多。

排除方法：从低压侧放出多余的制冷剂。

情况 2. 压缩机不良

诊断一　压缩机损坏

压缩机内部损坏，如压缩机阀片击碎、轴承损坏或密封垫破损等，造成内部泄漏，导致低压侧压力过高、高压侧压力过低，从而使制冷效果下降。

排除方法：修理或更换压缩机。

诊断二 压缩机传动带过松

压缩机传动带过松，将导致压缩机转速过低，空调压力也过低，使制冷效果下降。空调传动带张紧度检查方法：用100 N压力按下传动带，其偏差如在8～10mm范围内说明张紧度合适。传动带检查如图5-13所示。

排除方法：张紧或更换传动带。

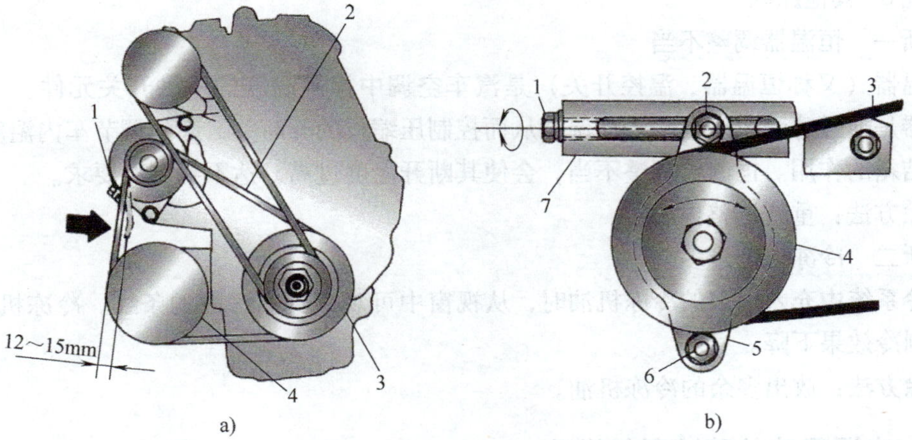

1—调整螺栓 2—传动带
3—曲轴带轮 4—压缩机

1—调整螺栓 2—锁紧螺母
3—传动带 4—带轮 5—传动轴支架
6—锁紧螺母 7—调整支架

图5-13 传动带检查

情况3. 冷凝器工作不良

诊断一 冷凝器鼓风机转速过低

冷凝器鼓风机转速过低，使冷凝器散热风量过小，造成高、低压侧压力均过高，使制冷效果下降。

排除方法：检查冷凝器鼓风机电路。

诊断二 冷凝器散热片堵塞

冷凝器散热片被脏物堵塞，造成高压过高，散热效果不好，制冷能力下降。

排除方法：清理冷凝器上的脏物。

情况4. 蒸发器工作不良

诊断一 蒸发器鼓风机转速不够

蒸发器鼓风机的转速不够，造成蒸发器大量结霜，出风不冷，使制冷量不足。

排除方法：检查鼓风机开关、继电器或更换鼓风机。

诊断二 蒸发器翅片堵塞

蒸发器翅片被灰尘堵塞，造成送风量减小，制冷量不足。

排除方法：用压缩空气将蒸发器翅片上的灰尘吹净。

情况 5. 膨胀阀工作不良

诊断一　膨胀阀滤网堵塞

膨胀阀中的滤网堵塞，使吸气压力过低，排气压力过高，造成制冷效果下降。

排除方法：排空系统，卸下滤网并进行清洗或更换。

诊断二　膨胀阀开度过大

膨胀阀开度过大，使高、低压力都过高，过多的制冷剂流过蒸发器而来不及蒸发，造成制冷效果下降。

排除方法：检测并调整膨胀阀的开度。

情况 6. 其他原因

诊断一　恒温器调整不当

恒温器（又称恒温器、温控开关）是汽车空调中控制温度的一种开关元件。一般所指的恒温器是通过感受蒸发器的表面温度从而控制压缩机的开与关，起到调节车内温度及防止蒸发器结霜的作用。恒温器调整不当，会使其断开温度过高，达不到制冷要求。

排除方法：重新调整恒温器。

诊断二　冷冻机油过多

制冷系统中充入过多的冷冻机油时，从视窗中可观察到有浑浊的条纹。冷冻机油过多，将导致制冷效果下降。

排除方法：放出多余的冷冻机油。

四、空调异响故障诊断与排除

1. 故障现象

空调系统工作时，产生异常声响。

2. 故障分析

空调异响故障分析如图 5-14 所示。

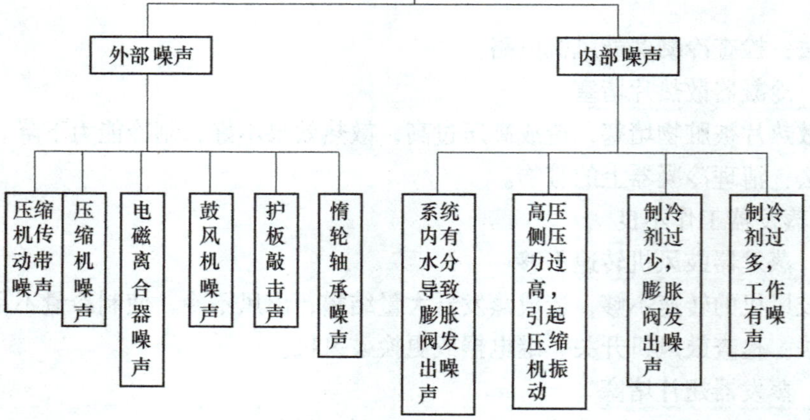

图 5-14　空调异响故障分析

3. 故障诊断与排除

情况 1. 外部噪声

诊断一　压缩机传动带噪声

压缩机传动带松动打滑或过度磨损，产生噪声。

排除方法：张紧或更换压缩机传动带。

用手指按压传动带中间，挠度应在 10 ~ 15 mm 之间。注意不要用旋具等工具按压传动带，以防划伤传动带，缩短传动带的使用寿命。

诊断二　电磁离合器噪声

电磁离合器打滑发出摩擦声，电磁线圈插头松动发出噪声。

排除方法：视实际情况进行处理。

①若带轮未拧紧，应拧紧固定螺钉；②若压缩机轴上的键有故障，应修复或更换；③若电磁离合器打滑，应清洗或更换磨损严重的零件；④若电磁离合器轴承破损，应更换轴承；⑤若电磁离合器间隙过大，应重新调整间隙。

诊断三　压缩机噪声

压缩机固定件松动发出噪声或压缩机内部零件磨损产生噪声。

排除方法：①拧紧压缩机紧固螺钉；②修理或更换压缩机。

诊断四　鼓风机噪声

鼓风机叶片变形、破裂，发出噪声，或者鼓风机电动机过度磨损发出噪声。

排除方法：维修或更换鼓风机或鼓风机电动机。

诊断五　护板敲击声

护板松动，发出敲击声。

排除方法：紧固夹紧卡，消除软管与其他部件的摩擦或碰撞。

诊断六　惰轮轴承发出噪声

惰轮轴承磨损严重发出异响。

排除方法：检修惰轮轴承。

情况 2. 内部噪声

诊断一　制冷剂过多

制冷剂过多，造成压缩机负荷加大，导致高压管路发出振动声，压缩机发出捶击声。

排除方法：排除过多制冷剂，直至高压表显示正常。

诊断二　制冷剂过少

制冷剂过少，蒸发器进口处发出“咝咝”声。

排除方法：检查制冷剂泄漏处，重新充注制冷剂。

诊断三　管路中有水分

系统管路中水分过多，导致膨胀阀产生噪声。

排除方法：更换储液干燥器，抽真空，重新充注制冷剂。

任务实施

一、任务准备

1）设备：丰田卡罗拉故障车一辆。

2）工具：世达工具一套。

二、实施步骤

1. 设备、工具准备	
	1）丰田卡罗拉轿车故障一辆 2）工具齐全并摆放整齐
2. 故障诊断	
	1）打开空调 AC 开关，温度调至最低，选择车内循环 2）10min 后车内温度无明显变化 3）检查压缩机、鼓风机等运转正常 4）拆下空调过滤网，发现过滤网被灰尘堵塞严重
3. 故障排除	
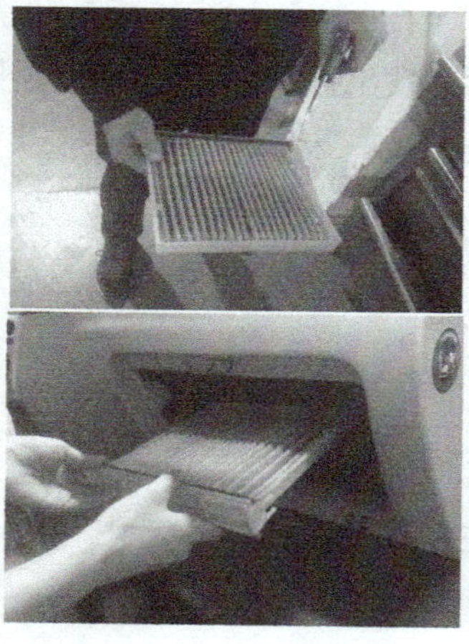	1）由于滤网被堵，造成送风量小 2）用高压气枪吹净滤网或者直接更换 3）换上后重复步骤 3、4 直至车内温度明显变化

（续）

4. 清理工位	
	1）对工具和设备清洁，并放回原位 2）整理场地 3）清扫场地

课后评测

完成本任务对应工作页。

项目六

辅助电器系统

项目描述

本项目主要内容包括：辅助电器系统电路的介绍、检测与调试要点及故障诊断与排除方法；通过分析电动后视镜、电动门窗、电动天窗、风窗清洗除霜装置和电动座椅电路，能够识别电路基础元件的组成，掌握检测与调试方法，学会使用检测工具进行故障诊断与排除。

任务一　电动后视镜的检测与维修

学习目标

理论目标：

1. 了解电动后视镜的结构。
2. 了解电动后视镜电路图的特点。
3. 掌握电动后视镜的检修与调试内容。
4. 掌握常见故障的诊断与排除方法。

技能目标：

1. 能够识别电动后视镜元器件。
2. 能够读懂电动后视镜电路图。
3. 能够熟知电动后视镜调试与检测要点。
4. 掌握电动后视镜常见故障的诊断与排除方法。

知识储备

一、电动后视镜的组成

电动后视镜一般由镜片、微型直流电动机、驱动器和控制开关等组成。在镜面的背后装有两个转向可逆电动机，通过操纵其上下及左右运动来实现镜面转向可调，以让驾驶人达到最佳视野范围。每个电动后视镜都有一个独立控制开关，开关按键可多方位动作，按指定方向调节镜面。电动后视镜的结构和控制开关如图6-1所示。

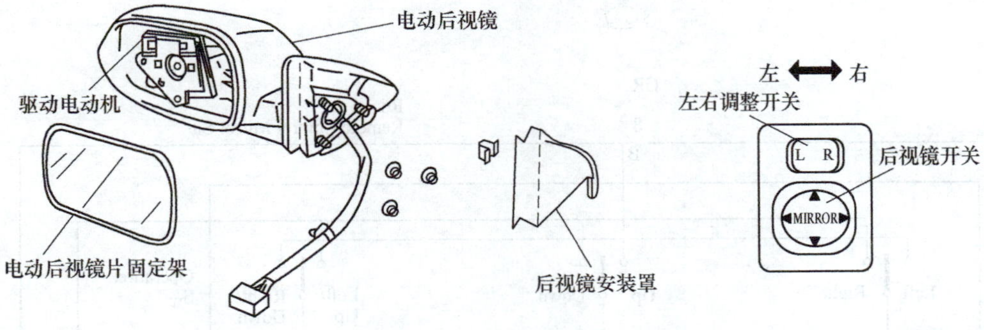

图6-1　电动后视镜的结构和控制开关

二、电动后视镜控制电路分析

以卡罗拉轿车为例，分析电动后视镜控制电路，如图6-2所示。根据维修手册中的电动后视镜电路图分析，在开关总成中选择开关对左、右后视镜进行选择控制，方向控制开关对镜面进行上、下、左、右四个方向的控制。当联动选择开关（Select Sw）拨向右边，选择开关的"Right"触点闭合，通过2号端子和3号端子分别跟右侧电动后视镜总成R18的1号端子和3号端子连通，再通过方向控制开关（Operation Sw）对右侧电控后视镜进行上、下、左、右四个方向的控制。四个电流回路如下：

1. 向左调整

电源→CIG熔丝→方向控制开关"Left"触点→选择开关"Right"触点→开关总成2号端子→右侧电动后视镜总成R18的1号端子→电动机MH→电机总成2号端子→开关总成6号端子→方向控制开关"Left/Up"触点→开关总成7号端子→负极搭铁。

2. 向上调整

电源→CIG熔丝→方向控制开关"Up"触点→选择开关"Right"触点→开关总成3号端子→右侧电动后视镜总成R18的3号端子→电动机MV→电机总成2号端子→开关总成6号端子→方向控制开关"Left/Up"触点→开关总成7号端子→负极搭铁。

3. 向右调整

电源→CIG熔丝→方向控制开关"Right/Down"触点→开关总成6号端子→右侧电动后视镜总成R18的2号端子→电动机MH→开关总成2号端子→选择开关"Right"触点→方向控制开关"Right"触点→开关总成7号端子→负极搭铁。

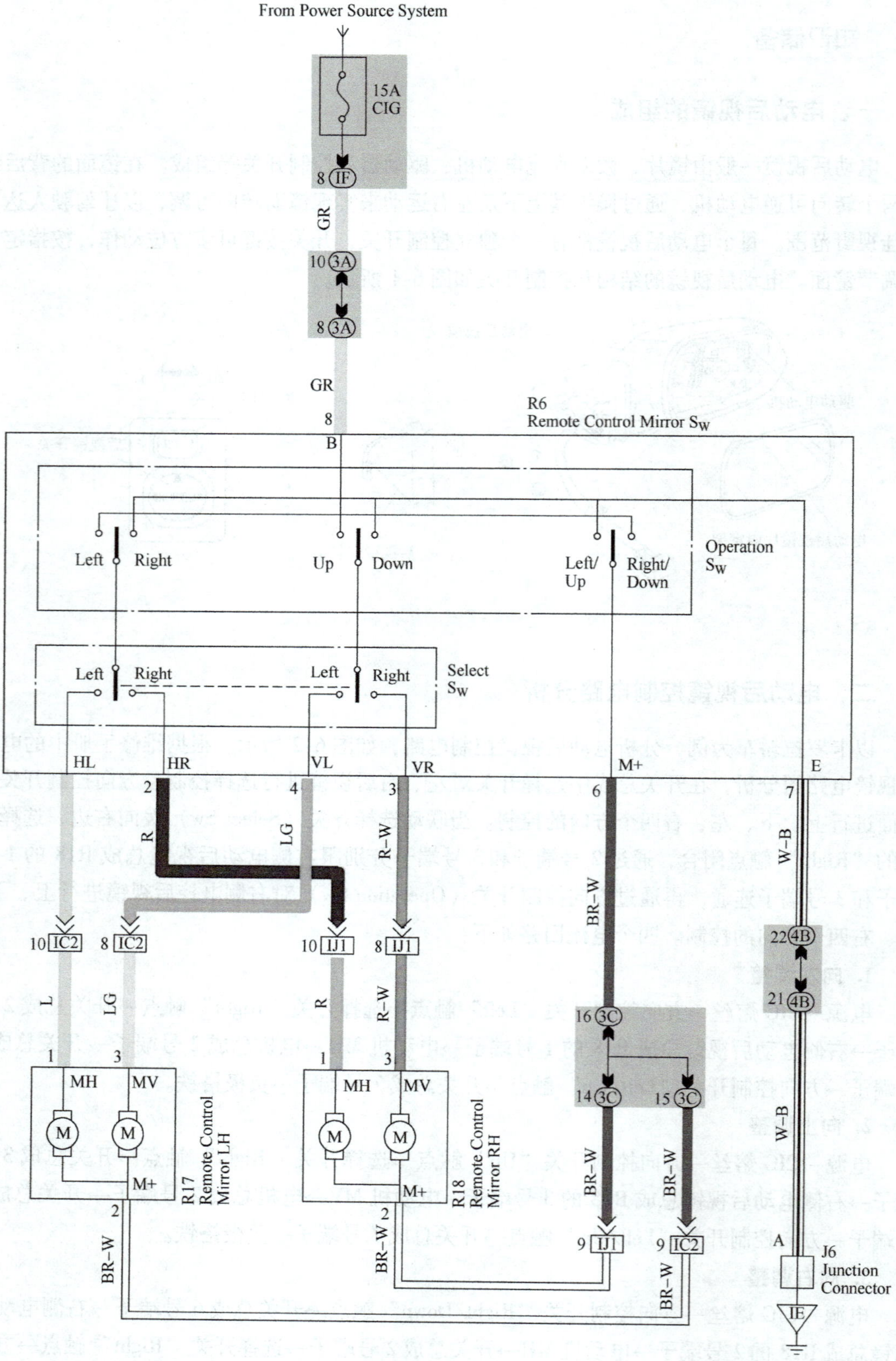

图 6-2 电动后视镜控制电路

4. 向下调整

电源→CIG熔丝→方向控制开关“Right/Down”触点→开关总成6号端子→右侧电动后视镜总成R18的2号端子→电动机MV→开关总成3号端子→选择开关“Right”触点→方向控制开关“Down”触点→开关总成7号端子→负极搭铁。

左侧后视镜控制电路与右侧相似，故不再阐述。

三、电动后视镜的检测与调试

1. 电动后视镜动作性能测试

正确坐入驾驶位置，操作电动后视镜调节开关，目视左右后视镜各方向调节是否正常。

2. 电动后视镜电路测试（卡罗拉1.6GL轿车）

1）拆下驾驶侧门饰板相关部件，断开电动后视镜线束插接器。

2）后视镜电路插接器如图6-3所示。按照图6-3，对相关端子施加电压，并检查后视镜工作情况，电动后视镜测量条件及规定状态见表6-1，测试要求应符合表6-1。

表6-1　电动后视镜测量条件及规定状态

测量条件	规定状态
蓄电池正极（+）→端子5（MV） 蓄电池负极（-）→端子4（M+）	上翻
蓄电池正极（+）→端子4（M+） 蓄电池负极（-）→端子5（MV）	下翻
蓄电池正极（+）→端子4（MH） 蓄电池负极（-）→端子4（M+）	左转
蓄电池正极（+）→端子4（M+） 蓄电池负极（-）→端子3（MH）	右转

3）后视镜开关电路插接器如图6-4所示，电动后视镜开关检测条件见表6-2。按照图6-4及表6-2，检查后视镜开关总成。

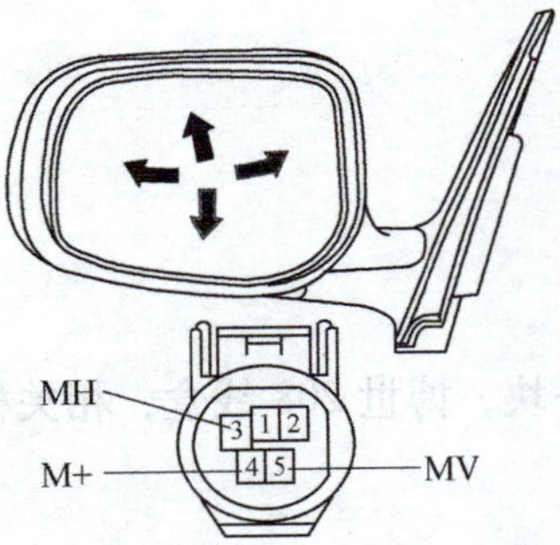

图6-3　后视镜电路插接器

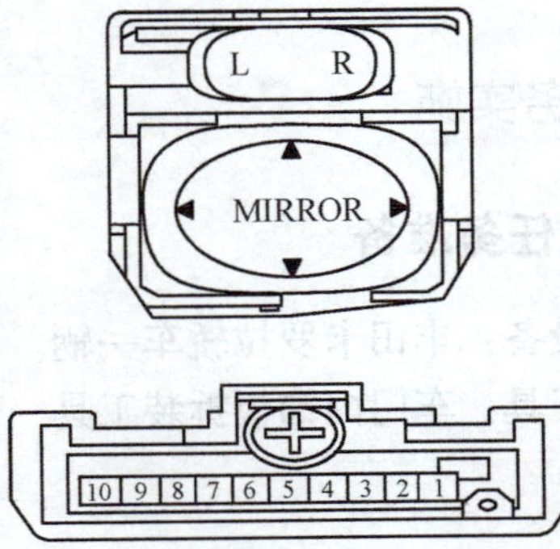

图6-4　后视镜开关电路插接器

表 6-2 电动后视镜开关检测条件

检测仪连接	开关条件	规定状态
4 (VL)-8 (B) 6 (M+)-7 (E)	UP	小于 1Ω
	OFF	10kΩ 或更大
4 (VL)-7 (E) 6 (M+)-8 (B)	DOWN	小于 1Ω
	OFF	10kΩ 或更大
5 (HL)-8 (B) 6 (M+)-7 (E)	LEFT	小于 1Ω
	OFF	10kΩ 或更大
5 (HL)-7 (E) 6 (M+)-8 (B)	RIGHT	小于 1Ω
	OFF	10kΩ 或更大

四、电动后视镜故障诊断与排除

1. 故障诊断分析

通过操作电动后视镜开关，观察后视镜镜面转动是否灵敏、翻转是否到位。如出现镜面转动不到位或卡滞现象，应首先判别是机械故障还是电路故障。

2. 故障排除

后视镜维修方案见表 6-3，根据表 6-3 确定故障部位并建立维修方案

表 6-3 后视镜维修方案

故障类型	故障部位	维修方案
机械元件	镜面转向调解机构的卡滞或损坏、电动机总成损坏和开关总成损坏等	总成更换
电路故障	熔丝、线路的短路或断路以及插接器接触不良等	元器件的修复或更换

任务实施

一、任务准备

1）设备：丰田卡罗拉轿车一辆。

2）工具：车门内饰板拆装工具一套，备用蓄电池一块，博世 208 线盒，相关检测仪器工具。

二、实施步骤

1. 工位准备

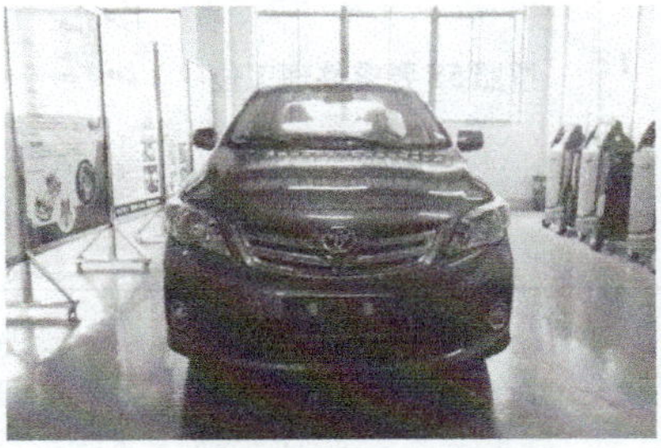

1）将车辆停放在安全位置，安放好车内四件套，确认变速杆置于P位，拉起驻车制动器

2）准备好拆装与检测的相关工具与设备

2. 电动后视镜元器件的组成认知及正确使用

1）指出后视镜的相关部件

2）坐在驾驶位置，操作后视镜开关，将镜面调到最佳可视位置

3. 电动后视镜动作测试

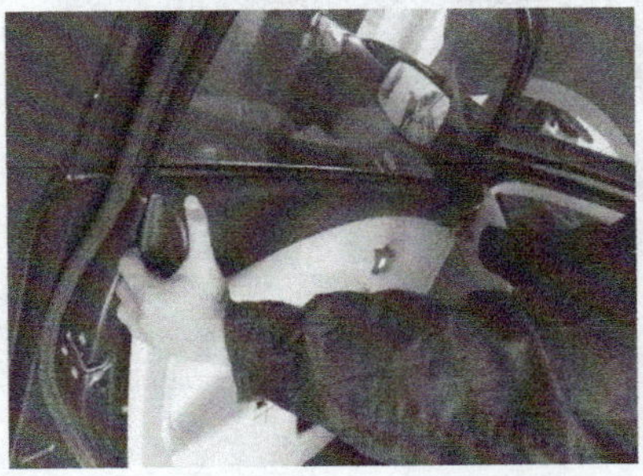

1）按照维修手册要求拆下驾驶侧门饰板

2）按照知识储备所讲的电动后视镜检测与调试内容，结合维修手册，对电动后视镜进行动作测试

4. 任务总结

结合电路图，并根据动作测试结果，分析电动后视镜工作原理

（续）

5. 工位整理清洁	
	按照5S要求整理工位

拓展与提高

电动后视镜的自动折叠功能

车辆的后视镜一般安装在车门两侧，是车辆宽度最外侧的零部件，在车辆通过狭窄路面、会车等过程中，后视镜最容易造成擦伤、碰撞等事故。为了避免后视镜损坏，就需要后视镜具有折叠功能。低端车辆一般具备的是手动折叠后视镜，高端车辆具备电动折叠后视镜，如图6-5所示。当车辆通过狭窄路段时，后视镜可以实现电动折叠，避免擦伤。在驾驶人离开车辆的时候，也可以把后视镜折叠起来，不仅可以保护镜面，还可以缩小停车泊位空间，有效地避免了剐蹭。

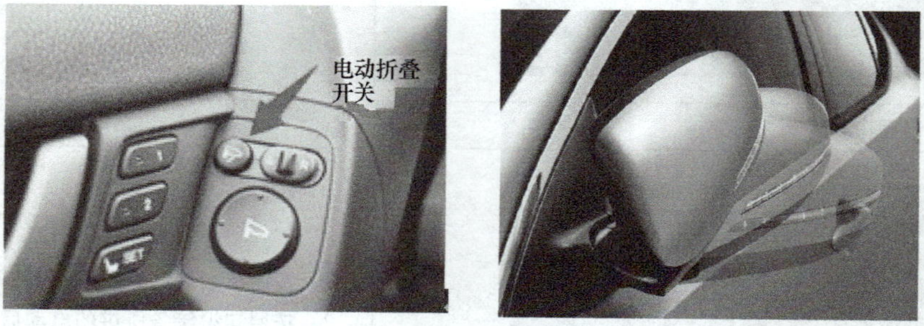

图6-5　电动折叠后视镜

课后评测

完成本任务对应工作页。

任务二　电动车窗的检测与维修

学习目标

理论目标：

1. 了解电动车窗的结构。
2. 了解电动车窗电路图的特点。
3. 掌握电动车窗的检修与调试内容。
4. 掌握常见故障的诊断与排除方法。

技能目标：

1. 能识别电动车窗元器件。
2. 能读懂电动车窗电路图。
3. 熟知电动车窗调试与检测要点。
4. 掌握电动车窗常见故障的诊断与排除方法。

知识储备

一、电动车窗的组成

电动车窗由车窗玻璃、玻璃升降器、电动机、继电器、断路器和控制开关等组成，如图6-6所示。

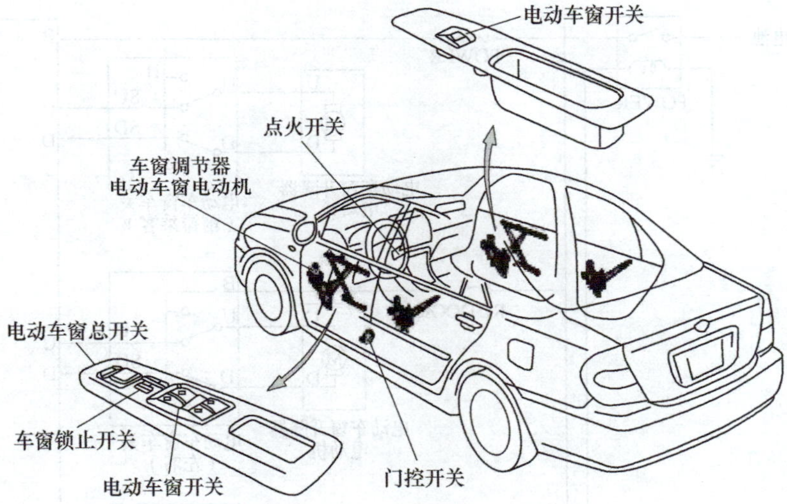

图6-6 电动车窗组成

二、电动车窗电路图

丰田卡罗拉轿车1.6GL电动车窗电路图如图6-7所示，其基本工作过程如下：

1. 主控开关控制驾驶侧车窗

该车型的驾驶侧电动车窗安装有控制单元ECU，其电源由蓄电池经FR DOOR熔丝供给，通过电动车窗主开关E端子搭铁。当驾驶人点动按下车窗开关时，其主开关中的D与E端子接通，此时电动车窗ECU会执行驾驶侧车窗点动下降命令，当驾驶人继续下按车窗开关到自动位置时，其主开关中的D、A与E端子同时接通，此时车窗ECU会执行驾驶侧车窗自动下降命令。同理，接通U与E端子或者U、A与E端子，驾驶侧车窗会在ECU控制下执行点动上升或自动上升命令。

2. 主控开关控制前排乘客及右后或左后车窗

以主控开关控制前排乘客车窗为例讲解其控制电路，左后与右后侧车窗控制与此相同，其工作过程如下：

当驾驶人通过主开关控制前排乘客车窗下降时，其电路流向为：蓄电池“+”→POWER继电器→POWER熔丝→主开关B端子。当驾驶人按下安装在主控开关上的前排乘客车窗开关时，其内部的 B 端子与 D 端子接通，电流经主开关 D 端子→前排乘客车窗开关 SD 端子和 D 端子→电动机 D 端子和 U 端子→前排乘客车窗开关 U 端子和 SU 端子→主开关 U 端子，经主开关 E 端子搭铁，车窗实现下降功能，反之车窗上升。

3. 前排乘客、右后及左后车窗开关控制各自车窗

以左后车窗开关控制车窗为例讲解其控制电路，前排乘客及右后车窗开关与此相同，其工作过程如下：

左后乘客按下车窗开关时，其电路流向为：蓄电池“＋”→POWER 继电器→RL DOOR 熔丝→左后车窗开关 B 端子和 D 端子→电动机 D 端子和 U 端子→左后车窗开关 U 端子和 SU 端子→主开关 U 端子，最后经主开关 E 端子搭铁。车窗实现下降功能，反之为上升。

在车窗主开关中，除了驾驶侧的 U 和 D 端子外，其他侧车窗的 U、D 端子在静态下与 E 端子常通。

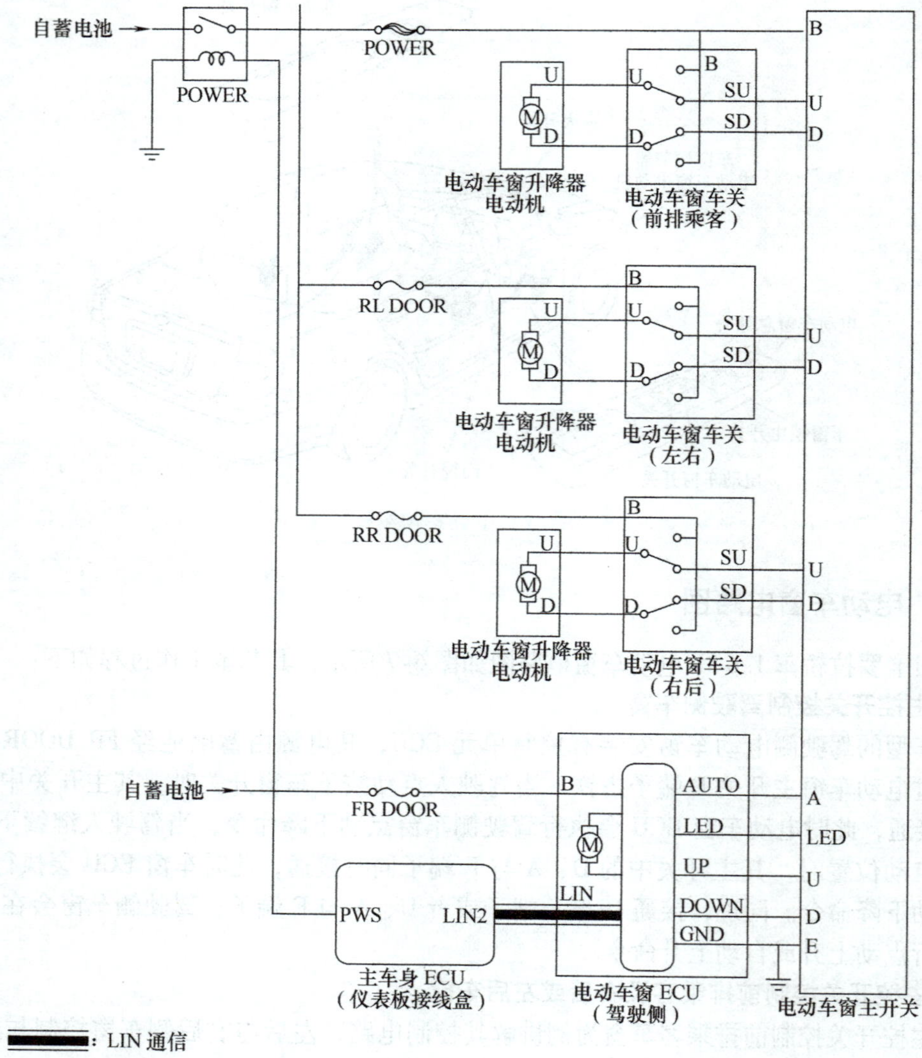

图 6-7　丰田卡罗拉轿车 1.6GL 电动车窗电路图

三、电动车窗检测与调试

通过正确的操作车窗开关，检查车窗基本功能，从而判定车窗工作是否正常，主要检测步骤如下：

1）拉起驻车制动器，将变速杆置于P位，打开点火开关。

2）依次提起或按下驾驶侧车窗主开关各按钮，检查对应车窗是否有状态变化。

3）轻按或轻拉开关，查看车窗玻璃是否能够实现点动升降。

4）将带有“AUTO”标志的开关向上拉到最高位置或按到最低位置，查看车窗玻璃是否能够实现自动升降。

5）检查车窗在升降过程中有无异响、卡滞等异常现象。

6）以同样的方法检查其他车窗开关功能是否正常。

7）检查后排车窗安全锁止是否正常。

四、电动车窗故障诊断与排除

电动车窗常见故障有：所有车窗均不能升降、某车窗不能升降或只能一个方向运动和车窗在升降过程中出现卡滞、异响或升降速度明显过慢等异常情况。

1. 所有车窗均不能升降

主要故障原因：蓄电池电压过低；主熔丝断路；连接导线断路；相关继电器、开关损坏；电动机损坏；搭铁点锈蚀、松动。

诊断步骤：首先检查蓄电池电压是否正常，熔丝是否断路。若熔丝良好，则应检查有关继电器和开关火线接线柱上的电压是否正常；如电压为零，应检查电源电路；如电压正常，则应检查搭铁线是否良好。搭铁不良时，应清洁、紧固搭铁线；若搭铁良好，应对继电器、开关和电动机进行检测。

2. 某车窗不能升降或只能一个方向运动

主要故障原因：该车窗开关损坏；该车窗电动机损坏；连接导线断路或熔丝断路；安全开关故障。

诊断步骤：如果车窗不能升降，首先检查安全开关是否工作，该车窗驾驶侧主开关或自身开关工作是否正常。可通电检查该车窗的电动机正反转是否运转稳定，若异常，应对电动机检修或更换新件；若正常，则应检修连接导线。如果车窗只能一个方向运动，一般是按键开关故障或部分电路断路或接错所致。

3. 车窗在升降过程中出现卡滞、异响或升降速度明显过慢等异常情况

主要故障原因：出现这种情况大部分是由于机械机构故障所致，蓄电池电量不足也会发生类似故障现象。机械故障主要有：车窗玻璃升降器、齿轮或支杆损坏；车窗玻璃与门饰板间因间隙过小导致摩擦过大；车窗电动机转动力矩下降等。

诊断步骤：首先检查蓄电池电量是否充足，对于机械故障可拆下车门内饰板件，通过驱动车窗升降观察车窗玻璃升降器、齿轮或支杆等机械连接机构工作是否正常，电动机工作是否正常。

任务实施

一、任务准备

1）设备：丰田卡罗拉轿车一辆。

2）工具：车门内饰板拆装工具一套，备用蓄电池一块，博世208线盒，相关检测仪器工具。

二、实施步骤

1. 工位准备

1）将车停放在安全工位并安放好车内四件套，确认变速杆置于P位，拉起驻车制动器

2）准备好拆装与检测的相关工具与设备

2. 检查驾驶侧车窗

1）打开点火开关

2）依次按压各开关，检查对应车窗工作是否正常

3）轻按或轻拉开关，查看车窗玻璃是否能够实现点动升降

4）将开关按到底或向上拉到最高位置，查看车窗玻璃是否能够实现自动升降

5）检查车窗在升降过程中有无异响

3. 使用解码仪读取相关数据，查阅维修手册，检查电动车窗ECU的功能

驾驶侧车门电动机：

检测仪显示	测量项目/范围	正常状态
D Door Auto SW	驾驶侧车门电动车窗自动开关信号/ON或OFF	ON：驾驶侧车门电动车窗自动开关工作 OFF：驾驶侧车门电动车窗自动开关不工作
D Door Up SW	驾驶侧车门电动车窗手动上升开关信号/ON或OFF	ON：驾驶侧车门电动车窗手动上升开关工作 OFF：驾驶侧车门电动车窗手动上升开关不工作
D Door Down SW	驾驶侧车门电动车窗手动下降开关信号/ON或OFF	ON：驾驶侧车门电动车窗手动下降开关工作 OFF：驾驶侧车门电动车窗手动下降开关不工作

（续）

4. 拆卸电动车窗开关总成

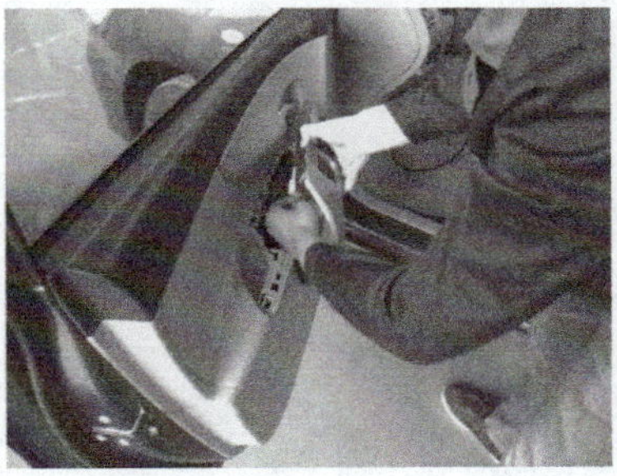

按照维修手册要求，拆卸电动车窗主控开关总成

5. 查电动车窗开关总成

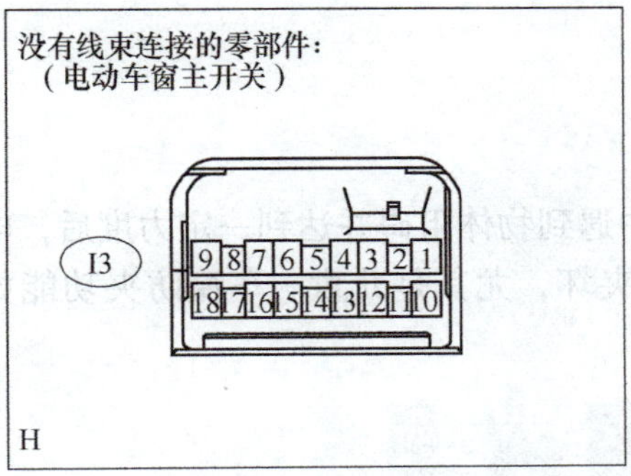

根据下表中的值测量电阻

检测仪连接	条　件	规定状态
8（U）-1（E）-4（A）	自动上升	小于1Ω
8（U）-1（E）	手动上升	小于1Ω
5（D）-1（E）	手动下降	小于1Ω
4（A）-5（D）-1（E）	自动下降	小于1Ω

6. 检查线束和插接器

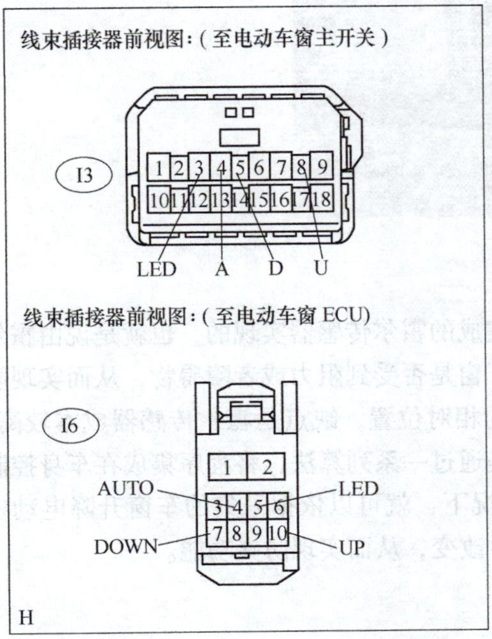

1. 断开插接器 I3 和 I6
2. 根据下表中的值测量电阻

检测仪连接	条　件	规定状态
I3.8（U）-I6-10（UP）	始终	小于1Ω
I3.3（LED）-I6-5（LED）	始终	小于1Ω
I3.4（A）-I6-4（AUTO）	始终	小于1Ω
I3.5（D）-I6-7（DOWN）	始终	小于1Ω
I3-8（U）-车身搭铁	始终	10kΩ 或更大
I3-3（LED）-车身搭铁	始终	10kΩ 或更大
I3-4（A）-车身搭铁	始终	10kΩ 或更大
I3-5（D）-车身搭铁	始终	10kΩ 或更大

（续）

7. 工位整理清洁	
	按照5S要求整理工位

拓展与提高

电动车窗的防夹功能

电动车窗的防夹功能是指电动车窗在上升过程中遇到物体阻碍并达到一定力度后，电动车窗会自动停止或者回落，用来防止人员或物体被夹坏，尤其是儿童。车窗防夹功能如图6-8所示。

图6-8　车窗防夹功能

电动车窗的防夹功能一般是通过在摇窗机上集成的霍尔传感器实现的，也就是说由霍尔传感器检测电窗升降电动机的转速、电流，判断车窗是否受到阻力或者障碍物，从而实现防夹功能。这种防夹功能优点是能够有效判断车窗的相对位置，缺点是霍尔传感器成本较高。而现在有一种无霍尔传感器防夹车窗控制器，它是通过一系列算法，将程序集成在车身控制模块BCM中，这样在不对原车线束加以改动的情况下，就可以依据采集的车窗升降电动机工作电流等数据，推断出电窗的工作状况是否发生改变，从而实现防夹功能。

课后评测

完成本任务对应工作页。

任务三 电动天窗的检测与维修

学习目标

理论目标：

1. 了解电动天窗的结构。
2. 了解电动天窗的电路图特点。
3. 掌握电动天窗的检修与调试内容。
4. 掌握常见故障的诊断与排除方法。

技能目标：

1. 识别电动天窗元器件。
2. 读懂电动天窗电路图。
3. 熟知电动天窗调试与检测要点。
4. 掌握电动天窗常见故障的诊断与排除方法。

知识储备

一、电动天窗的组成

电动天窗安装在车厢的顶部，可以打开或关闭部分车顶，以改善车厢内的采光和通风，如图6-9所示。天窗开启的方式一般分为外启式、内藏式和倾斜式。

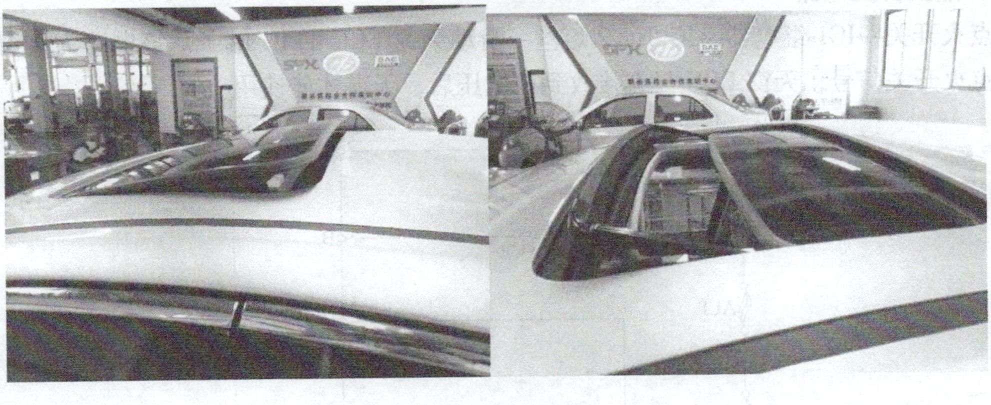

图6-9 电动天窗

1）天窗组件包括天窗框架、玻璃窗、遮阳板、导流槽和排水槽等部分。

2）驱动机构主要由电动机、驱动齿轮和滑动螺杆等组成，如图6-10所示。工作时，电动机驱动传动机构，使得天窗滑移开启或倾斜开启。驱动电动机正转使车顶玻璃向前滑动，反转使车顶玻璃向后滑动。

3）天窗控制系统主要包括天窗控制开关、电控单元（ECU）、继电器和限位开关等。天窗控制开关有滑动开启和倾斜开启两种功能。滑动开关有滑动打开、滑动关闭和断开三个位置；倾斜开关有斜升、斜降和断开三个位置。

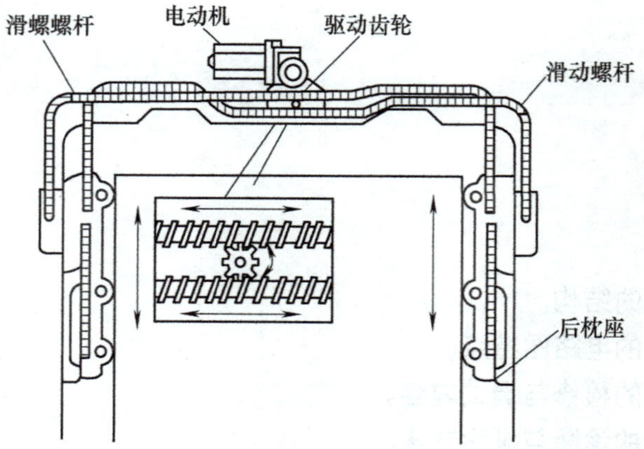

图 6-10　驱动机构

二、电动天窗控制电路分析

电动天窗的工作原理与电动车窗基本相同，通过改变电动机电流的方向，驱动电动机正、反转，使天窗完成不同状态下的工作。下面以丰田卡罗拉轿车电动天窗为例分析控制电路，卡罗拉电动天窗控制电路较为简单，这主要得益于该系统采用计算机控制，电动天窗电源电路如图 6-11 所示。

1. 电源电路

蓄电池正极→FL MAIN 熔丝→ALT 熔丝→SUN ROOF 熔丝→滑动天窗 ECU 的 B 端子。ECU 采用该电路提供电压用来驱动天窗电动机。

2. 点火开关电路

点火开关→IG1 继电器→IG. No. 2 熔丝→滑动天窗 ECU 的 IG 端子。该电路为天窗 ECU 提供点火开关信号，天窗 ECU 只有接收到该电压后，天窗才能使用。

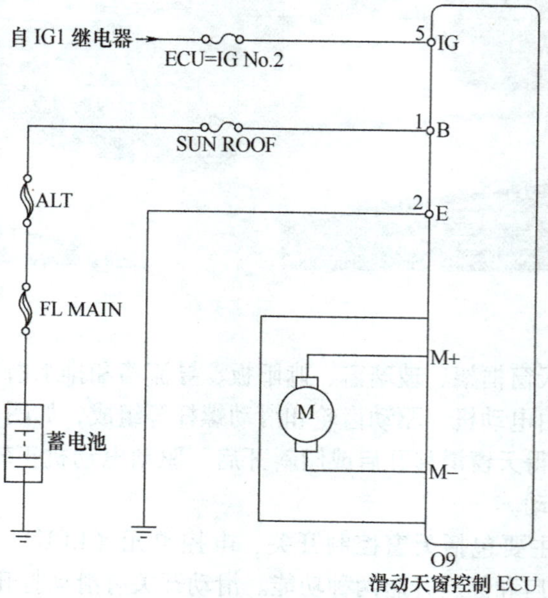

图 6-11　电动天窗电源电路

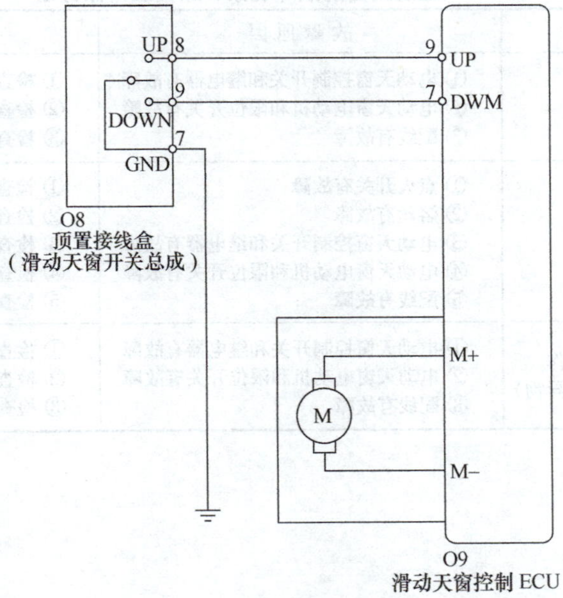

图 6-11　电动天窗电源电路（续）

3. 搭铁电路

ECU 通过 2 号端子与壳体搭铁。

4. 电动机电路

ECU 通过 M + 端子和 M – 端子与电动机正负极相接。

5. 开关电路

开关总成的 8 号端子“UP”与 9 号端子“DOWN”，分别对应 ECU 的相应端子，通过 7 号端子搭铁。

三、电动天窗的检测与调试

1）在天窗调试过程中，注意开关灵敏度、天窗运行是否平稳、开启或关闭速度是否均衡、密封性是否良好以及有无异常杂音。

2）防止天窗开启过程中有阻碍物遮挡。天窗面板的设计有隔绝热能和防紫外线的功能，应用软布和清洁剂进行清洗，切勿用黏性清洗剂清洗。

3）定期检查电动天窗的滑轨、缝隙中是否有颗粒物，避免沙砾沉积。应经常检测和清理密封胶条和滑轨，清理完毕后除涂抹少许润滑油（机油）或润滑脂（黄油）外，还应在密封条等塑料部件上喷涂少许塑料防护剂或滑石粉，以避免漏水。

4）冬季天气寒冷，尤其在雪后或者车辆清洗过后，天窗玻璃与密封胶框可能被冻住，这时如果强行打开天窗，易使天窗电动机及橡胶密封条损坏。

四、电动天窗的故障诊断与排除

电动天窗的故障现象、原因及排除方法见表 6-4。

表 6-4　电动天窗的故障现象、原因及排除方法

故障现象	故障原因	故障排除方法
电动天窗系统工作异常	① 电动天窗控制开关和继电器有故障 ② 电动天窗电动机和限位开关有故障 ③ 配线有故障	① 检查电动天窗控制开关和继电器 ② 检查电动天窗电动机和限位开关 ③ 检查电路
电动天窗系统不工作	① 点火开关有故障 ② 熔丝有故障 ③ 电动天窗控制开关和继电器有故障 ④ 电动天窗电动机和限位开关有故障 ⑤ 配线有故障	① 检查电动天窗控制开关和继电器 ② 检查电动天窗电源及搭铁电路 ③ 检查电动天窗电动机和限位开关 ④ 检查电路连接情况 ⑤ 检查点火开关
电动天窗系统半途停止工作（电动机总成中没有掺杂任何异物）	① 电动天窗控制开关和继电器有故障 ② 电动天窗电动机和限位开关有故障 ③ 配线有故障	① 检查电动天窗控制开关和继电器 ② 检查电动天窗电动机和限位开关 ③ 检查电路

任务实施

一、任务准备

1）设备：丰田卡罗拉轿车一辆。

2）工具：车门内饰板拆装工具一套，博世208线盒，相应检测仪器工具。

二、实施步骤

1. 工位准备	
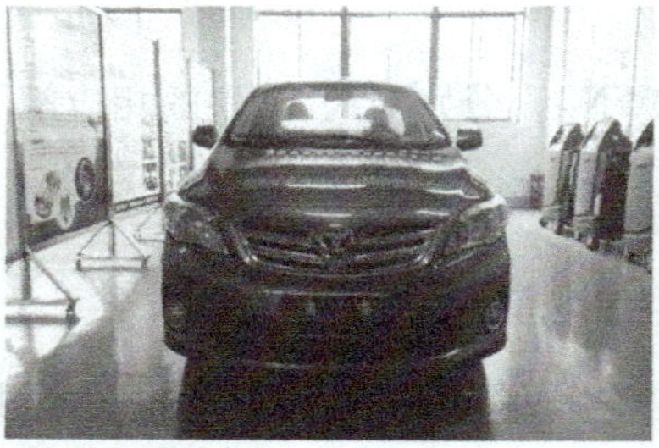	1）将车停放在安全工位并安放好车内四件套，确认变速杆置于P位，拉起驻车制动器 2）准备好拆装与检测的相关工具与设备

2. 天窗调试	
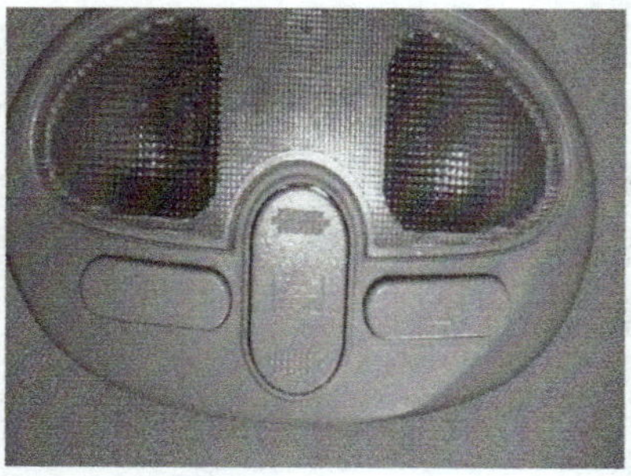	操作开关，查看天窗各项功能是否正常

（续）

3. 查阅维修手册找到天窗总成各元器件	
	1）找到天窗相应熔丝的位置 2）找到天窗 ECU 的安装位置 3）完成天窗开关总成拆卸

4. 主动测试

检测仪显示	测 试 部 位	控 制 范 围
Silde Roof	操作滑动天窗 SLS/UP	CLS/UP：滑动天窗发生 CLOSE 或 UP 操作 OFF：滑动天窗不工作
Silde Roof	操作滑动天窗 OPN/DWN	OPN/DWN：滑动天窗发生 OPEN 或 DWN 操作 OFF：滑动天窗不工作

1）将解码器连接到诊断插座
2）打开点火开关
3）根据表格显示情况，执行主动测试

5. 电动天窗 ECU 端子测试

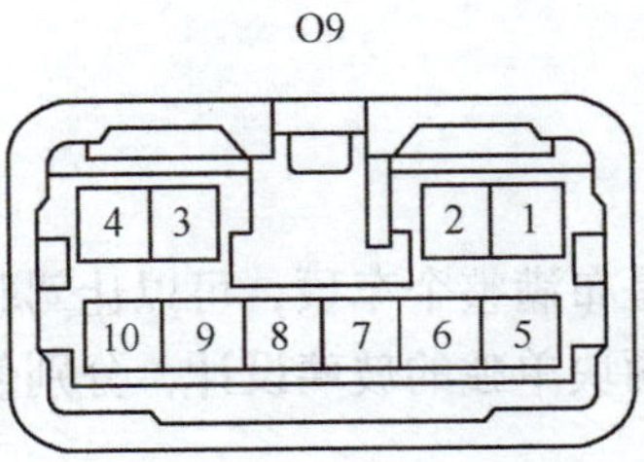

1）断开 ECU 插接器
2）根据表中的值，测量电阻和电压

符号（端子号）	配线颜色	端子描述	条　　件	规 定 状 态
O9-1（B）-O9-2（E）	L-W-B	+B 电源	始终	11 至 14V
O9-5（IG）-O9-2（E）	BR-W-B	电源	点火开关置于 OFF 位置	低于 1V
O9-5（IG）-O9-2（E）	BR-W-B	电源	点火开关置于 ON（IG）位置	11 至 14V
O9-7（DWN）-O9-2（E）	LG-W-B	滑动天窗电动机打开	SLIDE OPEN 开关置于 OFF 位置	10kΩ 或更大
O9-7（DWN）-O9-2（E）	LG-W-B	滑动天窗电动机打开	SLIDE OPEN 开关置于 ON 位置	小于 1Ω
O9-9（UP）-O9-2（E）	P-W-B	滑动天窗电动机关闭	TILT UP 开关置于 OFF 位置	10kΩ 或更大
O9-9（UP）-O9-2（E）	P-W-B	滑动天窗电动机关闭	TILT UP 开关置于 ON 位置	小于 1Ω
O9-2（E）-车身搭铁	W-B-车身搭铁	搭铁	始终	小于 1Ω

（续）

6. 任务总结	
	结合电路图，根据动作测试机 ECU 端子测量结果，进一步分析电动天窗的工作原理
7. 工位整理清洁	
	按照 5S 要求整理工位

拓展与提高

全景天窗

全景天窗相对于普通天窗而言面积较大，甚至是布满整个车顶，可以让驾驶人和乘客上方视线更为开阔。目前，较多的全景天窗采用前后两块单独的玻璃设计，分别使得前后座位都有天窗的感受，如图 6-12 所示。

图 6-12　全景天窗

全景天窗受到消费者的青睐，是因为它具有视野开阔、通风较好的优点，但是随着天窗面积加大，会造成车身整体刚度的下降，安全系数降低。

课后评测

完成本任务对应工作页。

任务四　风窗清洁、除霜装置的检测与维修

学习目标

理论目标：

1. 风窗清洁、除霜装置元器件的认知；
2. 风窗清洁、除霜装置电路的分析。

技能目标：

1. 能够识别风窗清洁、除霜装置的元器件；
2. 能够读懂风窗清洁、除霜装置的电路图；
3. 掌握风窗清洁、除霜装置的检修内容；
4. 掌握风窗清洁、除霜装置的维护内容。

知识储备

一、风窗清洁、除霜装置的组成

1. 电动刮水器

电动刮水器如图6-13所示，它主要由直流电动机、蜗轮箱、曲柄、连杆、摆杆、摆臂和刮水片等组成，一般电动机和蜗杆箱结合成一体，组成刮水器电动机总成。曲柄、连杆和摆杆等杆件可以把蜗轮的旋转运动转变为摆臂的往复摆动，使摆臂上的刮水片实现刮水动作。

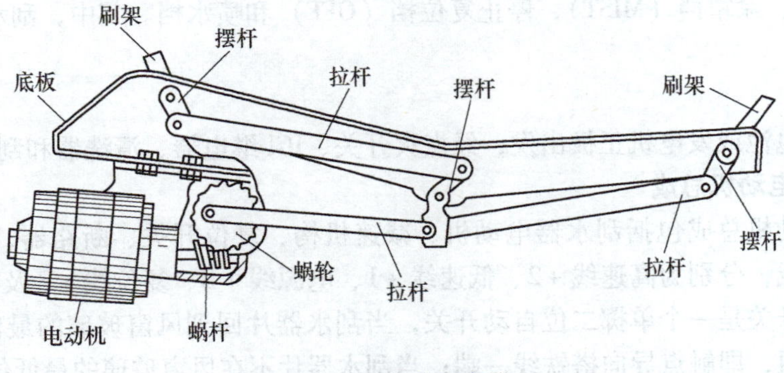

图6-13　电动刮水器

2. 风窗洗涤装置

风窗洗涤装置是为了清除附着在风窗玻璃上的灰尘污物，该装置可与刮水器配合使用，

使刮水器更好地完成刮水工作，达到更好的清洁风窗玻璃效果。

风窗玻璃洗涤装置主要由储液箱、洗涤泵、输液管和喷嘴等组成，如图 6-14 所示。洗涤泵由永磁直流电动机和离心式叶片泵组成为一体，安装在储液箱上或管路内。

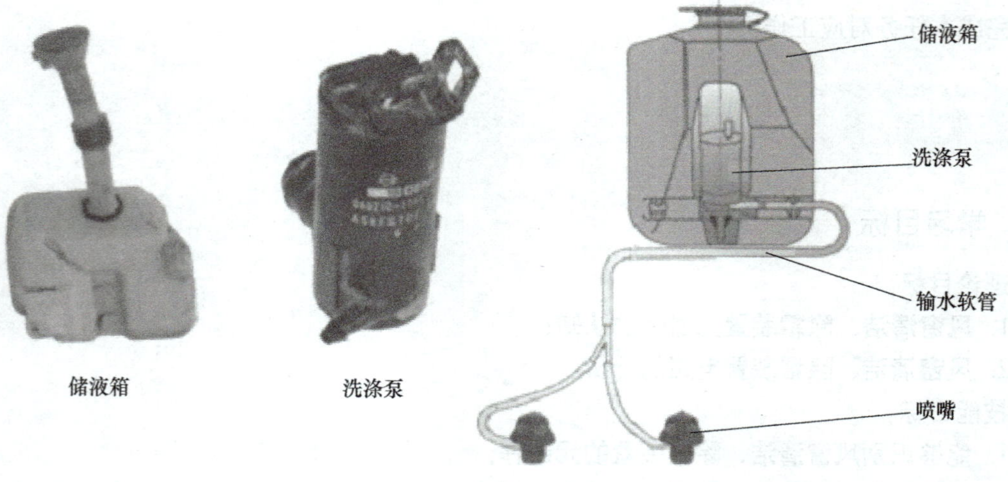

图 6-14　风窗玻璃洗涤装置

3. 除霜装置

由于环境温度关系，使得车内外温差较大，汽车风窗玻璃在车速及冷空气的影响下会快速结霜，这就对驾驶人的行车视野造成较大的妨碍，使行车存在安全隐患。除霜装置与汽车行驶安全性密切相关，因此为提高行车安全性，汽车可以利用空调系统产生的暖风或在风窗玻璃上安装电热丝进行除霜。

二、风窗清洁电路分析

前刮水器、清洗系统电路图如图 6-15 所示。

1. 刮水器及清洗系统控制开关

刮水器及清洗系统控制开关共有六个档位，分别为低速档（LO）、高速档（HI）、间歇刮水档（INT）、除霜档（MIST）、停止复位档（OFF）和喷水档。其中，刮水继电器与刮水开关集成一体。

2. 电源

电源由蓄电池或发电机正极出发，经点火开关、IGl 继电器、清洗器和刮水器熔丝。

3. 刮水器电动机总成

刮水器电动机总成包括刮水器电动机、减速机构、复位开关、断路器、电容和电感组成。共有 5 根线，分别为高速线 +2、低速线 +1、电源线 +B、复位线 +S 及搭铁线。

自动复位开关是一个单掷二位自动开关，当刮水器片回到风窗玻璃的最低位置时，+B 线与搭铁线导通，即触点导向搭铁线一端；当刮水器片不在风窗玻璃的最低位置时，复位线 +S 与电源线 +B 导通，即触点导向电源一端；当刮水器传动机构因受阻或卡死时，流过刮水器电动机的电流过大，此时断路器因受热断开，以保护刮水器电动机。刮水器电动机总成内的电容和电感也是起到保护作用。

4. HI 档电路电流回路

电流回路为：电源正极→点火开关→IG1 继电器→刮水器熔丝→刮水器开关端子＋B→刮水器开关“HI”触点→刮水器开关（＋2）端子→刮水器电动机端子（＋2）→高速电刷→搭铁。

5. LO\MIST 档电路电流回路

电流回路为：电源正极→点火开关→IG1 继电器→刮水器熔丝→刮水器开关端子＋B→刮水器及喷洗器开关“LO\MIST”触点→刮水器开关端子（＋1）→刮水器电动机端子（＋1）→低速电刷→搭铁。

MIST 档与 LO 档的区别在于 MIST 档为点动档，松开手后，刮水器开关会自动回到 OFF 档。

6. INT 档电路

间歇刮水档是由刮水继电器控制，刮水继电器内部电路不再阐述，其外部电流回路为：电源正极→点火开关→IG1 继电器→刮水器熔丝→刮水器开关＋B→刮水继电器→刮水器开

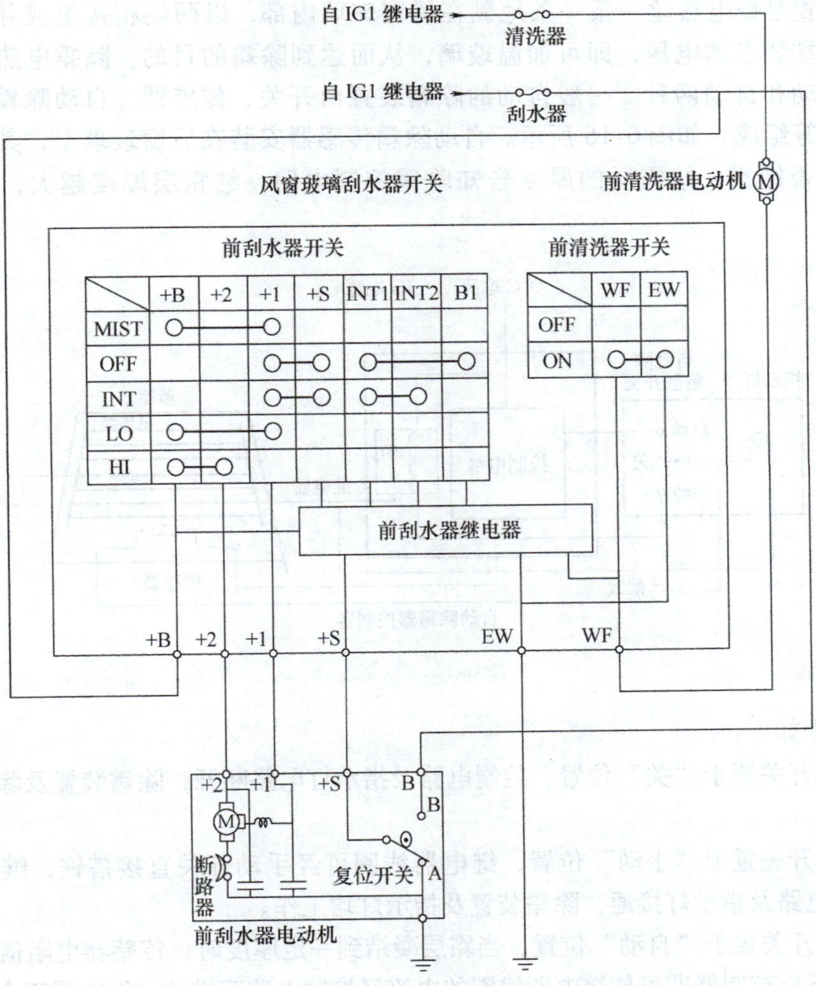

图 6-15　前刮水器、清洗系统电路图

关+S→刮水器电动机复位开关“A”端子→搭铁。该回路的主要目的是给刮水器继电器内部电容器施加电压以让内部晶体管导通，让刮水器继电器线圈通电，触点闭合，从而接通刮水器电动机。其电流回路为：电源正极→点火开关→IG1 继电器→刮水器熔丝→刮水器开关+B→刮水继电器→刮水器开关+S→刮水器开关“INT”触点→刮水器开关端子（+1）→刮水器电动机端子（+1）→低速电刷→搭铁。

刮水器电动机旋转，复位开关“B”闭合，“A”断开，此时刮水继电器内部电容器开始放电，以备下次接通刮水器继电器线圈准备；当刮水片位于最底端时，此时复位开关“B”断开，“A”闭合，刮水器电动机会停止旋转。

7. 清洗器开关电流回路

电流回路为：电源正极→点火开关→IG1 继电器→清洗器熔丝→清洗器电动机器瞬时启动低速刮水。

三、除霜装置电路分析

除霜装置是把电热丝一条一条地黏在风窗玻璃内部，以两端相接组成并联电路，只需要供给两端要求的电压，即可加温玻璃，从而达到除霜的目的。除霜电热丝的电压控制方式分手动和自动两种。一般自动的除霜装置由开关、传感器、自动除霜控制器、电热丝和配线等组成，如图 6-16 所示。自动除霜传感器安装在后窗玻璃上，其作用是将风窗玻璃上是否结霜、结霜层的厚度告知除霜控制电路，结霜层厚度越大，传感器电阻越小。

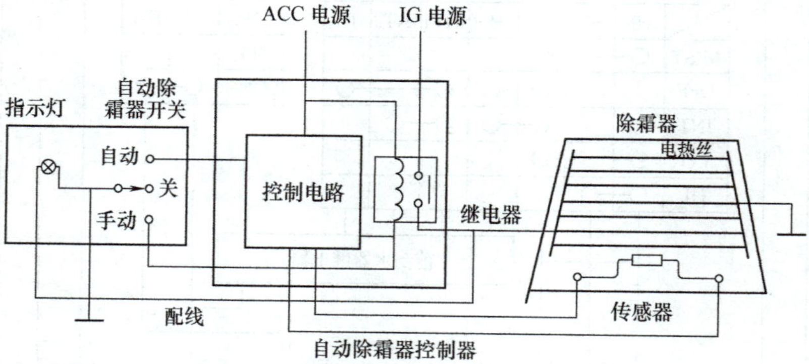

图 6-16　除霜装置

工作过程如下：

1）除霜开关置于“关”位置，控制电路及指示灯电路断开，除霜装置及除霜指示灯均不工作。

2）除霜开关置于“手动”位置，继电器线圈可经手动开关直接搭铁，继电器触点闭合，使除霜电路及指示灯接通，除霜装置及指示灯均工作。

3）除霜开关置于“自动”位置，当霜层凝结到一定厚度时，传感器电阻值会减小到某一设定值以下，控制器即可使继电器线圈的电流经控制电路而搭铁，继电器闭合，由点火开关“IG”档来的电源电压经继电器到除霜电热丝构成回路。另外，经分路到仪表上的电流使指示灯点亮，表示除霜装置正在工作。当玻璃上结霜减少到某一程度后，传感器电阻值增大，控制电路切断继电器线圈回路，触点断开，电热丝断电，除霜装置停止工作，同时指示灯熄灭。

四、风窗清洁、除霜装置检测与调试

1）检查刮水器电动机的固定及各传动杆的连接情况，如有松动，应予拧紧。

2）检查橡胶刮水片与玻璃贴附情况。橡胶刮水片如出现老化、磨损或破裂等损伤现象，应及时更换。

3）打开刮水器开关，刮水器摇臂应摆动正常。转换开关工作档位，刮水器电动机应以相应的转速工作。否则，应检查刮水器电动机与电路。

4）检查后，在各运动铰链处滴注 2~3 滴润滑油或涂抹润滑脂，并再次打开刮水器电动机开关使刮水器摇臂摆动，待润滑油或润滑脂浸到各工作面后，擦净多余的润滑油或润滑脂。

5）检查洗涤器系统管路的连接情况，如有松动或脱落，应予以安装并固定好；塑料管路若有老化、折断或破裂，应予以更换。

6）检查洗涤器喷嘴，脏污时可用干净的毛刷清洗喷嘴，喷嘴喷射角度不合适时应进行调整。

7）按动喷液开关，喷嘴应将洗涤液喷射到风窗玻璃上的适当位置。否则，应检查喷射部分或电路部分。

8）洗涤液应按原车要求选用，若使用普通洗涤剂、清洁剂配制的洗涤液时，在进入冬季时，应予以清除，以防冻裂储液罐和塑料管路。

五、风窗清洁、除霜装置故障诊断与排除

1. 刮水器常见故障诊断与排除

刮水器常见故障有：刮水器各档位都不工作、个别档位不工作和不能自动停位等。

（1）各档位都不工作

1）故障现象：接通点火开关后，刮水器开关置于各档位，刮水器均不工作。

2）主要原因：熔断器断路；刮水电动机或开关有故障；机械传动部分锈蚀或与电动机脱开；连接线路断路或插接件松脱。

3）诊断与排除：首先检查熔丝，应无断路，电路中的部件应无松脱；然后检查刮水器电动机及开关的电源线和搭铁线，应接触良好，没有断路；再检查开关各个接线柱在相应档位能否正常接通；最后检查电动机和机械连接情况。

（2）个别档位不工作

1）故障现象：接通点火开关后，刮水器个别档位（低速、高速或间歇档）不工作。

2）主要原因：刮水电动机或开关有故障；间歇继电器有故障；电路有断路或插接件松脱。

3）诊断与排除：如果刮水器是高速档或低速档不工作，首先检查刮水器电动机及开关对应故障档位的线路是否正常，然后检查开关接线柱在相应档位能否正常接通，最后检查电动机电刷是否接触不良。

如果刮水器在间歇档不工作，应检查间歇开关或刮水器开关的间歇档、电路和间歇继电器。

(3) 不能自动停位

1）故障现象：刮水器开关断开或在间歇档工作时，刮水器不能自动停止在设定的位置。

2）主要原因：刮水电动机自动停位机构损坏；刮水器开关损坏；刮水臂调整不当；电路连接错误。

3）诊断与排除：首先检查刮水臂的安装及刮水器开关电路连接是否正确，再检查刮水器开关在相应档位的接线柱能否正常接通，最后检查电动机自动停位机构触点能否正常闭合及是否接触良好。

2. 风窗清洗装置常见故障诊断与排除

风窗清洗装置常见故障有：所有喷嘴都不工作和个别喷嘴不工作。

(1) 主要故障原因　清洗电动机或开关损坏；电路断路；清洗液液面过低或连接管脱落；喷嘴堵塞。

(2) 诊断步骤　如果所有喷嘴都不工作，先检查清洗液液面和连接管是否正常，然后检查清洗电动机搭铁线和电源线有无断路、松脱以及开关和电动机是否正常。如果个别喷嘴不工作，一般是喷嘴堵塞所致。

有些轿车还有前照灯清洗装置，原理和常见故障及诊断方法与风窗清洗装置相同。

3. 风窗玻璃除霜（雾）装置常见故障诊断与排除

(1) 主要故障原因　熔断器或控制电路断路；加热丝或开关损坏。

(2) 诊断步骤　首先检查熔断器是否正常，然后将开关接通后检查加热丝电源电压是否正常，如果电压为零，应检查开关和电源电路，否则检查电热丝是否断路。若电热丝断路，可用润滑脂清理加热丝端部，并用蜡和硅脱膜剂清理加热丝断头，再用专用修理剂进行修补，将断点处连接起来，保持适当时间后即可使用。

任务实施

一、任务准备

1）设备：丰田卡罗拉轿车一辆。

2）工具：车门内饰板拆装工具一套，备用蓄电池一块，博世208线盒，相应检测拆装工具。

二、实施步骤

1. 工位准备	
	1）将车停放在安全工位并安放好车内四件套，确认变速杆置于P位，拉起驻车制动器 2）准备好拆装与检测的相关工具与设备

（续）

2. 刮水器风窗清洗装置的性能测试

1）正确坐入驾驶位置

2）将刮水器风窗清洗装置开关调到各档位，查看其各档位功能是否正常

3. 查阅维修手册找到天窗总成各元器件

1）找到刮水器总成位置

2）找到风窗清洗装置

3）根据电路图，找到相应的熔丝、继电器等电器元件

4. 检查刮水器电动机总成高低档

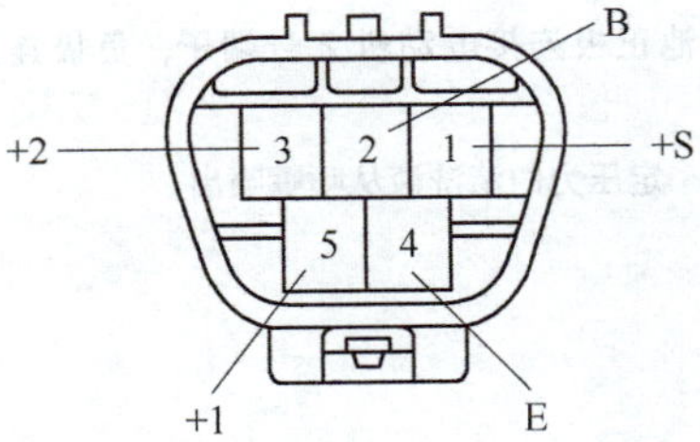

1）检查 LO，操作：将蓄电池正极接至 5 号端子，负极接至 4 号端子，检查并确认电动机低速运行

2）检查 HI 操作：将蓄电池正极接至 3 号端子，负极接至 4 号端子，检查并确认电动机高速运行

5. 检查刮水器电动机总成自动停止功能

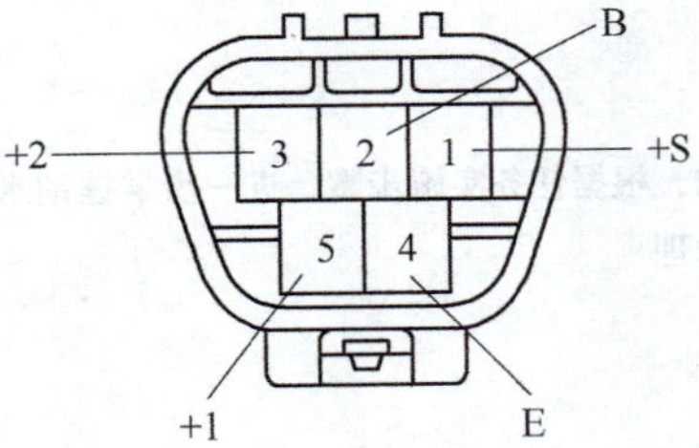

1）将蓄电池正极接至 5 号端子

2）负极接至 4 号端子，让刮水器电动机停止在除自动停止外的任何位置

3）用跨接线连接 1 号端子和 5 号端子，然后将蓄电池正极接至 2 号端子，负极接至 4 号端子，以使刮水器电动机低速重新起动

4）检查并确认刮水器电动机在自动停止位置停止

（续）

6. 检查刮水器开关总成

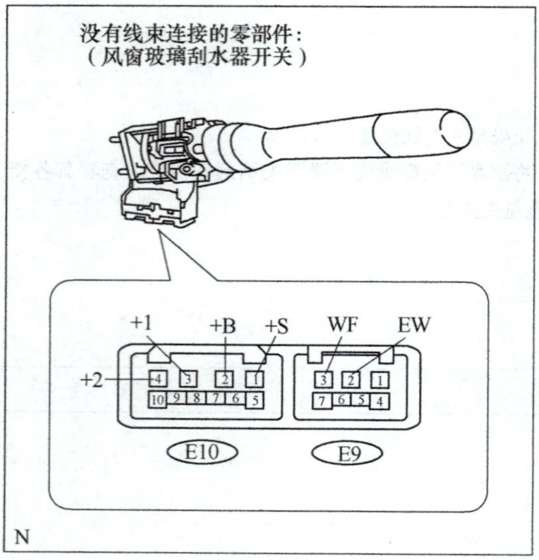

根据下表中的测量值，检查刮水器开关总成是否符合规定

检测仪连接	开关状态	规定状态
E10-1（+S）-E10-3（+1）	INT	小于1Ω
	OFF	
E10-2（+B）-E10-3（+1）	MIST	
	LO	
E10-2（+B）-E10-4（+2）	HI	

7. 检查清洗装置电动机总成

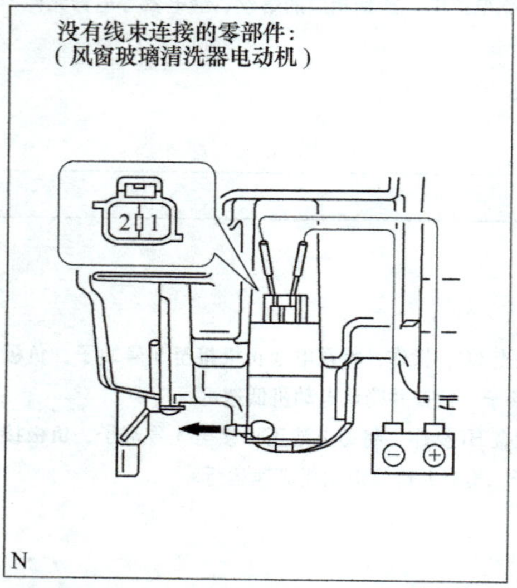

1）拆下清洗液罐

2）断开清洗电动机线束插接器及清洗管路

3）确认清洗液罐中装满清洗液

4）将蓄电池正极连接电动机2号端子，负极连接1号端子

5）确认有一定压力的清洗液从喷嘴喷出

8. 任务总结

结合电路图，根据任务实施步骤，进一步掌握刮水器清洗装置的工作原理

（续）

9. 工位整理清洁	
	按照5S要求整理工位

拓展与提高

自动感应刮水器

汽车在雨天行驶时，刮水器是至关重要的，“雨量感应式自动刮水器”能通过雨量传感器感应雨滴的多少，自动调节雨刷运行速度，为驾驶人提供良好的视野，从而大大提高雨天驾驶的方便性和安全性。目前，应用较广的两种传感器分别是光学式传感器和电容式传感器。光学式传感器是根据光的折射原理工作的，在光学式传感器中有一个发光二极管，它发出一束锥形光线，这束光穿过前风窗玻璃。当风窗玻璃上没有雨水、处于干燥状态的时候，几乎所有的光都会反射到一个光学传感器上；当下雨的时候，风窗玻璃上会存有雨水，一部分光线就会偏离，这就造成了传感器接收到光的总量的变化，从而检测到雨水的存在。另一种是电容式传感器，它主要是利用水和玻璃介电常数的巨大差异设计的，是把两条呈平行状态的指状金属极板放入风窗玻璃的内、外层之间，一组指状金属极板相交错，但是并不触及其他的指状金属极板。当风窗玻璃处于干燥状态的时候，风窗玻璃外表面和每组指状金属极板之间就形成了电介质；当风窗玻璃变湿的时候，根据与风窗玻璃接触的水量的不同，风窗玻璃的介电常数发生不同的变化，从而检测到雨水的存在。

课后评测

完成本任务对应工作页。

任务五　电动座椅的检测与维修

学习目标

理论目标：

1）了解电动座椅的结构。

2）掌握电动座椅电路图的特点。

技能目标：

1. 识别电动座椅元器件。

2. 读懂电动座椅电路图。
3. 熟知电动座椅调试与检测要点。
4. 掌握电动座椅常见故障的诊断与排除方法。

知识储备

一、电动座椅的组成

现代轿车的座椅（尤其是前排座椅）可进行前后位置、靠背位置、倾斜位置、高度位置共计 8 个方向的电动调节，也就是常说的电动座椅，其主要由座椅开关、电动机和传动装置等组成。电动机主要采用的是永磁双向直流电动机，如要完成 8 个方向的调整，则需要 4 个电动机来实现，电动座椅组成如图 6-17 所示。

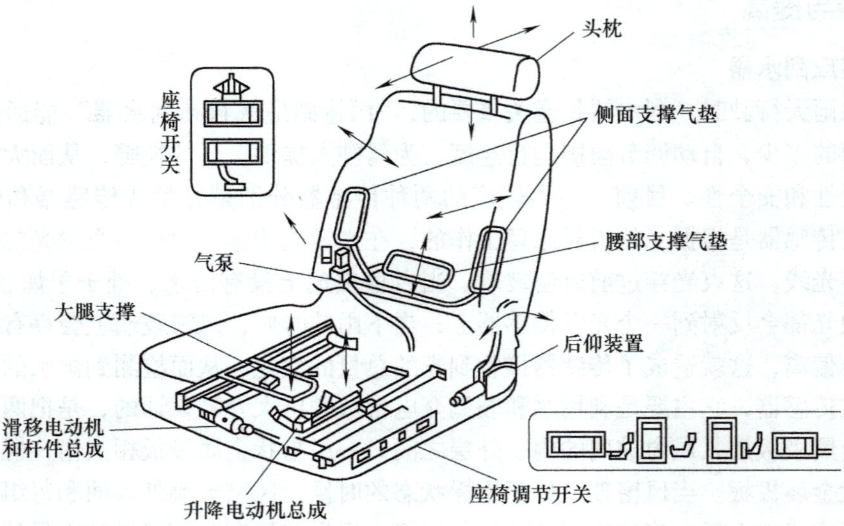

图 6-17　电动座椅组成

二、电动座椅控制电路分析

电动座椅控制电路如图 6-18 所示，以卡罗拉轿车座椅靠背的倾斜调节为例介绍控制过程。

如果要调整靠背向前倾斜，则闭合靠背倾角电动机的前倾方向开关，其电流回路：蓄电池正极→FLALT 熔丝→ALT 熔丝→P/SEAT 熔丝→倾斜开关“前倾触点”闭合→开关 3 号端子→倾斜电动机→开关 2 号端子→开关 4 号端子→搭铁。

如果要调整靠背向后倾斜，则闭合靠背倾角电动机的后倾方向开关，其电流回路：蓄电池正极→FLALT 熔丝→ALT 熔丝→P/SEAT 熔丝→倾斜开关“后倾触点”闭合→开关 2 号端子→倾斜电动机→开关 3 号端子→开关 4 号端子→搭铁。

静态下，座椅前倾、后倾开关触点与搭铁保持常通状态，座椅其他方向调节电路与此类似，故不再阐述。

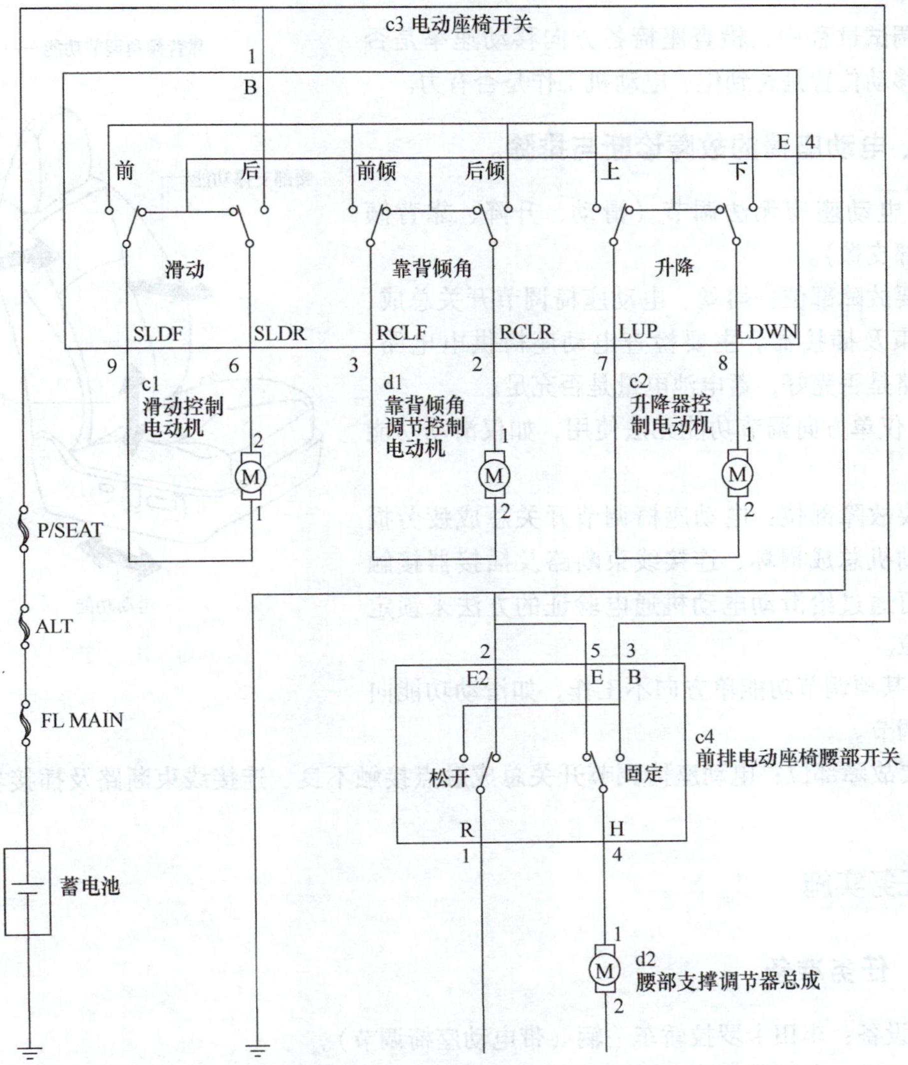

图 6-18 电动座椅控制电路

三、电动座椅的检测与调试

正确坐入驾驶位置，通过操作调节开关检测电动座椅各项功能是否正常，电动座椅调试如图 6-19 所示。

1）前排座椅总成滑动调节。根据电动座椅开关信号，滑动电动机被激活，座椅可前后移动。

2）前排座椅总成靠背调节。根据电动座椅开关信号，靠背电动机被激活，座椅靠背可前后倾斜。

3）前排座椅升降调节。根据电动座椅开关信号，升降电动机被激活，座椅可上升或下降。

4）前排腰部支撑调节。根据电动座椅开关信号，腰部支撑电动机被激活，座椅可调节腰部支撑。

在调试过程中，检查座椅各方向移动速率是否平稳、移动位置是否到位、电动机工作是否有力。

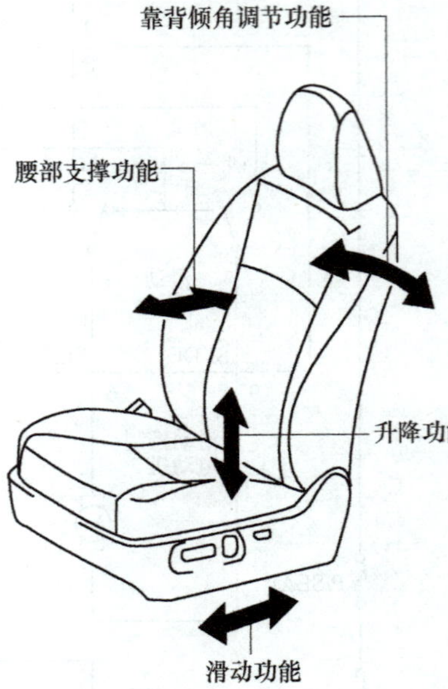

图 6-19　电动座椅调试

四、电动座椅的故障诊断与排除。

1）电动座椅无法调节（滑动、升降、靠背倾角、腰部支撑）。

主要故障部位：熔丝、电动座椅调节开关总成、连接线束及插接器。主要检查电动座椅供电电路、搭铁电路是否完好，蓄电池电量是否充足。

2）仅单方向调节功能无法使用，如仅滑动功能不工作。

主要故障部位：电动座椅调节开关总成疲劳损坏、电动机总成损坏、连接线束断路及插接器接触不良。可通过给滑动电动机通电验证的方法来锁定故障部位。

3）某项调节功能单方向不工作，如滑动功能向前无法调节。

主要故障部位：电动座椅调节开关总成触点接触不良、连接线束断路及插接器接触不良等。

任务实施

一、任务准备

1）设备：丰田卡罗拉轿车一辆（带电动座椅调节）。

2）工具：备用蓄电池一块，博世208线盒，相应检测工具。

二、实施步骤

1. 工位准备	
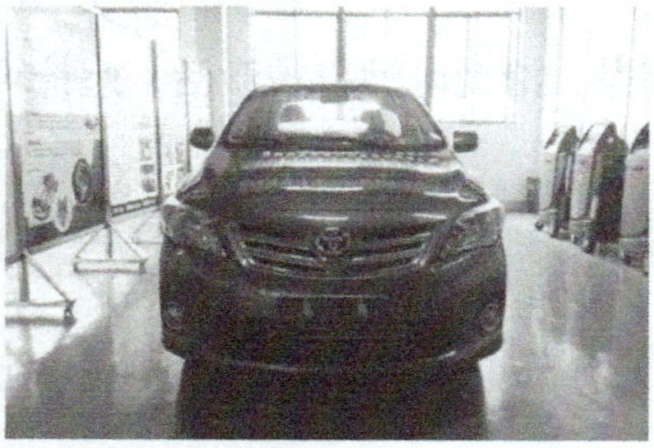	1）将车停放在安全工位并安放好车内四件套，确认变速杆置于P位，拉起驻车制动器 2）准备好拆装与检测的相关工具与设备

（续）

2. 电动座椅性能测试

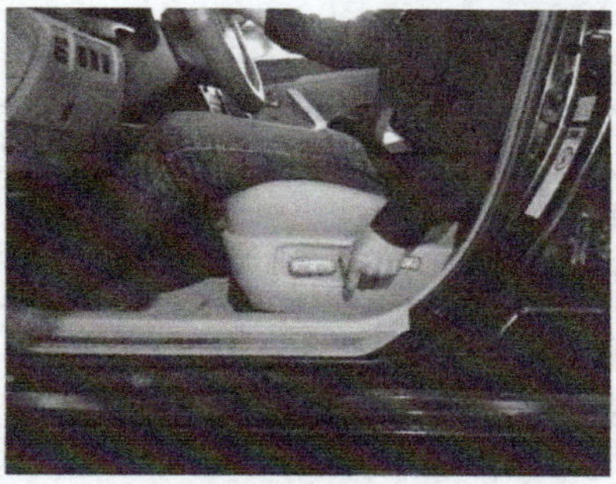

1）正确坐入驾驶位置

2）通过操作电动座椅各功能开关，查看座椅调节是否正常到位

3. 查阅维修手册找到电动座椅电路元器件

根据电路图找到相应的熔丝、继电器等电路元器件，掌握其电流回路

4. 检查前排座椅总成（滑动调节电动机总成）

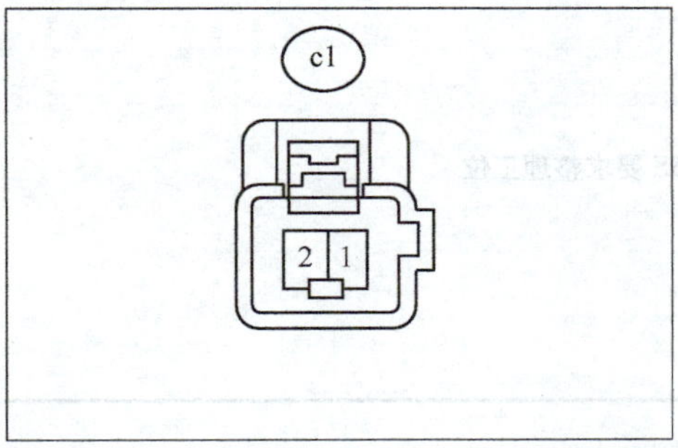

根据下表提示检查座椅滑动调节功能

测量条件	运转方向
蓄电池正极（+）→c1-1 蓄电池负极（+）→c1-2	前
蓄电池正极（+）→c1-2 蓄电池负极（+）→c1-1	后

5. 检查前排座椅总成（升降器电动机总成）

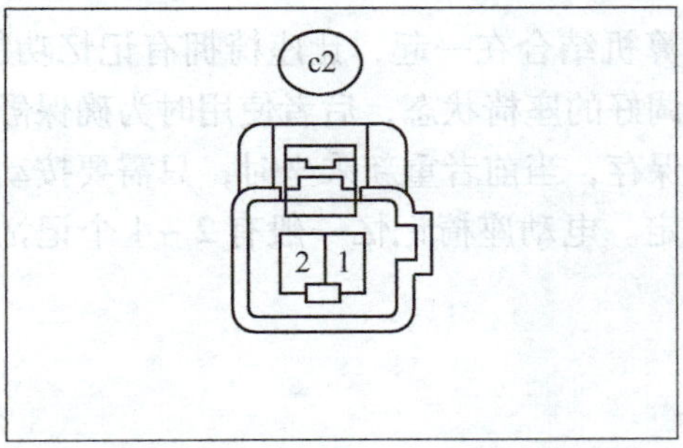

根据下表提示检查座椅升降调节功能

测量条件	运转方向
蓄电池正极（+）→c2-2 蓄电池负极（+）→c2-1	向上
蓄电池正极（+）→c2-1 蓄电池负极（+）→c2-2	向下

（续）

6. 检查前排座椅总成（靠背电动机总成）

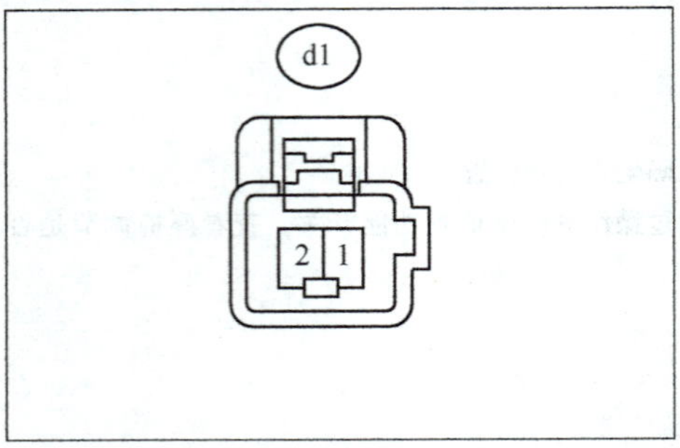

根据下表提示检查座椅靠背倾斜功能

测量条件	运转方向
蓄电池正极（+）→d1-2 蓄电池负极（+）→d1-1	前
蓄电池正极（+）→d1-1 蓄电池负极（+）→d1-2	后

7. 任务总结

结合电路图，根据任务实施步骤，进一步掌握电动座椅的工作原理

8. 工位整理清洁

按照5S要求整理工位

拓展与提高

电动座椅的记忆功能

电动座椅的记忆功能就是将电动座椅与车载计算机结合在一起，让座椅拥有记忆功能，对座椅中的信息参数实现智能化管理。例如，前者调好的座椅状态，后者使用时为确保舒适进行重新调整，这时计算机会将前者调节参数存储保存，当前者重新乘坐时，只需要按动一个按钮，便轻松获得以前存储的适合个人需要的设定。电动座椅记忆一般有2~4个记忆组数，以满足不同驾驶人对座椅舒适度的要求。

课后评测

完成本任务对应工作页。

项目七

汽车安全系统

项目描述

汽车安全系统是汽车上的一种辅助保护系统，其主要由安全气囊、中控门锁及防盗系统等部分组成。本项目主要内容包括：安全系统的电路介绍、检测与调试要点和故障诊断与排除方法。通过分析安全气囊、中控门锁及防盗系统电路，能够熟知电路基础元件的组成，掌握检测与调试方法，学会使用检测工具进行故障诊断与排除。

任务一　安全气囊的检测与维修

学习目标

理论目标：

1. 了解安全气囊的功用及组成。
2. 掌握安全气囊的电路及控制原理。

技能目标：

1. 识别安全气囊各元器件。
2. 读懂安全气囊电路图。
3. 能运用各种诊断工具对安全气囊常见故障进行诊断与排除。

知识储备

一、安全气囊系统的功用

安全气囊系统是汽车辅助防护系统，英文缩写为SRS，它是座椅安全带的辅助装置，只有在使用安全带的条件下，该系统才能充分发挥保护作用。

在汽车发生冲撞时，汽车与汽车或汽车与障碍物之间的碰撞称为一次碰撞。一次碰撞后，汽车速度将急剧变化，这时驾驶人或乘客就会受到惯性力的作用而向前运动，并与汽车内的转向盘、风窗玻璃或仪表等构件发生碰撞，称之为二次碰撞。在车辆事故中，导致驾驶人和车内乘客遭受伤害的主要是二次碰撞。当汽车遭受到侧面碰撞时，在惯性力的作用下，驾驶人和乘客可能与车门、车门玻璃或车门支柱发生二次碰撞。安全气囊系统的功用是：在汽车发生一次碰撞与二次碰撞之间的短暂时间（120ms）内，于乘客与车内构件之间迅速铺设一个气垫，使驾驶人、乘客头部与胸部压在充满气体的气垫上，利用气囊本身的阻尼作用或气囊摆布排气孔排气节流的阻尼作用来吸收人体惯性力产生的动能，从而减轻人体受到伤害的程度，以达到保护人体的目的。现代汽车除了装有正副驾驶前部安全气囊外，还装有头部安全气帘、座椅侧气帘及膝部安全气囊等，安全气囊系统如图 7-1 所示。

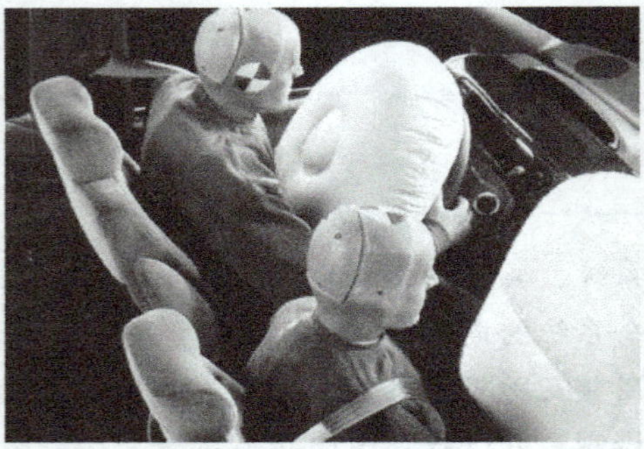

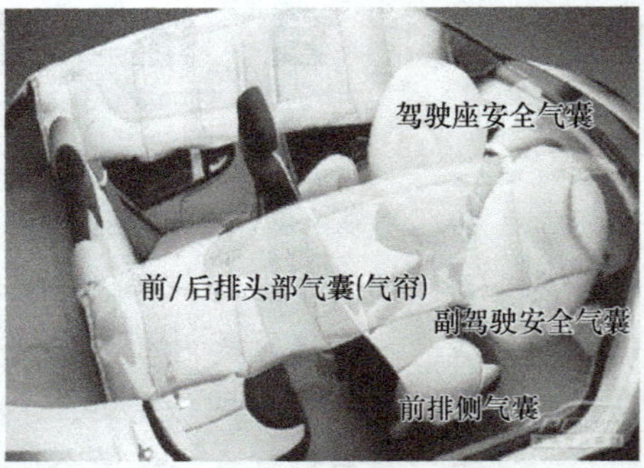

图 7-1　安全气囊系统

二、安全气囊系统的组成

安全气囊系统主要由碰撞传感器、安全气囊计算机、SRS 指示灯和气囊组件四部分组成，如图 7-2 所示。

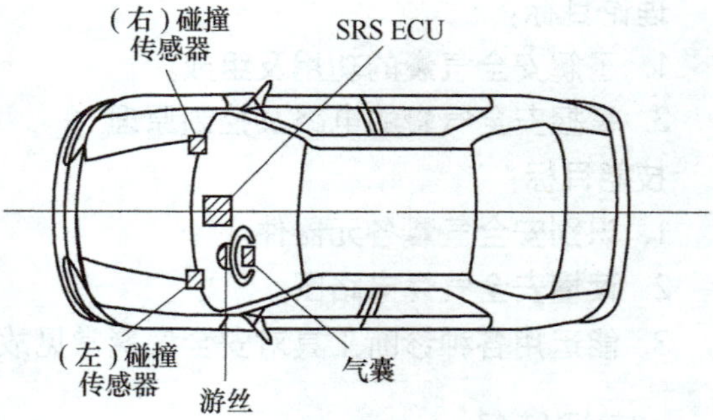

图 7-2　安全气囊系统的组成

碰撞传感器和安全气囊计算机用以判断撞车程度，传递及发送信号，气囊组件中的气体发生器根据信号指示产生点火动作，以点燃固态燃料并产生气体向气囊充气，使气囊迅速膨胀。气囊装在转向盘毂内紧靠缓冲垫处，做气囊的布料具有很高的抗拉强度，多以尼龙材质制成，折叠起来的表面附有干粉，以防安全气囊黏着在一起在弹出时被冲破。为了防止气体泄漏，气囊内层涂有密封橡胶，同时气囊设有安全阀，当充气过量或囊内压力超过一定值时会自动释放部分气体，避免将乘客挤压受伤，气囊中所用的气体多为氮气。

三、安全气囊系统的控制原理

当汽车遭受前方一定角度范围内碰撞的时候，安装在汽车前部和安全气囊计算机内部的碰撞传感器都会检测到汽车突然减速信号，并将信号传递或发送给安全气囊计算机，以便判断是否发生碰撞。当汽车遭受到碰撞且减速度达到设定值时，气囊计算机发出控制指令将气囊组件中的点火器（电雷管）电路接通，电雷管引爆使得点火剂（引药）受热爆炸。点火剂引爆时，迅速产生大量热量，使充气剂受热分解并释放出大量氮气充入气囊，气囊便冲开气囊组件上的装饰盖板冲向驾驶人和乘客打开，安全气囊工作过程如图 7-3 所示。气囊打开使驾驶人和乘客面部和胸部压靠在充满气体的气囊上，在人体与车内构件之间铺设一个气垫，将人体与车内构件之间的碰撞变为弹性碰撞，通过气囊产生变形和排气气流来吸引人体碰撞产生的动能，从而达到保护人体的目的。

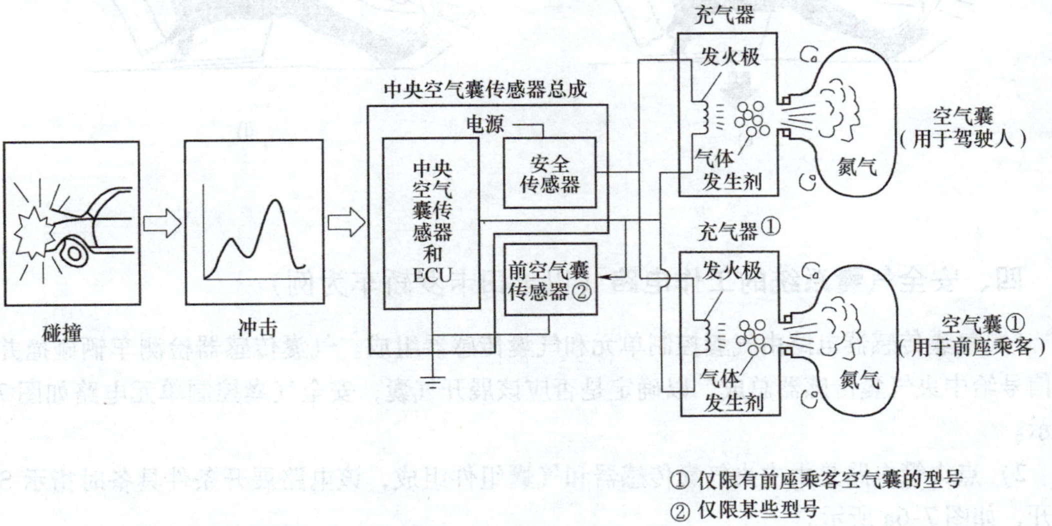

图 7-3 安全气囊工作过程

气囊打开的整个过程时间为 120ms 左右，可以分为 4 个阶段，如图 7-4 所示。

第一阶段：碰撞约 10ms 后，SRS 达到引爆极限，点火器引爆点火剂并产生大量热量，使充气剂受热分解，驾驶人尚未动作，如图 7-4a 所示。

第二阶段：碰撞约 40ms 后，气囊完全充满，体积最大，驾驶人向前移动，安全带倾斜系在驾驶人身上并拉紧，部分冲击能量已被吸收，如图 7-4b 所示。

第三阶段：碰撞约 60ms 后，驾驶人头部及身体上部压向气囊，气囊的排气孔在气体和人体压力作用下，排气节流吸收人体与气囊之间弹性碰撞产生的动能，如图 7-4c 所示。

第四阶段：碰撞约 110ms 后，大部分气体已从气囊逸出，驾驶人身体上部回到座椅靠背上，汽车前方恢复视野，如图 7-4d 所示。

碰撞约 120ms 后，碰撞危害解除，车速降低直至为零。

由此可见，气囊在碰撞过程中动作时间极短。从开始充气到完全充满大约需要 30ms，从汽车遭受碰撞开始到气囊收缩为止，所用时间仅为 120ms 左右，而人的眼睛眨一下所用时间约 200ms 左右。因此，气囊动作状态和经历时间无法用肉眼确认。

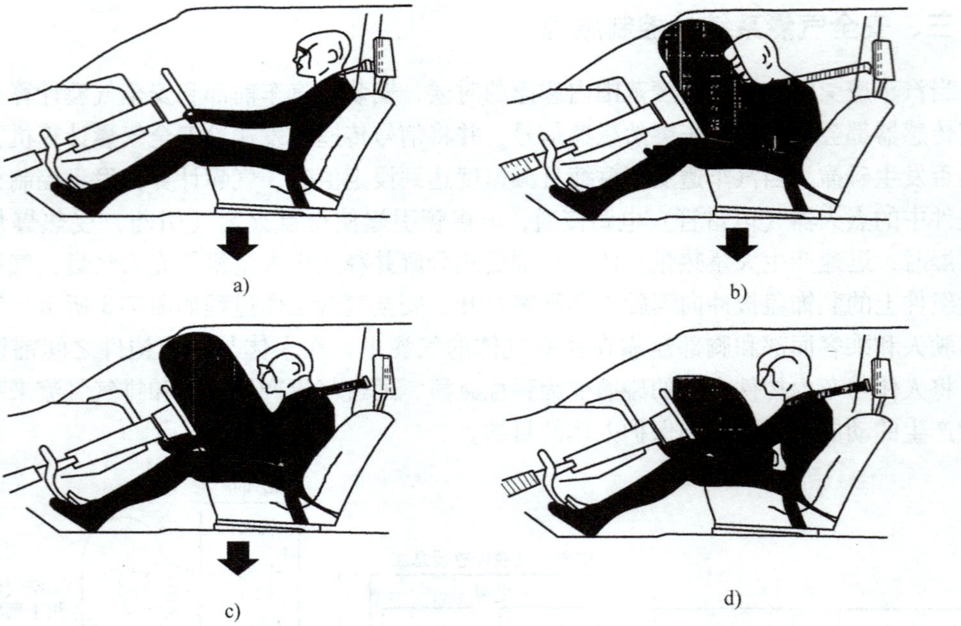

图 7-4　安全气囊工作阶段

四、安全气囊系统的工作电路（以丰田卡罗轿车为例）

1）气囊传感器电路由气囊控制单元和气囊传感器组成。气囊传感器检测车辆碰撞并发出信号给中央气囊传感器总成，以确定是否应该展开气囊，安全气囊控制单元电路如图 7-5 所示。

2）点火管电路是由中央气囊传感器和气囊组件组成，该电路展开条件具备时指示 SRS 展开，如图 7-6a 所示。

3）SRS 警告灯位于组合仪表总成上，SRS 正常时，点火开关从 OFF 位置转到 ON 位置后，SRS 警告灯亮起约 6s，然后自动熄灭。如果 SRS 存在故障，该警告灯将亮起以将故障通知驾驶人。在中央气囊传感器总成中，SRS 配备了升压电路，以防止电源电压下降影响气囊工作。电源电压恢复正常时，SRS 警告灯自动熄灭。点亮 SRS 警告灯的信号，通过 CAN 通信系统从中央气囊传感器总成发送给仪表总成，如图 7-6b 所示。

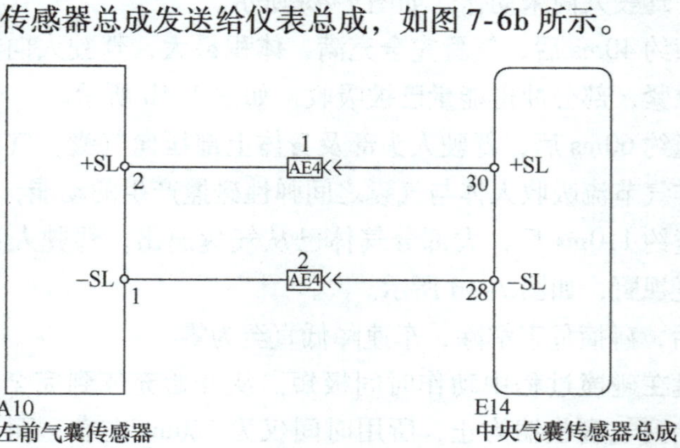

图 7-5　安全气囊控制单元电路

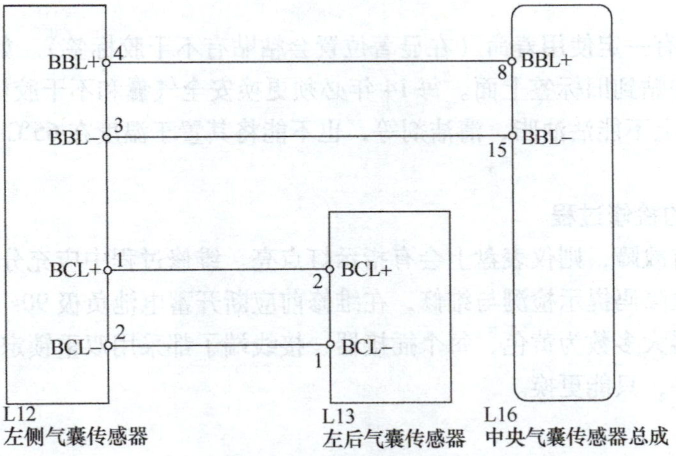

图 7-5　安全气囊控制单元电路（续）

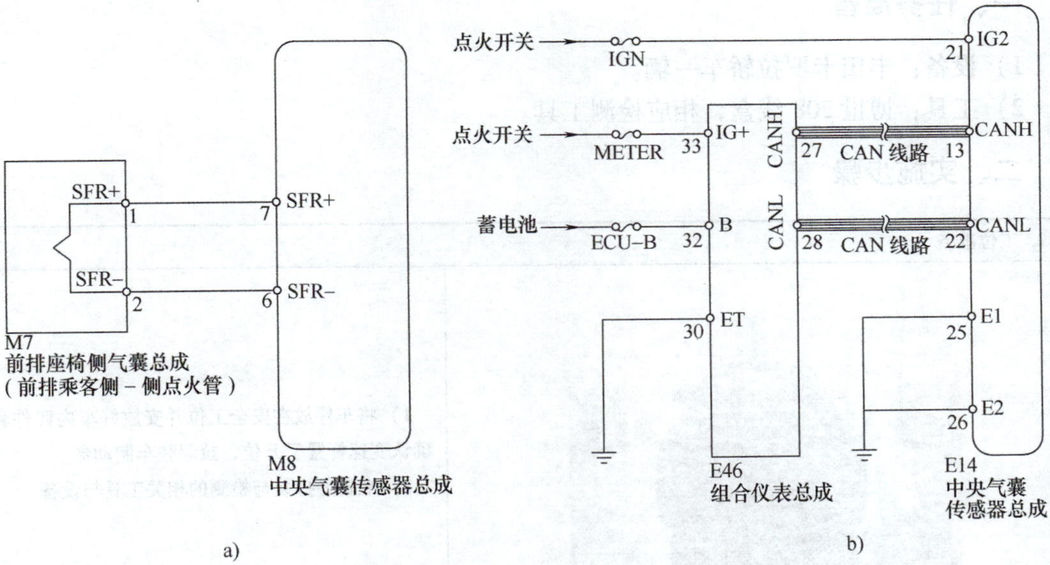

图 7-6　安全气囊点火及仪表电路

五、安全气囊系统的故障诊断与检修

1. 安全气囊的检修注意事项

1）检测、安装和维修工作必须由专业人员来进行。

2）检测时不可使用检测灯、电压表和欧姆表。安全气囊只可在安装好后用专用解码器检查。

3）检查安全气囊时，必须断开蓄电池负极。将安全气囊与电源相连时，车内不可有人。安全气囊从运输器具内取出后必须马上装车。如需中止工作，应将安全气囊放回运输器具内。

4）不可将安全气囊放到无人看管的地方。存放拆开安全气囊时，起缓冲作用的面应朝上。安全气囊不可打开及修理，必须使用新件。掉到过坚硬地面上的或有损伤的安全气囊不可再使用。

5）安全气囊有一定使用寿命（在显著位置会粘贴有不干胶标签）。如需更换安全气囊，应将新标签取下并贴到旧标签上面。每 14 年必须更换安全气囊和不干胶标签。

6）安全气囊上不能沾油脂、清洁剂等，也不能将其置于温度在 65℃以上的地方（短时也不可）。

2. 安全气囊的检修过程

安全气囊如有故障，则仪表盘上会有指示灯点亮。维修过程中应充分利用故障诊断仪调出故障码，对照故障码提示检测与维修，在维修前应断开蓄电池负极 90s 以上。安全气囊的连接线束和插接器大多数为黄色，每个插接器、接线端子都采用双重锁定机构，不能修理安全气囊的任何组件，只能更换。

任务实施

一、任务准备

1）设备：丰田卡罗拉轿车一辆。

2）工具：博世 208 线盒，相应检测工具。

二、实施步骤

1. 工位准备	
	1）将车停放在安全工位并安放好车内四件套，确认变速杆置于 P 位，拉起驻车制动器 2）准备好拆装与检测的相关工具与设备
2. 按照维修手册要求拆装驾驶侧安全气囊组件	
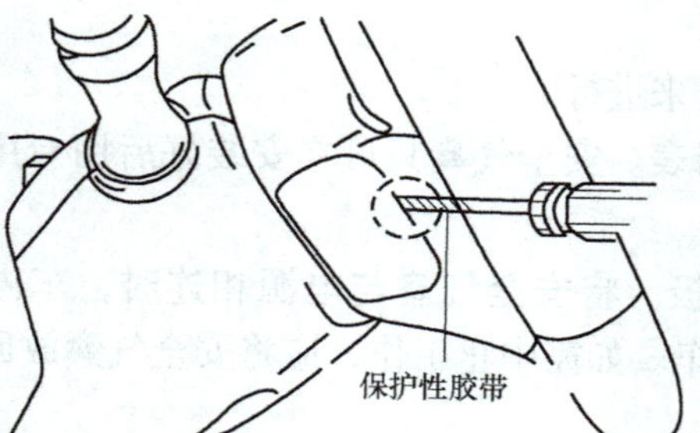	1）拆卸前务必关掉点火开关，并断开蓄电池负极 90s 以上，防止气囊展开 2）用头部缠有胶带的螺钉旋具脱开卡爪，拆下转向盘左右两侧的下盖

（续）

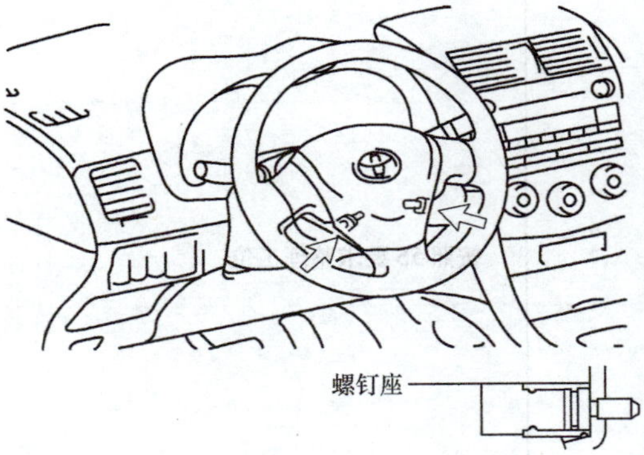	3）使用套筒松开两个梅花螺钉
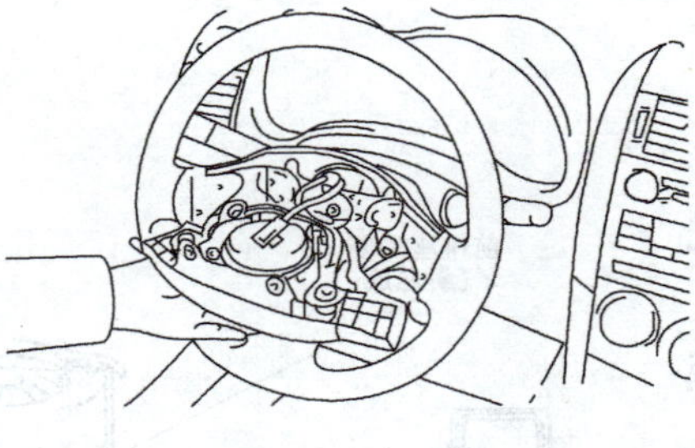	4）从转向盘总成中拉出转向盘盖 5）在拉下转向盘盖时注意不要拉动气囊线束
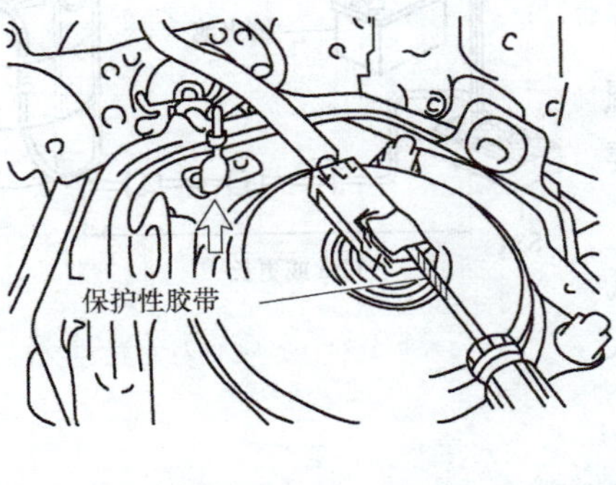	6）用头部缠有胶带的螺钉旋具断开气囊插接器并拆下转向盘盖 7）将喇叭插接器从转向盘盖上拆下 8）处理气囊插接器时小心保护好气囊连接线束
3. 任务总结	
	结合电路图，根据任务实施步骤，进一步掌握安全气囊的工作原理

（续）

4. 工位整理清洁	
	按照5S要求整理工位

拓展与提高

废旧气囊处理

1）静电会激活气囊，在执行此程序前首先要确保自身静电释放完毕。

2）气囊展开时会有相当大的爆炸声，处理时应该选择户外远离居民的地方。

3）展开气囊时，必须使用规定的专用工具，如图7-7所示，处理时应距离其至少10m远处。

4）气囊展开时总成会变得非常热，必须佩戴好手套和防护眼镜，且在展开后30min内不要触碰气囊。

5）不要将水或其他液体泼洒在已展开的气囊总成上，操作完成后要注意现场清理及执行人员卫生处理。

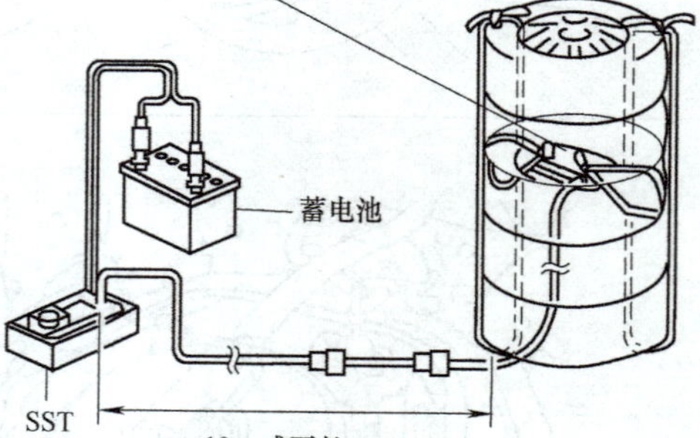

图7-7　气囊展开专用工具

课后评测

完成本任务对应工作页。

任务二　防盗系统的检测与维修

学习目标

理论目标：

1. 掌握防盗系统的功用及组成。
2. 了解防盗系统的电路及控制原理。

技能目标：

1. 能够识别防盗系统各元器件。
2. 能够读懂防盗系统电路图。
3. 能够运用各种诊断工具对防盗系统常见故障进行诊断与排除。

知识储备

一、汽车防盗系统的发展

汽车防盗系统是指防止汽车本身或车上的物品被盗所设的系统，它由电子控制的遥控器或钥匙、电子控制电路、报警装置和执行机构等组成。现代汽车所配的防盗系统已由传统的机械式发展到现在的电子芯片式。与传统的机械式相比，现有的芯片式防盗系统的基本原理是锁住汽车的发动机、电路或油路，在没有芯片钥匙的情况下无法起动车辆。

现已面世的第四代电子防盗芯片具有特殊的诊断功能，即已获授权者在读取钥匙保密信息时，能够得到该防盗系统的历史信息、系统中经授权的备用钥匙数目、时间印记以及其他背景信息。所以，电子防盗芯片已成为保障收发器安全性的重要组成部分。第四代电子防盗系统除了比以往的电子防盗系统更有效地起到防盗效果外，还具有其他先进之处，例如独特的射频识别技术可以保证系统在任何情况下都能正确地识别驾驶人，在驾驶人接近或远离车辆时可以自动识别其身份，自动打开或关闭车锁。

二、电子防盗系统的功能

1. 防盗报警功能

防盗报警功能是指在车主遥控锁门后，报警器即进入警戒状态，此时如有人撬门或用钥匙开门，会立即引起防盗器鸣叫报警，起到威吓窃贼的作用，这也是电子防盗器最大的优点和争议之处，因为它发出的“哇、哇”声在震慑盗贼的同时，也存在着扰民的弊端。

2. 车门未关安全提示功能

行车前车门未关闭，警告灯会连续闪烁数秒。汽车熄火遥控锁门后，若车门未关闭，车灯会不停闪烁，且喇叭鸣叫，直至车门关好为止。

3. 寻车功能

车主用遥控器寻车时，喇叭断续鸣叫，同时伴有车灯闪烁提示。

4. 遥控中央门锁

当遥控器发射正确信号时，中央门锁自动开启或关闭。

三、汽车防盗系统的组成及电路原理

以丰田卡罗拉轿车防盗系统为例，介绍其电路图的构成及原理，丰田卡罗拉轿车防盗系统电路如图 7-8 所示。

卡罗拉轿车的防盗系统主要由输入信号、门锁总成、防盗 ECU、防盗指示灯、防盗报警装置、解锁警告开关及车身 ECU 等部件组成，如图 7-9 所示。通过使用发射器锁止车门可以启动防盗系统，系统处于警戒状态时，如果有人试图强行解锁任意车门、发动机舱盖或行李箱盖，报警功能就会被激活，此时系统会点亮危险警告灯并鸣响车辆警告喇叭阻止非法

闯入和盗窃行为。防盗控制单元端子信息见表 7-1，可根据表 7-1 所列信息并对照图 7-8 来掌握该车型防盗系统电路原理。

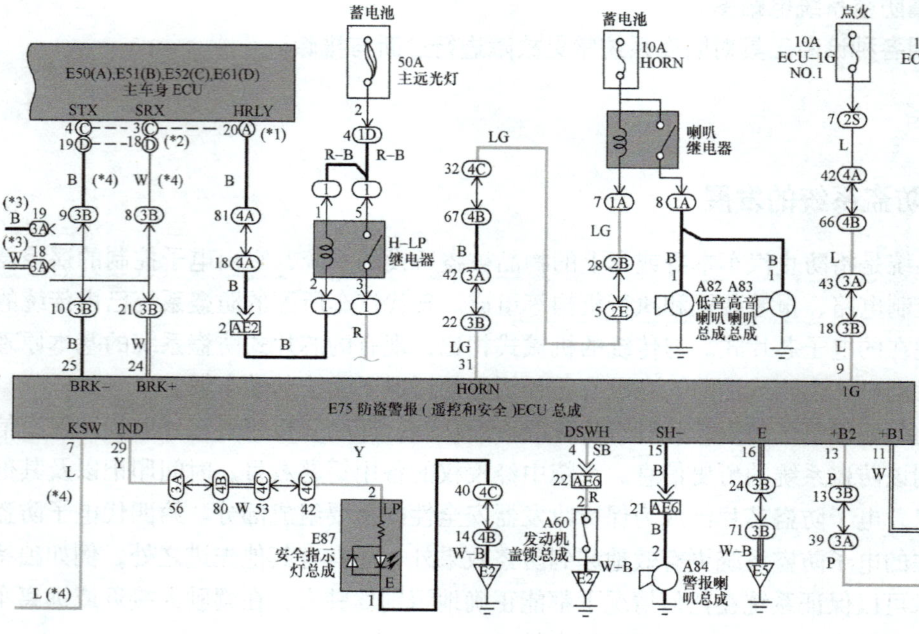

图 7-8　卡罗拉轿车防盗系统电路

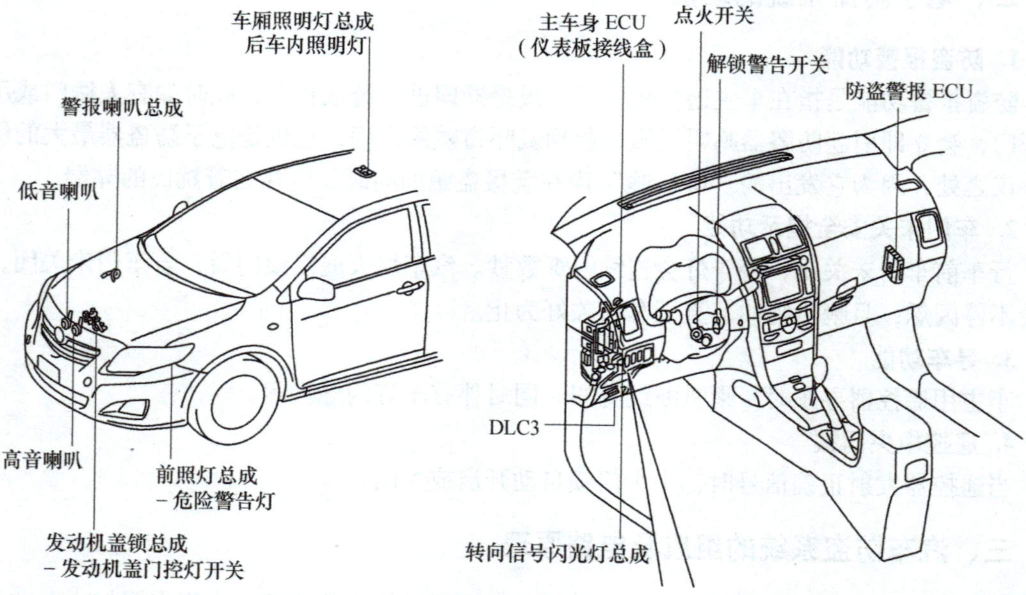

图 7-9　丰田卡罗拉轿车防盗系统

四、防盗系统的故障诊断与检修

对防盗系统进行故障排除的前提是门锁控制系统和遥控门锁控制系统工作正常，同时确定防盗系统各熔丝、继电器正常。防盗系统故障诊断见表 7-2，根据表 7-2 所列信息可帮助诊断故障原因，以递减的顺序表示故障原因的可能性。按顺序检查每个可疑的零件或部位，必要时维修或更换有故障的零件或进行调整。

表 7-1　防盗控制单元端子信息

防盗 ECU 端子号	连接部件	作　用
BRK-/BRK+	车身 ECU	实现与车身 ECU 通信
HORN	喇叭继电器	防盗系统处于警报鸣响状态时，使喇叭以 0.4s 的间隔鸣响
IG	点火开关	电源
KSW	解锁警告开关	当点火钥匙插入锁芯时该开关接通，拔出时开关断开，当该开关接通时，防盗 ECU 运行钥匙受限防止功能
IND	安全指示灯总成	在警戒准备状态和警报鸣响的状态下，防盗 ECU 会使安全指示灯亮起或闪烁
DSWH	发动机盖锁总成	当防盗系统处于警戒状态下，打开发动机舱盖会使警报鸣响
SH-	警报喇叭总成	防盗 ECU 控制警报喇叭
E	车身	车身搭铁
+B2 \ +B	蓄电池	防盗 ECU 供电电源

表 7-2　防盗系统故障诊断

故障现象	可疑部位
防盗系统无法设置	检查防盗 ECU 有无故障码
	安全指示灯电路
	防盗 ECU 电源电路
	解锁警告开关电路
	门控灯开关电路
	发动机盖门控开关电路
	防盗 ECU 总成
	对以上部位检查确认正常后，如故障仍然存在，则更换主车身 ECU
设置防盗系统时安全指示灯不闪烁	安全指示灯电路
	防盗 ECU 总成
	对以上部位检查确认正常后，如故障仍然存在，则更换主车身 ECU
点火开关打开时，警报鸣响不能取消	点火开关电路
	防盗 ECU 总成
	对以上部位检查确认正常后，如故障仍然存在，则更换主车身 ECU
即使某一个车门开启，防盗系统仍可使用	门控灯开关电路
	防盗 ECU 总成
	对以上部位检查确认正常后，如故障仍然存在，则更换主车身 ECU

（续）

故障现象	可疑部位
防盗系统报警时，警报喇叭或车辆喇叭不响	喇叭电路
	防盗 ECU 总成
	对以上部位检查确认正常后，如故障仍然存在，则更换主车身 ECU
防盗系统报警时，危险警告灯不闪烁	线束
	转向信号闪光灯总成
	防盗警报 ECU 总成
	对以上部位检查确认正常后，如故障仍然存在，则更换主车身 ECU
防盗系统报警时，车内照明灯不点亮	车内照明灯电路
	防盗警报 ECU 总成
	对以上部位检查确认正常后，如故障仍然存在，则更换主车身 ECU
没有设定防盗系统，危险警告灯闪烁	线束
	转向信号闪光灯总成
	防盗警报 ECU 总成
	对以上部位检查确认正常后，如故障仍然存在，则更换主车身 ECU
没有设定防盗系统，车内照明灯点亮	车内照明电路
	防盗警报 ECU 总成
	对以上部位检查确认正常后，如故障仍然存在，则更换主车身 ECU

任务实施

一、任务准备

1）设备：丰田卡罗拉轿车一辆。

2）工具：博世 208 线盒，相应检测工具。

二、实施步骤

1. 工位准备	
	1）将车停放在安全工位并安放好车内四件套，确认变速杆置于 P 位，拉起驻车制动器 2）准备好拆装与检测的相关工具与设备

（续）

2. 指出防盗系统各部件的位置	
带智能上车和起动系统： 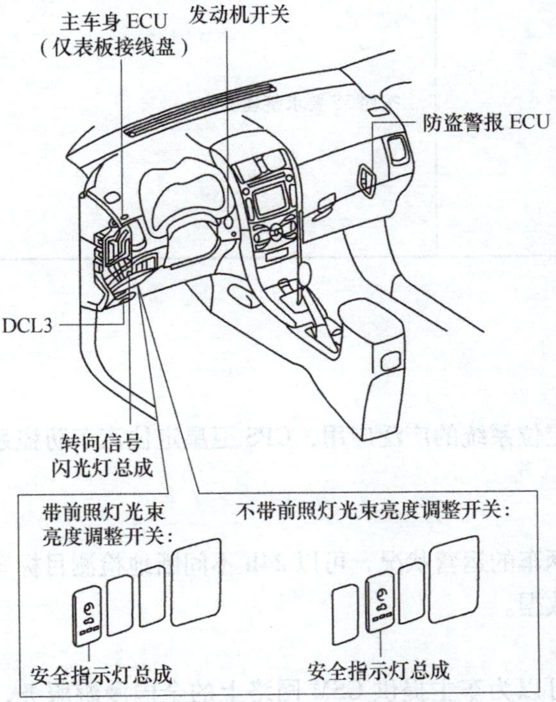	指出下列部件的具体位置： 1）发动机防盗 ECU 2）安全指示灯 3）主车身 ECU 4）防盗喇叭 5）发动机舱盖开关 6）行李箱盖开关 7）车门开关

3. 在车辆处于防盗设定状态下验证防盗系统	
	1）用钥匙发射器锁闭车辆，让车辆防盗系统开启 2）强行打开车门、发动机舱盖及行李箱盖，观察防盗系统工作过程

4. 结合电路图找到相关元器件	
	1）结合电路图，找到与防盗系统有关的熔丝、继电器等元器件 2）使用解码器进入防盗 ECU，读取相关信息

（续）

5. 工位整理清洁	
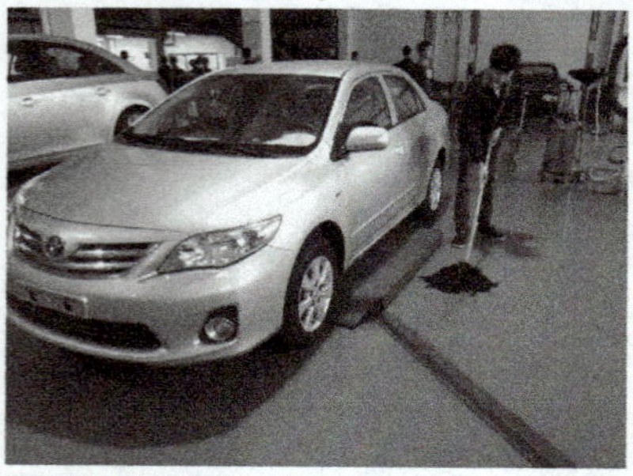	按照5S要求整理工位

拓展与提高

全球定位系统在汽车防盗中的应用

随着科技的发展，技术的升级，全球定位系统的广泛应用，GPS卫星定位汽车防盗系统也应运而生，它主要具备以下特点：

1. 定位功能

监控中心在全国范围内可随时监控某辆车的运营状况，可以24h不间断地检测目标车辆当前的运行位置、行驶速度和前行方向等数据。

2. 通信功能

GPS适应信息时代的需求，在行车中可以为车主提供GSM网络上的全国漫游服务，驾驶人可以随时随地与外界和服务中心保持联络。

3. 监控功能

如果不幸遇上劫匪，可以通过GPS系统配备的脚踏或手动开关报警等设施与监控中心联系。

4. 停驶功能

如果汽车不幸丢失，可通过监控中心对它实行远程控制，同时监控中心可对失主所提供的信息和警情进行核实，核实无误后，遥控该车辆，对其实行断油断电并锁闭车门。

课后评测

完成本任务对应工作页。

任务三 中控门锁的故障诊断与检修

学习目标

理论目标：

1. 了解中控门锁的功用及组成。
2. 掌握中控门锁的电路及控制原理。

技能目标：

1. 能够识别中控门锁各元器件。

2. 能够读懂中控门锁电路图。

3. 能够运用各种诊断工具对中控门锁系统常见故障进行诊断与排除。

知识储备

一、中控门锁的功能

中控门锁的全称是中央控制门锁，为了提高汽车在使用过程中的便利性和行驶过程中的安全性，驾驶人可以通过门锁控制开关同时打开和关闭各个门锁开关，也可以单独打开某个车门，其具有以下功能：

1. 中央控制

当驾驶人锁住主控侧车门时，其他车门也同时锁住，驾驶人可以通过主控侧开关同时打开和关闭各个车门及行李箱门锁。

2. 速度控制锁止

当车辆行驶到一定速度时，各车门自行锁止，防止乘客特别是儿童在车辆行驶过程中打开车门。

二、中控门锁的结构组成

中控门锁主要是由门锁开关、门锁执行机构和门锁控制单元组成。

1. 门锁开关

门锁开关主要由位于驾驶侧的主控开关和乘客侧的分开关组成。主控开关可以打开或关闭所有车门，分开关只能控制对应侧车门。

2. 门锁执行机构

中控门锁的执行机构是用于执行驾驶人或乘客的指令，用于门锁的打开和关闭。门锁执行机构有电磁式、直流电动机式和永磁电动机式，其工作原理是通过改变电动机转向来实现门锁的锁止或打开。

3. 门锁控制单元

门锁控制单元的作用是接收各传感器的信息，如驾驶人或乘客开关指令、车辆速度信号和遥控钥匙发射信号等来激活门锁电动机。

三、中控门锁电路原理（以丰田卡罗拉轿车为例）

1）主控侧信号电路：主车身 ECU 从电动车窗主开关和驾驶侧车门锁芯接收开关信号，并根据这些信号激活各车门上的门锁电动机，如图 7-10a 所示。

2）执行侧信号电路：主车身 ECU 接收锁止或解锁开关信号，并根据这些信号来激活各车门上的门锁电动机，如图 7-10b 所示。

3）防止钥匙锁在车内控制电路：当点火锁芯中有钥匙或者车门门控灯 ON 信号输出至门控 ECU 时，用锁止开关执行门锁操作不能锁住车门，如图 7-10c 所示。

4）遥控门锁控制电路：遥控门锁作用是从远处发射信号来打开或关闭车门门锁系统。手持发射器向车门控制接收器发送无线电波，车控 ECU 执行识别码识别处理并激活门锁控制，遥控门锁控制电路如图 7-11 所示。

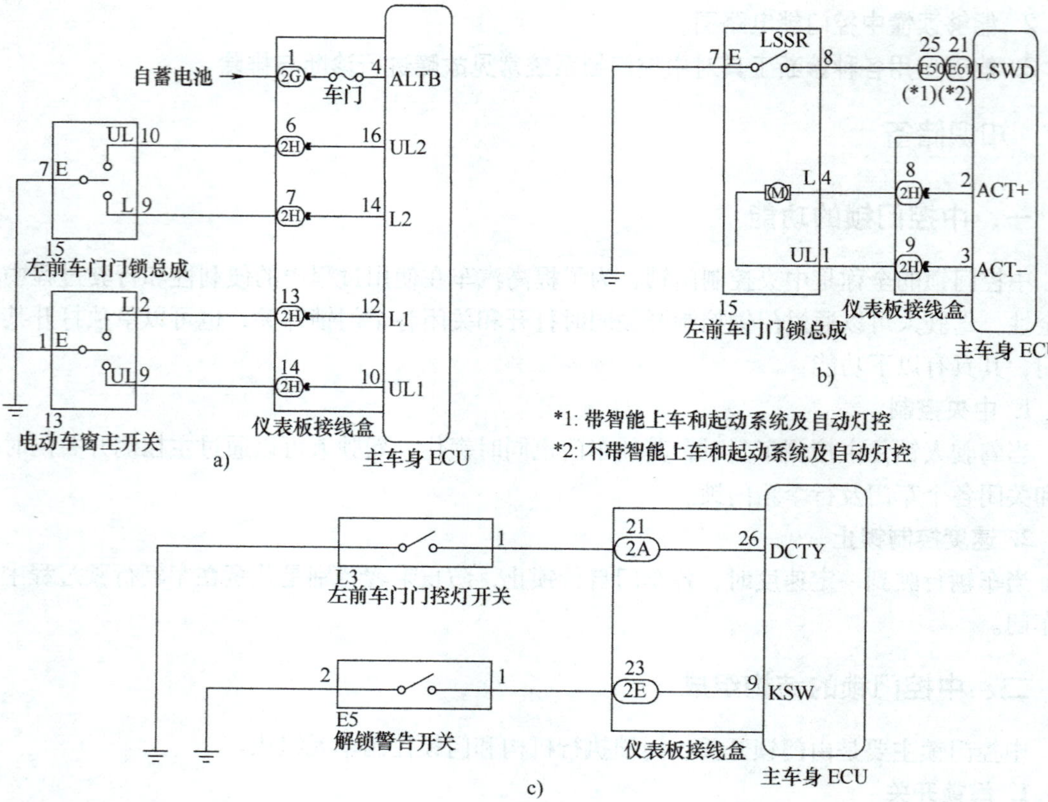

图 7-10　中控门锁控制电路

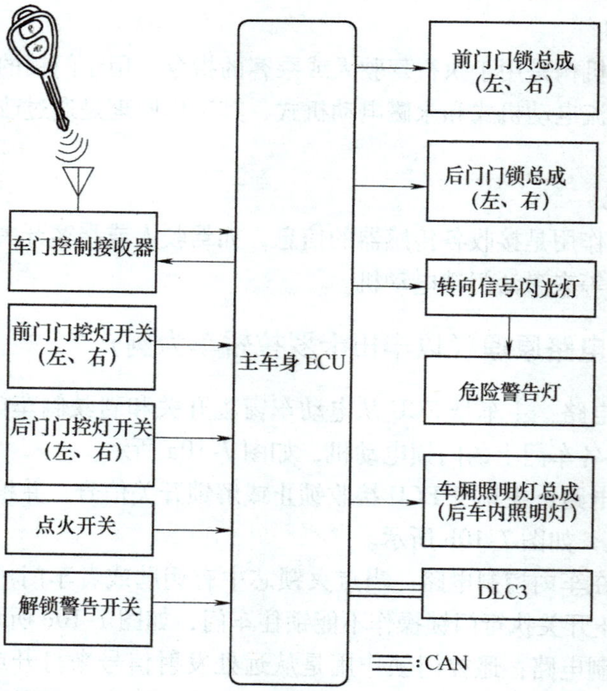

图 7-11　遥控门锁控制电路

四、中控门锁的检测与维修

中控门锁出现异常，可首先借助解码器进行故障码的读取及主动测试。通过中控门锁的主动测试功能可进一步锁定故障点，同时还要排除如蓄电池电量不足、中控门锁系统各熔丝、继电器等电器元件是否正常等表面故障。中控门锁的故障诊断见表7-3，根据表7-3所列信息可帮助诊断故障原因，以递减的顺序表示故障原因的可能性。按顺序检查每个可疑的零件或部位，必要时维修或更换有故障的零件或进行调整。

表7-3　中控门锁的故障诊断

故障现象	可疑部位
通过主开关、驾驶侧车门锁芯不能操作所有车门锁止或解锁功能	驾驶侧门锁总成
	线束和插接器
	主开关总成
	中控门锁ECU
仅单个车门锁止或解锁功能不工作（驾驶侧、前排乘客侧、右后侧、左后侧）	门锁总成
	线束和插接器
	中控门锁ECU
防止钥匙锁在车内的功能工作不正常	前排驾驶侧门控灯开关
	解锁警告开关
	线束和插接器
	中控门锁ECU

任务实施

一、任务准备

1）设备：丰田卡罗拉轿车一辆。

2）工具：博世208线盒，相应检测工具。

二、实施步骤

1. 设备、工具准备	
	1）将车停放在安全工位并安放好车内四件套，确认变速杆置于P位，拉起驻车制动器 2）准备好拆装与检测的相关工具与设备

（续）

2. 指出中控门锁系统各部件的安装位置	
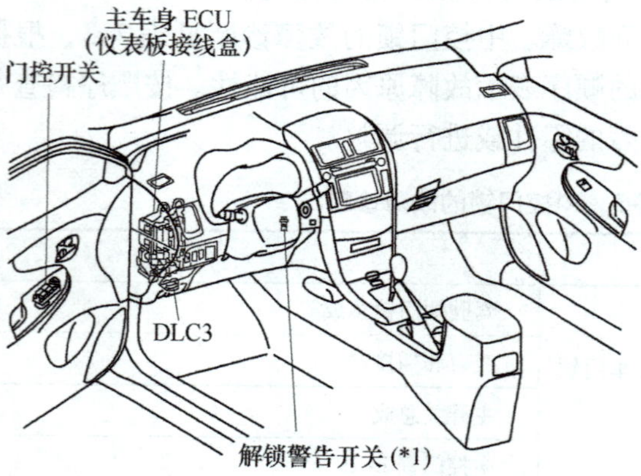	找出下列部件的位置： 1）主车身 ECU 2）解锁警告开关
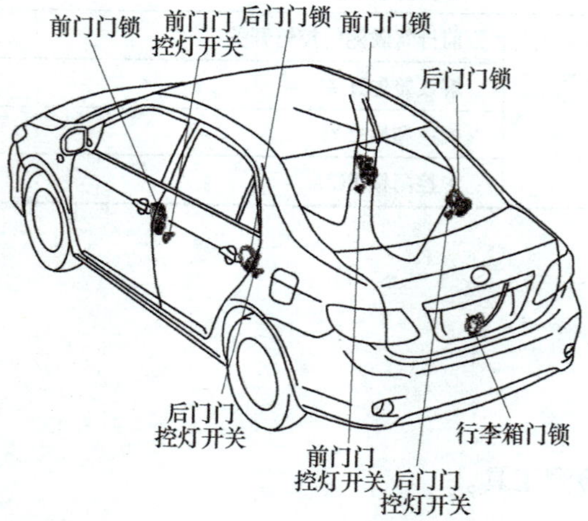	指出各门锁控制开关及门锁总成

3. 利用解码器（KT600）对中控门锁进行主动测试，并记录现象

检测仪显示	测量项目/范围	正常状态	
D Door Courtesy SW	驾驶侧车门门控灯开关信号/ON 或 OFF	ON：驾驶侧车门打开 OFF：驾驶侧车门关闭	
P Door Courtesy SW	乘客侧车门门控灯开关信号/ON 或 OFF	ON：乘客侧车门打开 OFF：乘客侧车门关闭	
RR Door Courtesy SW	右后车门门控灯开关信号/ON 或 OFF	ON：右后车门打开 OFF：右后车门关闭	
RL Door Courtesy SW	左后车门门控灯开关信号/ON 或 OFF	ON：左后车门打开 OFF：左后车门关闭	

（续）

3. 利用解码器（KT600）对中控门锁进行主动测试，并记录现象

检测仪显示	测量项目/范围	正常状态	
D-Door Lock Pos SW	驾驶侧车门门锁位置开关信号/ON 或 OFF	ON：驾驶侧车门解锁 OFF：驾驶侧车门锁止	
P-Door Lock Pos SW	前排乘客侧车门门锁位置开关信号/ON 或 OFF	ON：前排乘客侧车门解锁 OFF：前排乘客侧车门锁止	
Door Lock SW-Lock	门控开关锁止信号/ON 或 OFF	ON：将门控开关按至锁止位置 OFF：门控开关未按至锁止位置	
Door Lock SW-Unlock	门控开关解锁信号/ON 或 OFF	ON：将门控开关按至解锁位置 OFF：门控开关未按至解锁位置	
Door Key SW-Lock	驾驶侧车门锁止/解锁开关锁止信号（钥匙联动锁止开关)/ON 或 OFF	ON：驾驶侧车门锁芯转至锁止位置 OFF：驾驶侧车门锁芯转至解锁位置	1）对照表格进行主动测试 2）测试过程中记录相关现象
Door Key SW-Unlock	驾驶车门锁止/解锁开关解锁信号（钥匙联动解锁开关）/ON 或 OFF	ON：驾驶侧车门锁芯转至解锁位置 OFF：驾驶侧车门锁芯转至锁止位置	
RR-Door Lock Pos SW	右后车门门锁位置开关信号/ON 或 OFF	ON：右后车门解锁 OFF：右后车门锁止	
RL-Door Lock Pos SW	左后车门门锁位置开关信号/ON 或 OFF	ON：左后车门解锁 OFF：左后车门锁止	
Luggage Courtesy SW	行李箱门控灯开关信号/ON 或 OFF	ON：行李箱门打开 OFF：行李箱门关闭	

4. 任务总结

1）结合电路图，找到中控门锁系统有关的熔丝、继电器等元器件

2）对所学内容进行总结

（续）

5. 工位整理清洁	
	按照5S要求整理工位

拓展与提高

指纹识别解锁功能

指纹识别解锁功能是利用每个人指纹图形都不同的特征研发的一种汽车门锁。当车主打开车门时，只要将手指按住门锁指纹识别的指定位置，车门即可以打开。这种锁的特点是将指纹等人体生物特征作为密码输入，由计算机进行识别并控制开锁，这种锁的安全程度相对较高，也是汽车防盗锁的发展趋势。

课后评测

完成本任务对应工作页。

项目八

汽车整车电路

项目描述

随着电子技术的发展，汽车上装用的电子元件越来越多。汽车电路中广泛采用插接器，为了便于维修和查找故障，在电路图中，将插接器的插头和插座号都清楚地表示出来，这样就使电路图显得零乱、烦琐，给读图增加了一定的难度。但是，目前各大汽车公司的汽车电路图都有各自成熟的表达方式，了解其电路图形符号的含义，对阅读和理解电路图十分重要。本项目主要介绍大众桑塔纳2000GLi和丰田卡罗拉两种车型的电路特点、图形符号的含义及电路的识图方法，其他车型的电路特点与其相同或相近，能够为今后阅读汽车电路图打下基础。

任务一　汽车电路的认知

学习目标

理论目标：

1. 了解汽车用导线的规格、型号和选用原则。
2. 了解汽车线束的包扎、安装和汽车电路插头的连接方式。
3. 掌握汽车电路开关、保护装置的作用、种类和工作方式。
4. 熟知汽车整车电路的组成和电路图的种类。

技能目标：

1. 熟知汽车电路的接线规律和识读电路图的要点。
2. 掌握汽车电气系统故障诊断的一般程序和方法。
3. 学会利用原车电路图分析和查找电路故障。

知识储备

一、电路元件

1. 车用导线

车用连接导线，按承受电压高低分为低压导线和高压导线两种类型，其中低压导线按用途又可分为普通低压导线和低压电缆线两种，除起动机与蓄电池的连接线、蓄电池搭铁线采用低压电缆线（图 8-1）之外，均采用普通低压导线，如图 8-2 所示。高压导线是一种用于汽油机点火系统线路的缆线。

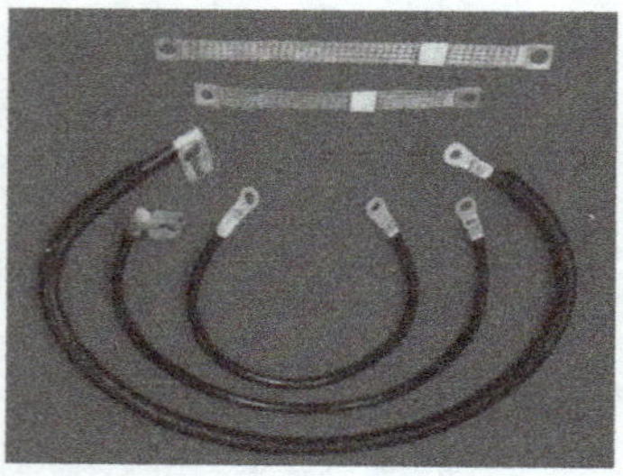

图 8-1　低压电缆线

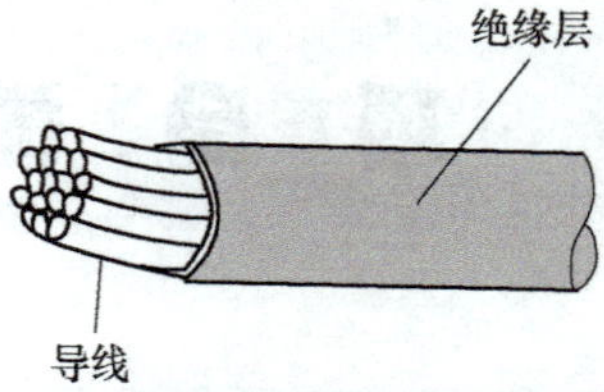

图 8-2　低压导线

2. 插接器

插接器可分为四类，第一类是连接线束和电器元件；第二类是连接线束与线束；第三类是连接线束与车身；第四类是过渡连接，将插接器中需要连接的导线用短接端子连接起来，如图 8-3 所示。

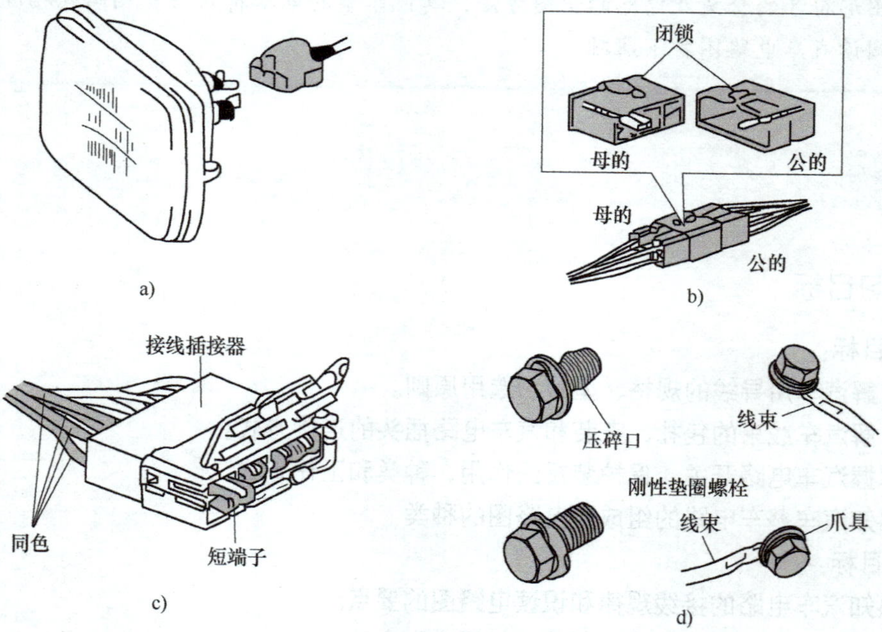

图 8-3　插接器的分类

a）连接线束与电器元件　b）连接线束与线束　c）连接线束与车身　d）过渡连接

为便于接线，汽车线束中各导线端头均焊有接线卡，并在导线与接线卡连接处套以绝缘管，经常拆卸的接线卡一般取开口式，而不常拆卸的接线卡则常采用闭口式。插接器插拔方法如图 8-4 所示。

3. 开关

开关的种类很多，按操作方式可分为手操纵式和脚踏式两种；按结构原理可分为机械开关和电磁开关；按用途可分为点火开关、起动开关、电源开关、灯光开关和小型直流电动机开关等类型。

4. 电路保护装置

汽车电路保护装置能在电路或电气设备发生短路或过载时自动切断电路，保证电气设备及电路的安全。汽车上常用的电路保护装置有易熔线、断路器及熔断器（片）。熔断器常用于保护局部电路，其额定电流较小。熔断器的主要元件是熔丝（片），其材料是锌、锡、铅等金属的合金，常见熔断器外形如图 8-5 所示。

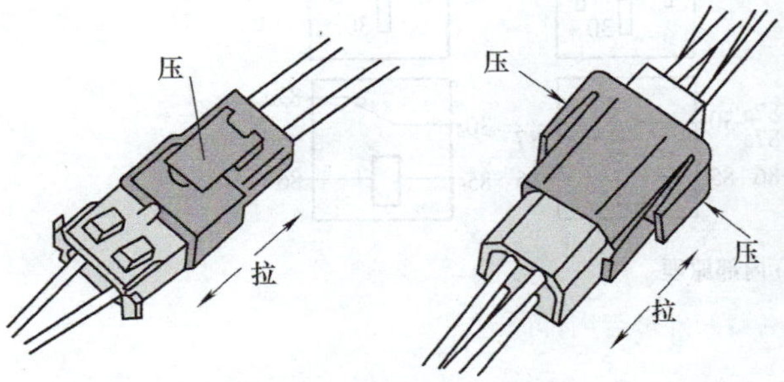

图 8-4　插接器插拔方法

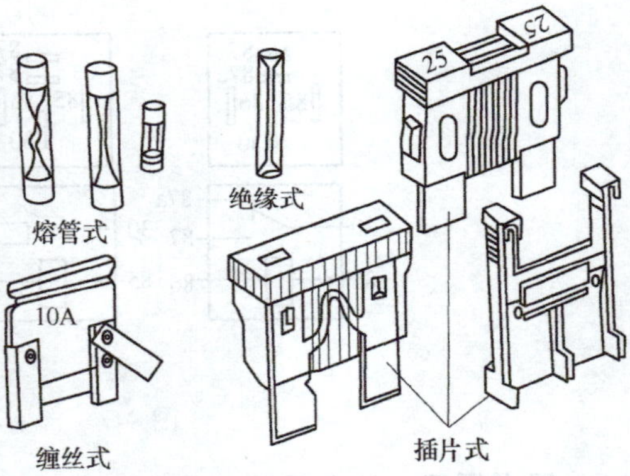

图 8-5　常见熔断器外形

5. 继电器

继电器是由电磁线圈和带复位弹簧的触点构成，通过电磁线圈产生的电磁力来改变触点的原始状态，实现对回路的控制。典型继电器内部电路如图 8-6 所示，当①和③之间的电磁线圈通电时，触点将在电磁力作用下闭合，接通②、④之间的电路。

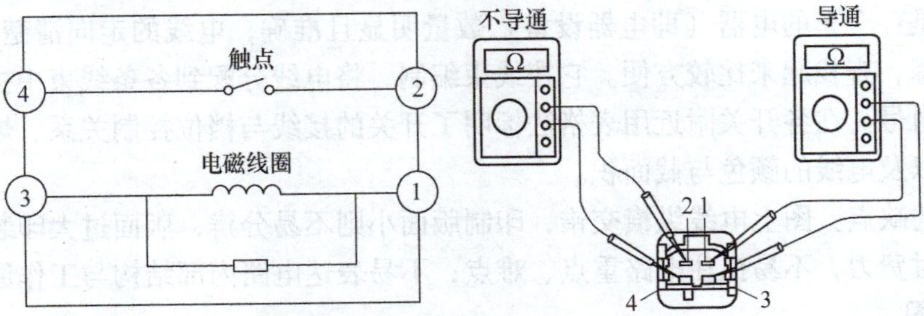

图 8-6　典型继电器内部电路

车用继电器主要起保护开关和自动控制的作用。

（1）保护开关　继电器通过接通或切断一对或多对触点，利用小电流控制大电流，减小控制开关的电流负荷，保护电路控制开关，如起动继电器、进气预热继电器、空调继电器、喇叭继电器、雾灯继电器、中间继电器、风窗刮水器、洗涤器继电器、危险报警与转向闪光继电器等。

（2）实现自动控制　一些继电器线圈电流由车辆电路中的特定工作电压控制，当电路中的控制电压达到设定的继电器动作电压时，继电器触点改变工作状态，从而实现自动控制。如起动机保护继电器在发动机起动后，当发电机的中性点电压达到某控制值时，则会使继电器触点打开，自动断开起动机电磁开关的电路，避免误起动。

继电器通常分为常开继电器、常闭继电器和混合型继电器三种类型，其常见外形与内部原理如图 8-7 所示。

注意：继电器的每个插脚都有标号，与中央接线盒正面板的继电器插座的插孔标号相对应。

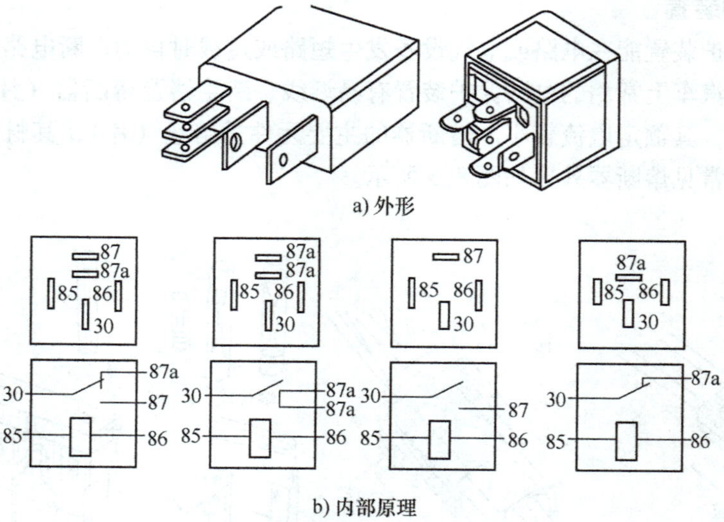

图 8-7　常见继电器的外形与内部原理

重点提示：继电器的工作电压有 12V 和 24V 两种，使用时注意与电气系统相匹配，不能互换使用。

二、三种电路图

1. 布线图

布线图是按照汽车电器在车身上的大体位置来进行布线的。

其特点是：全车的电器（即电器设备）数量明显且准确，电线的走向清楚，有始有终，便于循线跟踪，查找起来比较方便。它按线束编制，将电线分配到各条线束中去与各个插件的位置严格对号。在各开关附近用表格法标明了开关的接线与档位控制关系、熔断器与电线的连接关系以及电线的颜色与截面积。

布线图的缺点：图上电线纵横交错，印制版面小则不易分辨，版面过大印装受限制；读图、画图费时费力，不易抓住电路重点、难点；不易表达电路内部结构与工作原理。

2. 原理图

（1）整车电路原理图　为了生产与教学的需要，常常需要尽快找到某条电路的始末，以便确定故障分析的路线。在分析故障原因时，不能孤立地仅局限于某一部分，而要将这一部分电路在整车电路中的位置及与相关电路的联系都表达出来。整车电路图的优点在于：

1）对全车电路有完整的概念，它既是一幅完整的全车电路图，又是一幅互相联系的局部电路图，重点难点突出、繁简适当。

2）在此图上建立起电位高、低的概念：其负极“－”接地（俗称搭铁），电位最低，可用图中的最下面一条线表示；正极“＋”电位最高，用最上面的那条线表示。电流的方向基本都是由上而下，路径是：电源正极“＋”→开关→用电器→搭铁→电源负极“－”。

3）大大减少电线的曲折与交叉，布局合理，图面简洁、清晰，图形符号考虑到元器件的外形与内部结构，便于读者联想、分析，易读、易画。

4）各局部电路（或称子系统）相互并联且关系清楚，发电机与蓄电池、各个子系统之间的连接点尽量保持原位，熔断器、开关及仪表等的接法基本上与原图吻合。

（2）局部电路原理图　为了弄清汽车电器的内部结构，各个部件之间的相互连接关系，弄懂某个局部电路的工作原理，常从整车电路图中抽出某个需要研究的局部电路，参照其他详实的资料，必要时根据实地测绘、检查和试验记录，将重点部位进行放大、绘制并加以说明。这种电路图的优点是用电器少、幅面小，看起来简单明了，易读易绘；其缺点是只能了解电路的局部。

3. 线束图

整车电路线束图常用于汽车厂总装线和修理厂的连接、检修与配线。线束图主要标明电线束各用电器的连接部位、接线柱的标记、插头、插接器的形状及位置等，它是人们在汽车上能够实际接触到的汽车电路图。这种图一般不去详细描绘线束内部的电线走向，只将露在线束外面的插头与插接器详细编号或用字母标记。它是一种突出装配记号的电路表现形式，非常便于安装、配线、检测与维修。如果再将此图各线端都用序号、颜色准确无误地标注出来，并与电路原理图和布线图结合起来使用，则会起到更大的作用并收到更好的效果。

三、识读电路图的一般要点

1）纵观“全车”，眼盯“局部”—由“集中”到“分散”。

全车电路一般都是由各个局部电路所构成，它可表明各个局部电路之间的连接和控制关系。要把局部电路从全车总图中分割出来，就必须掌握各个单元电路的基本情况和接线规律。

汽车电路的基本特点是：单线制、负极搭铁和各用电器互相并联。各单元（局部）电路，例如电源系统、起动系统、点火系统、照明系统、信号系统和仪表系统等都有其自身的一些特点，看电路要以其自身的特点为指导，去分解并研究全车电路，这样做会少一些盲目性，能较快速、准确地识读汽车电路图。开始必须认真地读几遍图注，对照线路图查看电器在车上的大概位置及数量、电器的用途以及有无新颖独特的电器。如有，应加倍注意。

2）抓住“开关”的作用—所控制的“对象”。开关是控制电路通断的关键，应特别注意继电器不但是控制开关也是被控制对象。

3）寻找电流的“回路”—控制对象的“通路”。

回路是最简单的电气学概念，无论什么电器，要想正常工作（将电能转换为其他形式的能），必须与电源（发电机或蓄电池）的正负两极构成通路，即：从电源的正极出发→通过用电设备→回到同一电源的负极。这个简单而重要的原则，无论在读什么电路图时，都必须遵循。

任务实施

一、任务准备

1）设备：丰田卡罗拉轿车一辆。

2）工具：相应检测工具。

二、实施步骤

1. 工位准备	
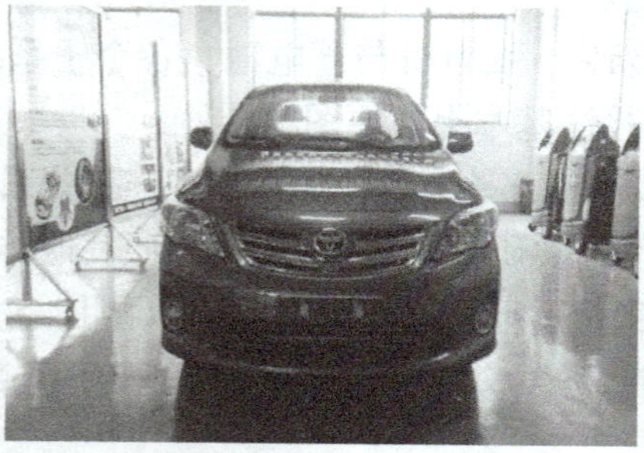	根据维修手册，熟悉车身电气基本元件
2. 认识电气台架基本元件	
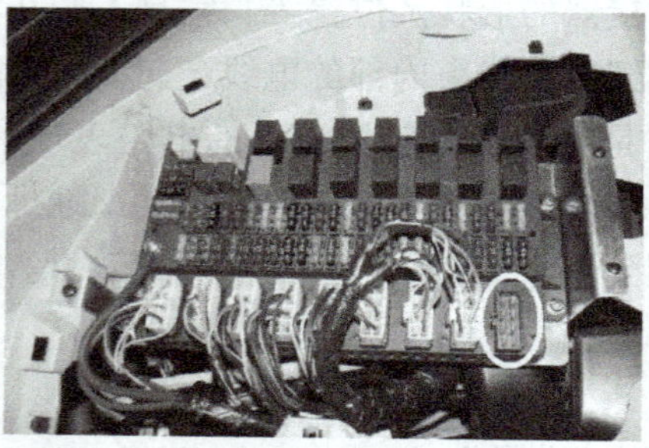	熟知车身电路的组成及元器件的作用
3. 任务总结	
	结合电路图，根据任务实施步骤进一步掌握车身电路组成
4. 工位整理清洁	
	按照5S要求整理工位

课后评测

完成本任务对应工作页。

任务二 丰田车系的电路识读

学习目标

理论目标：

1. 掌握卡罗拉轿车电路的特点。
2. 掌握卡罗拉轿车电路的识读方法。

技能目标：

1. 能够分析电源系统、起动系统的控制电路。
2. 能够利用原车电路图分析和查找电路故障。
3. 能够利用检测工具确认电路故障所在部位。

知识储备

日系车是我国汽车市场占有率较高的车种之一，其中文维修资料源自丰田公司原厂资料，其电路图通常都保留了丰田原厂资料的绘制风格。电路图一般都单独制作成一本独立的电路图册，图册中包括怎样使用电路图册、电路图中采用的缩写词、继电器位置图、电气线路图（线束图）、各种插接器和全车电路图。

一、丰田车系电路图特点

1）电路图中的电器元件用电路符号表示，电器元件的名称通常用文字直接标出。丰田车系的电路符号如图 8-8 所示。

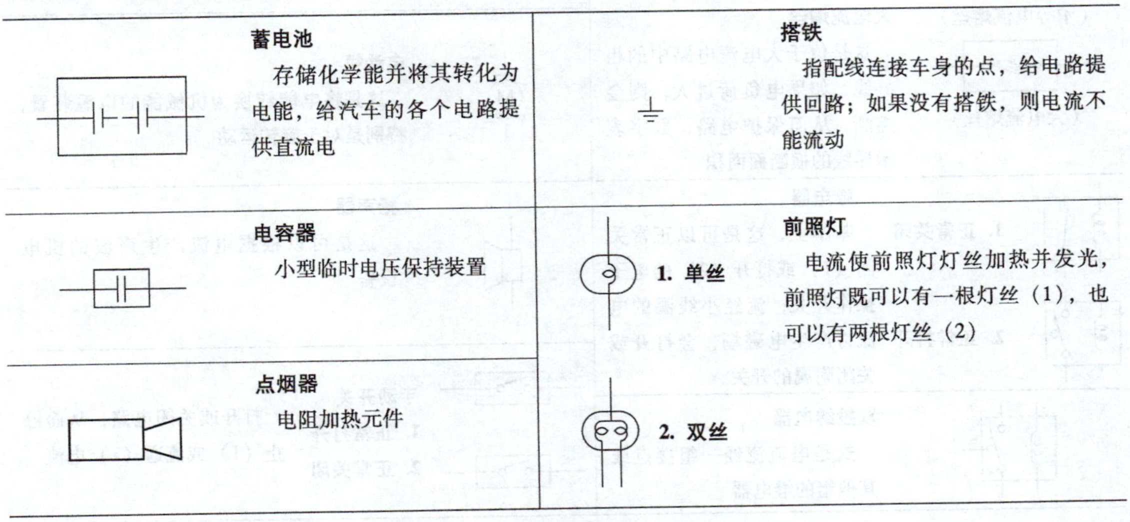

图 8-8 丰田车系的电路符号

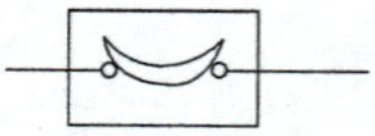

断路器

断路器是一根可再次使用的熔丝，如果流经的电流过大，断路器将变热并断开

冷却之后部分装置自动重新设定，而另一部分必须重新手动设定

二极管

仅允许电流单向流通的半导体。

二极管，稳压二极管

此二极管只在规定电压时允许电流单向流通并阻止逆向流通；超过该电压，则由其分流余压，可以简单起到调压器的作用

光敏二极管

光敏二极管是根据光线数量控制电流的半导体

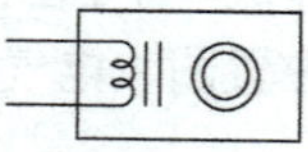

分电器，IIA

将高压电流从点火线圈引到每个火花塞

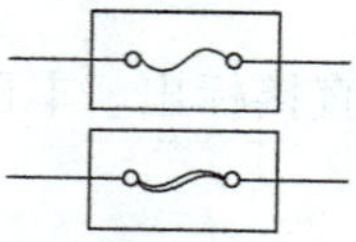

（中等电流熔丝）

中等电流熔丝

这是一薄的金属片，如果流经的电流过大，则会熔断，从而切断电流来保护电路免受损坏

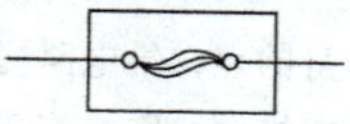

（大电流熔丝）

大电流熔丝

这是位于大电流电路中的粗导线，如果电负荷过大，则会熔断，从而保护电路，数字表示导线的横断面面积

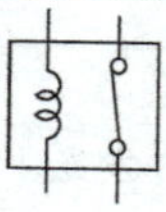

1. 正常关闭

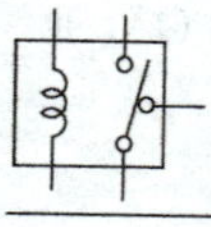

2. 正常打开

继电器

基本上，这是可以正常关闭（1）或打开（2）的电子操作开关；流经小线圈的电流将产生电磁场，会打开或关闭附属的开关

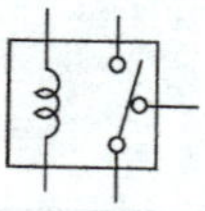

双投继电器

这是电流流经一组接点或其他组的继电器

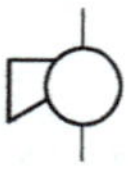

喇叭

发出高频音频信号的电子设备

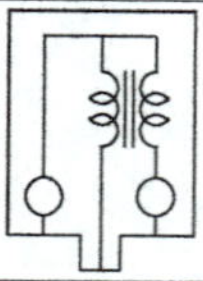

点火线圈

将低压直流电转换为点燃火花塞的高压点火电流

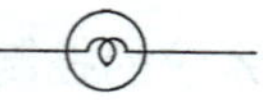

灯

流经灯丝的电流加热灯丝并使之发光

LED（发光二极管）

基于电流，这些二极管不同于一般的灯，它发光但不产生热量

模拟型仪表

电流将起动一个电磁线圈，这将会导致指针的移动，从而，提供一个与背景刻度相对照的相关显示

数字型仪表

电流起动LED、LCD或荧光显示屏中的一个或数个，将提供相关显示或数字显示

电动机

这是将电能转换为机械能的电源装置，特别是对于旋转运动

扬声器

这是可以根据电流产生声波的机电设备

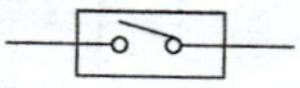

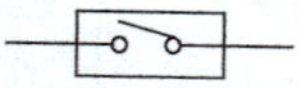

手动开关

1. 正常打开
2. 正常关闭

打开或关闭电路，从而停止（1）或流通（2）电流

图8-8　丰田车系的电路符号（续）

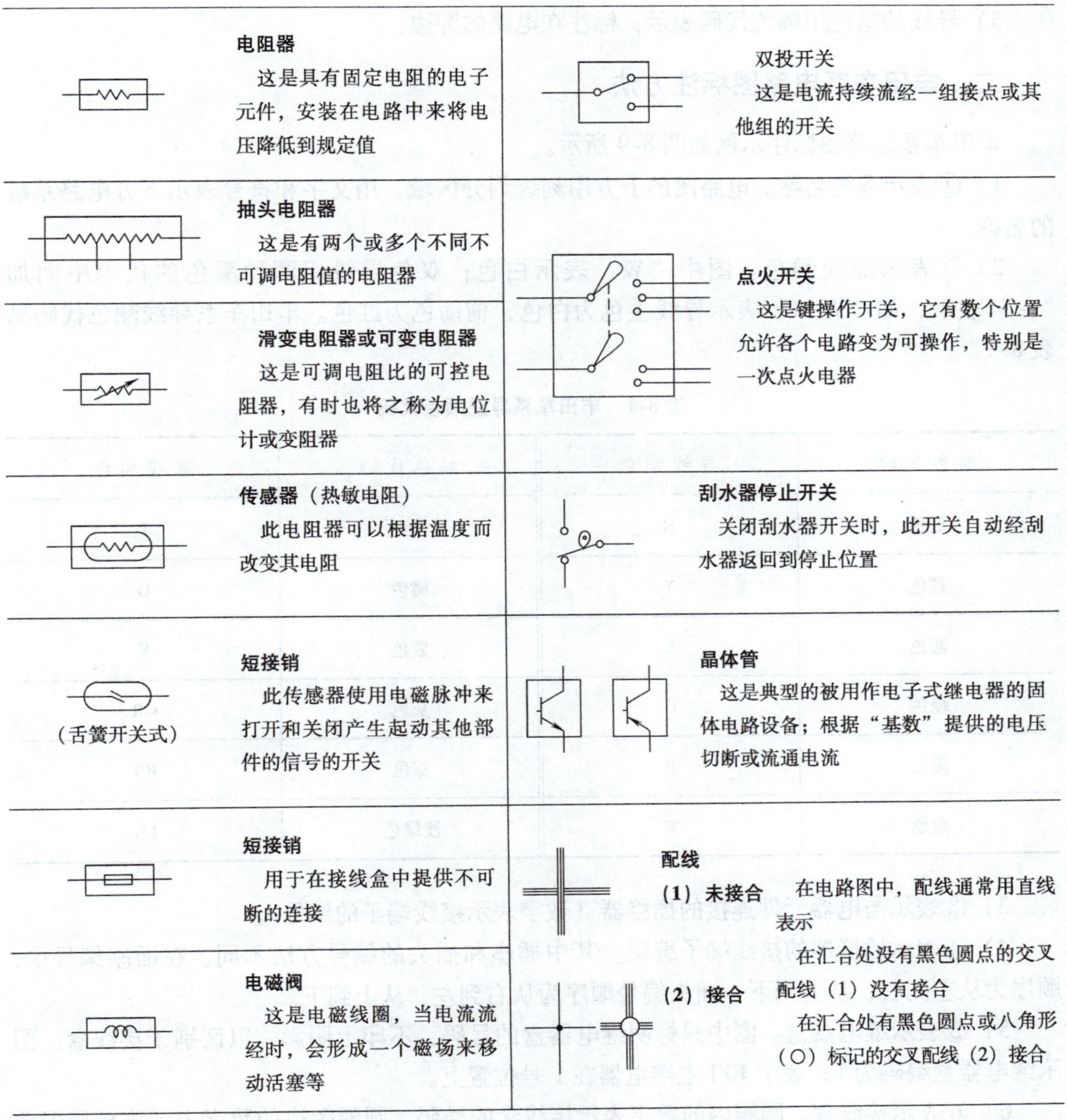

图8-8　丰田车系的电路符号（续）

2）电路总图由各系统电路图组成，每个系统的电路都绘制了电源，成为一个完整的电路。通常蓄电池画在电路图的最左端，开关、继电器和用电设备在电路图的右侧。电路图的上方标出了各种系统电路的区域和代表该电路的符号及文字说明，从电路图阅读比较清晰明了。

3）电路图中绘出了搭铁点，并标注代号和文字说明，从电路图中了解线路搭铁点，直接明了。

4）电路图中，有些车型直接标出线路插接器的端子排列和各端子的使用情况，给识图和电路故障查寻提供方便。有些车型在电路图中标出插接器的代码，根据代码可在插接器表中查出插接器端子的排列情况，便于检测。

5）导线的颜色用颜色代码表示，标注在电路的旁边。

二、丰田车系电路图标注方法

丰田车系电路图标注示例如图 8-9 所示。

1）①表示系统名称。电路图的上方用刻线划分区域，用文字和符号表示下方电路系统的名称。

2）②表示配线颜色。图中“W”表示白色；双色导线用两种颜色的代码中间加“-”表示，如“W-R”表示导线主色为白色，辅助色为红色。丰田车系导线颜色代码见表 8-1。

表 8-1　丰田车系导线颜色代码

颜色代码	导线颜色	颜色代码	导线颜色
红色	R	粉色	P
黄色	Y	橘色	O
蓝色	L	紫色	V
绿色	G	灰色	GR
黑色	B	棕色	BR
白色	W	浅绿色	LG

3）③表示与电器元件连接的插接器（数字表示接线端子的编号）。

4）④表示插接器的接线端子编码。其中插座和插头的编号方法不同，在插座编号中，顺序为从左到右，从上到下；插头编号顺序为从右到左，从上到下。

5）⑤表示继电器盒。图中只标明继电器盒的号码，不印上阴影，以区别于接线盒。图示继电器盒编码为 1，表示 EFI 主继电器在 1 号位置上。

6）⑥表示接线盒。圆圈内的数字表示接线盒的号码，圆圈旁边的数字表示该插接器插座的位置代码。接线盒上一般印上阴影，使其与其他元件区分。不同的接线盒用不同的阴影标出，以便区分。

7）⑦表示相关联的系统。

8）⑧表示配线与配线之间的插接器。带插头的配线用符号⺅表示，外侧数字 6 表示接线端子的号码。

9）⑨当车辆型号、发电机型号或规格不同时，用（）中的内容来表示不同的配线盒插接器等。

10）⑩表示屏蔽的配线。

11）⑪表示搭铁点的位置，用“▽”表示。符号中间的字母为搭铁点的代码，C 位于发电机缸体，D 位于左前翼子板。

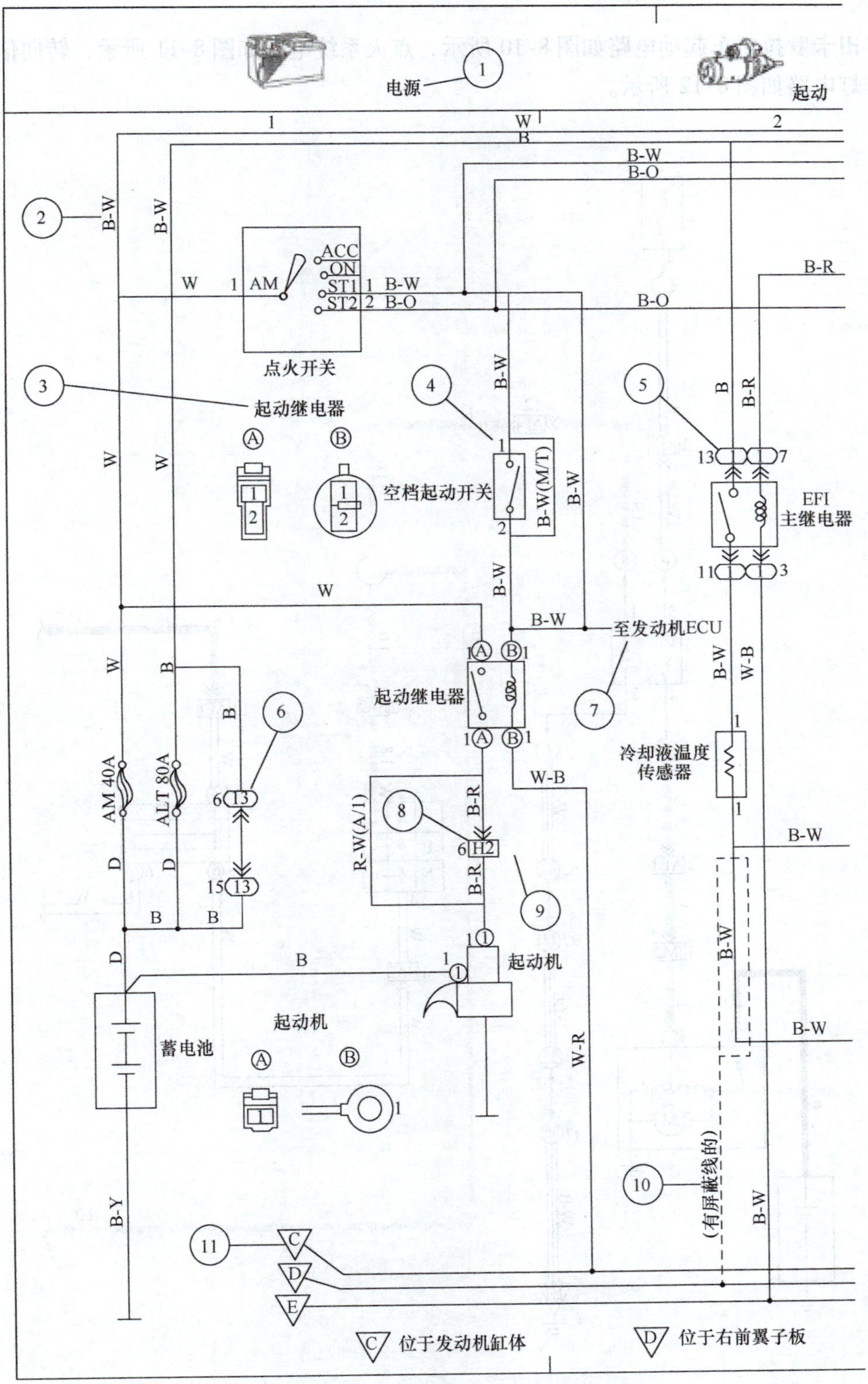

图 8-9 丰田汽车电路图标注示例

三、丰田卡罗拉电路图

丰田卡罗拉轿车起动电路如图 8-10 所示，点火系统电路如图 8-11 所示，转向信号与危险警告灯电路如图 8-12 所示。

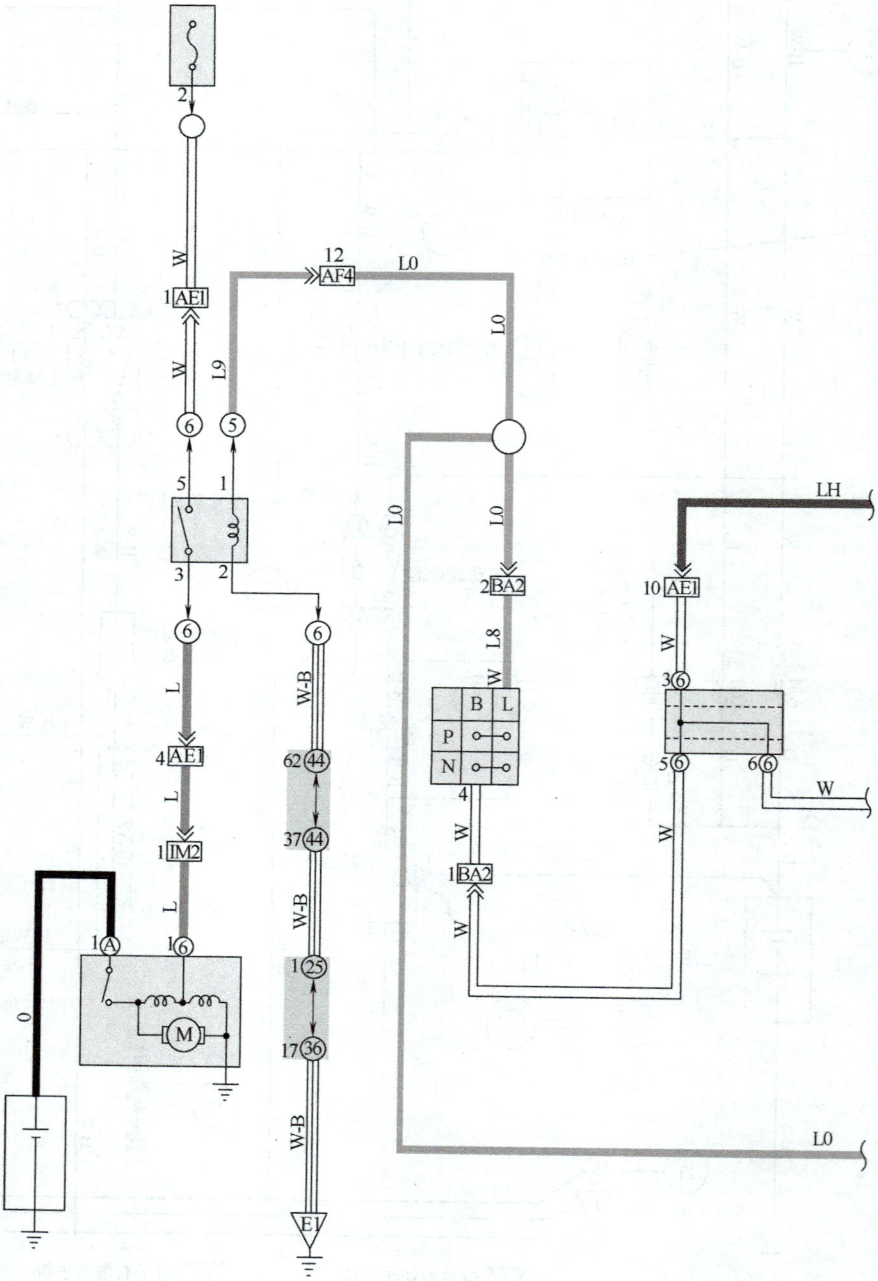

图 8-10　丰田卡罗拉轿车起动电路图

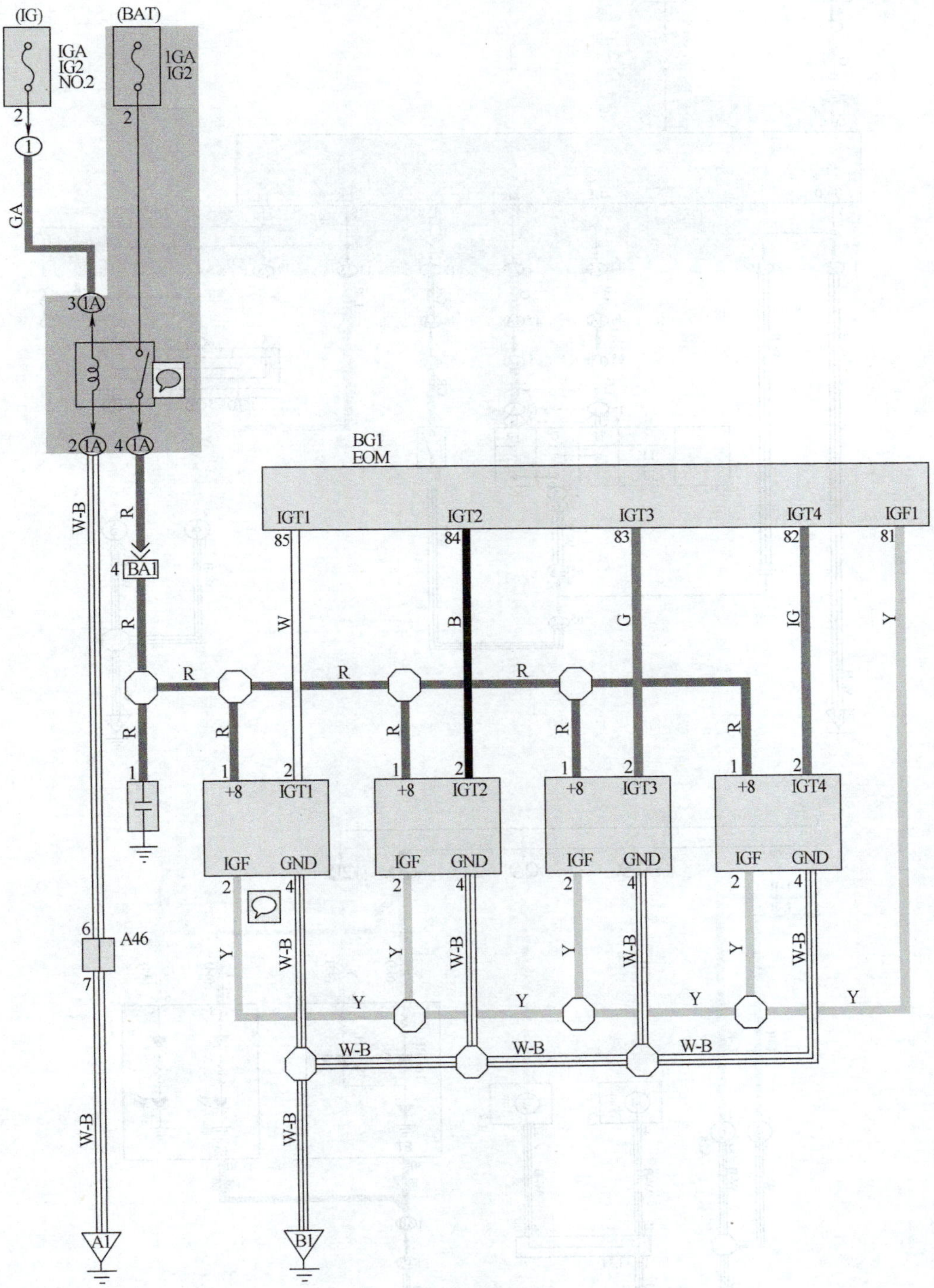

图 8-11　丰田卡罗拉轿车点火系统电路图

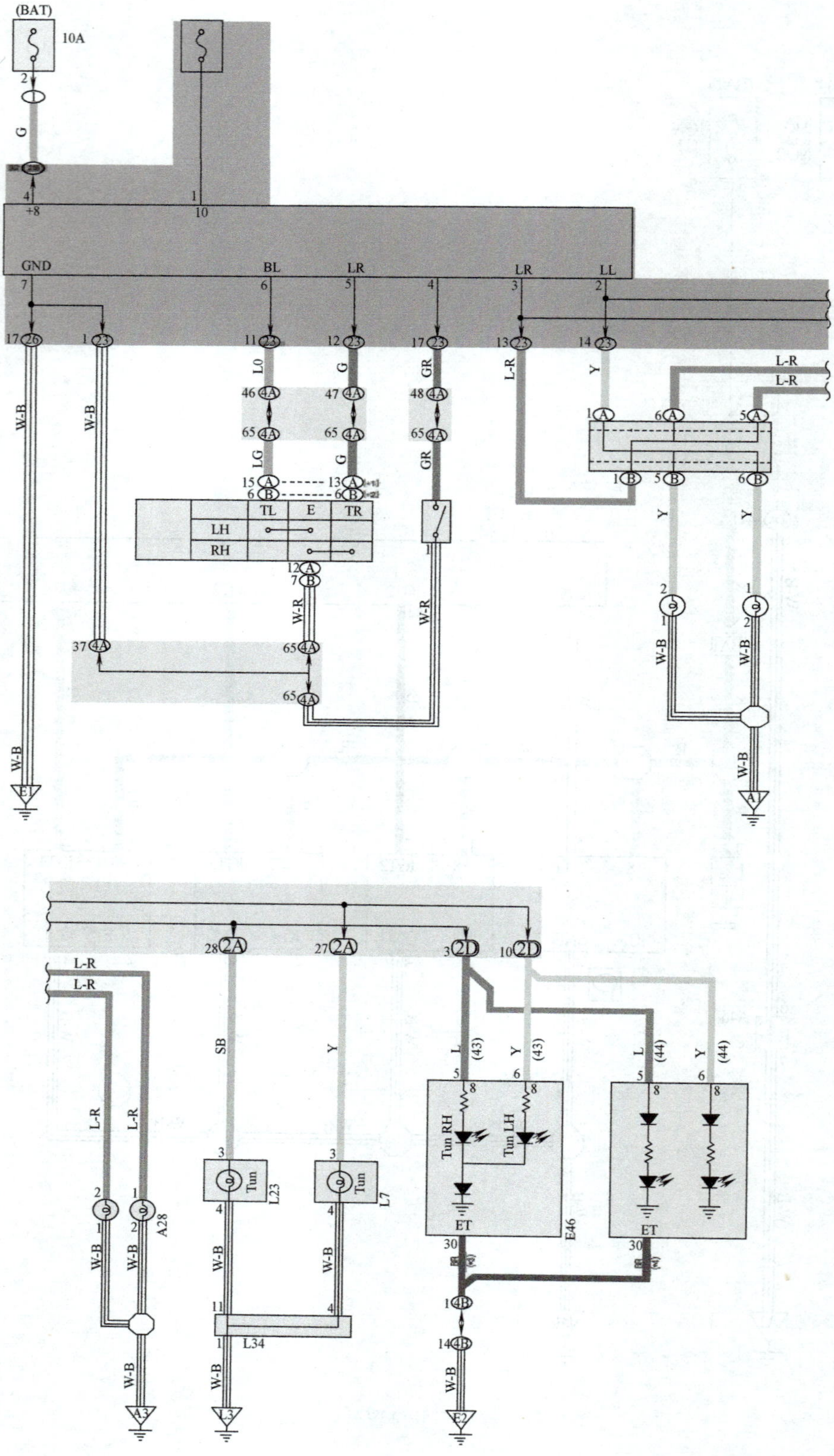

图 8-12　丰田卡罗拉轿车转向信号与危险警告灯电路图

任务实施

一、任务准备

1）设备：丰田卡罗拉轿车一辆。

2）工具：卡罗拉维修手册。

二、实施步骤

1. 工位准备

1. 丰田卡罗拉轿车一辆
2. 相应的配套检测工具

2. 卡罗拉整车电路识读

按照维修手册，结合整车电路，掌握丰田汽车电路特点

3. 任务总结

结合电路图，掌握丰田卡罗拉轿车电路识读方法

（续）

4. 工位整理清洁	
	按照5S要求整理工位

课后评测

完成本任务对应工作页。

任务三 大众车系的电路识读

学习目标

理论目标：

1. 掌握桑塔纳2000GLi电路的特点。
2. 掌握桑塔纳2000GLi电路的识读方法。

技能目标：

1. 能够分析电源系统、起动系统的控制电路。
2. 能够利用原车电路图分析和查找电路故障。
3. 能够利用检测工具确认电路故障所在的部位。

知识储备

桑塔纳2000GLi是德国大众系列的主要车型之一，其电路图沿用德国大众公司的汽车电路图绘制标准，采用当前国际流行的“纵向排列式画法”。

一、大众系列汽车电路图的特点

1）电路采用纵向排列，垂直布置，不互相交叉。电源线为上“+”下“-”，从左到右同一系统的电路归纳到一起，按电源系统、起动系统、点火系统和电子系统等的顺序排列。另外，用短线代号解决线路复杂交错的问题。

2）电路图中连接导线用粗实线表示，并标有导线的颜色和截面积，导线颜色用中文或字母标出。内部连接线（非导体连接）用细实线表示。

3）电路图中电器元件都有规定的电路符号画出，旁边标注用字母或字母和数字组成的代码，电路图的下方注明代码的含义。大众车系的电路符号如图 8-13 所示。

电路符号	名称	电路符号	名称
	熔丝	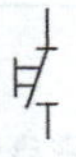	手动开关
	蓄电池		温控开关
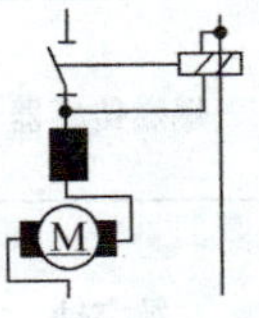	起动机		按键开关
			机械开关
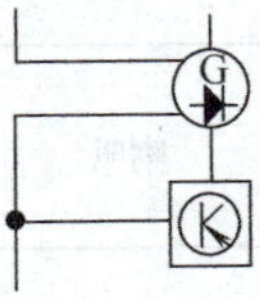	交流发电机		压力开关
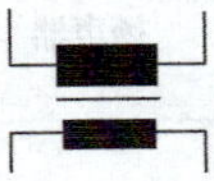	点火线圈		多档手动开关
	火花塞与火花塞插头	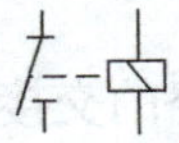	继电器
	电热丝		灯泡
	电阻	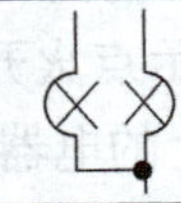	双丝灯泡
	可变电阻		发光二极管
	内部照明灯		不可拆式导线接点
	显示仪表	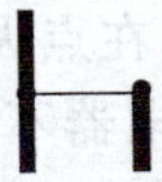	线束内导线连接
	电子控制器	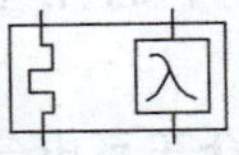	氧传感器

图 8-13 大众车系的电路符号

电路符号	名称	电路符号	名称
	电磁阀		电动机
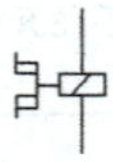	电磁离合器	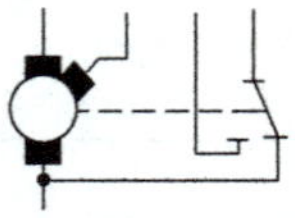	双速电动机
	接线插座	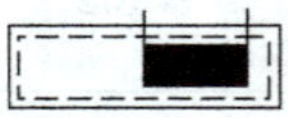	感应式传感器
	插头连接	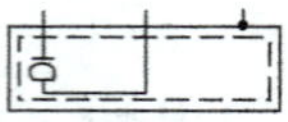	爆燃传感器
	元件上多针插头连接		数字钟
	元件内部导线接点	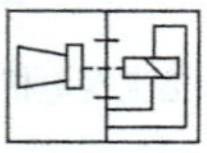	喇叭
	可拆式导线接点		扬声器

图 8-13　大众车系的电路符号（续）

4）电路图中通常标出了电路的交接点和搭铁点。

5）整车电路图的下方分为三部分：上面部分一般为配电部分，诸如熔丝的位置、容量以及继电器的位置编号及各端子号等。这部分一般会有一层灰色的背景，且电路中经常用线路代号表示相关电路，比如 30 号线表示常电源线、X 号线表示点火开关在 ACC 位置时通电的较大容量的电源线、15 号线表示点火开关在 ON 位置时通电的较小容量的电源线、31 号线表示接地线等；中间部分是车上的电器元件及连线；最下面部分为电路代码和搭铁线及位置说明。

6）整车电气系统电源正极分为三路（30、15、X）。三路电源线位于中央继电器盒内，30 号线与蓄电池正极直接连接，中间不经任何开关控制，称为常相线。在发动机停转时，需要工作的用电设备与 30 号线连接，15 号线在点火开关位于 ON 和 ST 位置时与蓄电池正极连接，称为点火开关控制相线，主要为点火开关控制的小功率用电设备提供给电能。X 线为卸荷线，在点火开关位于 ON 位置时，通过中间继电器控制，点火开关位于 ST 位置时，中间继电器不工作，大功率的用电设备与 X 线连接，起动发动机时，如果忘记关掉这些大功率的用电设备，它们会自动断电，以保证发动机顺利起动。

7）中央线路板的布置。大众车系电气线路以中央线路板为中心进行控制，大部分继电器和熔丝安装在中央线路板的正面，中央线路板正面继电器的位置和名称、熔丝的名称和容量如图 8-15 所示。插接器和插座安装在中央线路板的背面。图 8-14 中所示的中央线路板背面线束的位置和名称如图 8-16 所示，英文字母为插座的位置代号，阿拉伯数字为线束插头的端子代号，查找时根据电路图上导线与中央线路板下框交点处的代号，就能找到该导体对应的线束和连接的插孔。

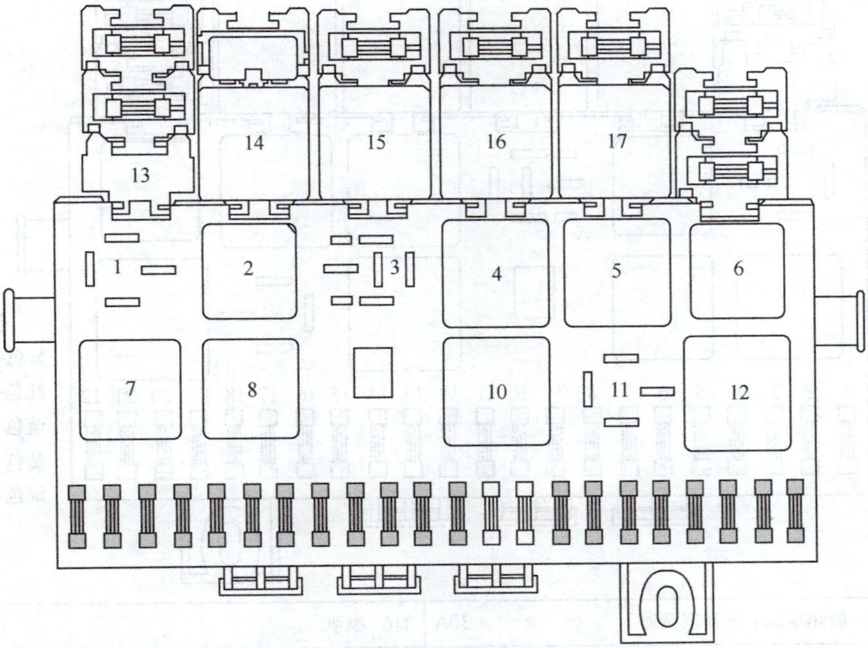

继电器位置	名 称	产品序号	备 注
1			空 位
2	燃油泵继电器	167	
3			空 位
4	冷却液液位控制器	42a	
5	空调继电器	13	
6	喇叭继电器	53	
7	雾灯继电器	15	
8	X- 接触继电器	18	
9			空 位
10	刮水继电器	19	
11			空 位
12	转向灯继电器	21	
13			诊断线插座
14	摇窗机自动下降继电器		
15	摇窗机延时继电器		
16	内顶灯延时继电器	ZBC 955 531	
17	压缩机切断继电器	147	

图 8-14　中央线路板正面继电器的位置和名称

8）电路代码。电路图最下端从小到大的数字编号为电路代码，用以标示电路图线路的定位。对照电路图的使用说明，可找出各电器部件在线路图上的位置。

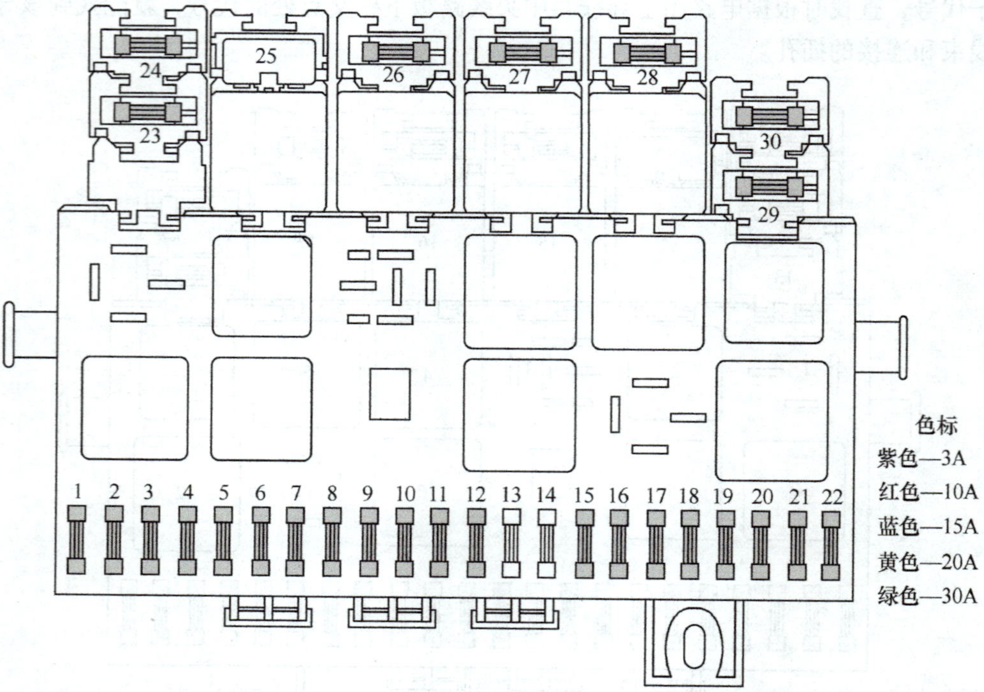

S1	散热电扇(不开空调时)	30A	S16	喇叭	15A
S2	制动灯	10A	S17	发动机控制单元	10A
S3	点烟器、集控门锁、数字钟、内顶灯、后阅读灯、行李箱灯,遮阳板灯	15A	S18	喇叭继电器、灯光开关、ABS 警告灯	10A
S4	警告灯	15A	S19	收放机、转向灯、防盗器控制单元	10A
S5	燃油泵	10A	S20	牌照灯、杂物箱照明灯	10A
S6	前雾灯	15A	S21	左前照灯(近光)	10A
S7	左尾灯、左前停车灯	10A	S22	右前照灯(近光)	10A
S8	右尾灯、右前停车灯、发动机舱照明灯	10A	S23	喷油器、空气质量传感器、炭罐电磁阀、氧传感器加热	10A
S9	右前照灯(远光)	10A	S24	后雾灯	10A
S10	左前照灯(近光)	10A	S25	电动摇窗机热保护器	
S11	前风窗刮水器、清洗泵	15A	S26	空调鼓风电动机	30A
S12	电动摇窗机、 ABS 控制单元	15A	S27	自动天线	10A
S13	后窗除霜器	20A	S28	电动后视镜	3A
S14	空调继电器	20A	S29	ABS 液压泵	30A
S15	倒车灯、车速传感器	10A	S30	ABS 电磁阀	30A

图 8-15 中央线路板正面熔丝的名称和容量

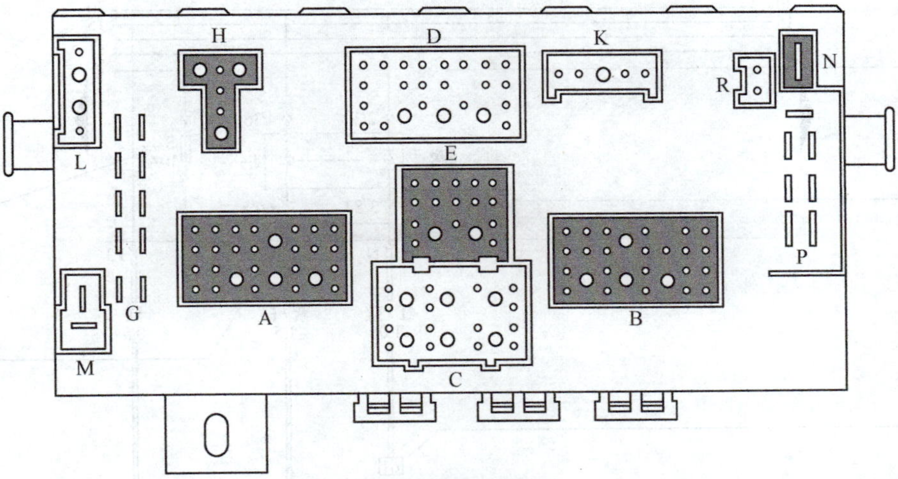

中央电器背面板结构

组合插头代号	用于接线的线束名称	插座颜色
A	仪表板线束	蓝色
B	仪表板线束	红色
C	前照灯线束	黄色
D	发动机线束	白色
E	尾部线束	黑色
G	连接单个插头	不定
H	空调操纵线束	棕色
K	空位	
L	连接喇叭继电器（在仪表板线束内）	灰色
M	空位	
N	单个插头	黑色
P	连接单个插头	不定
R	空位	

图 8-16　中央线路板背面线束的位置和名称

二、大众车系电路图标注方法

大众车系电路图标注方法如图 8-17 所示。

1. 继电器插接器端子代码与位置编号标注

J_{17}为继电器，2 表示该继电器位于中央线路板正面第二号位，为燃油泵继电器。继电器 J_{17}上有 2/30、3/87、4/86、6/85 的标记，分子 2、3、4、6 表示继电器端子代码，分母 30、87、86、85 表示与其连接的连线柱的代码，分子与分母相对应，且工艺上保证不会插错。

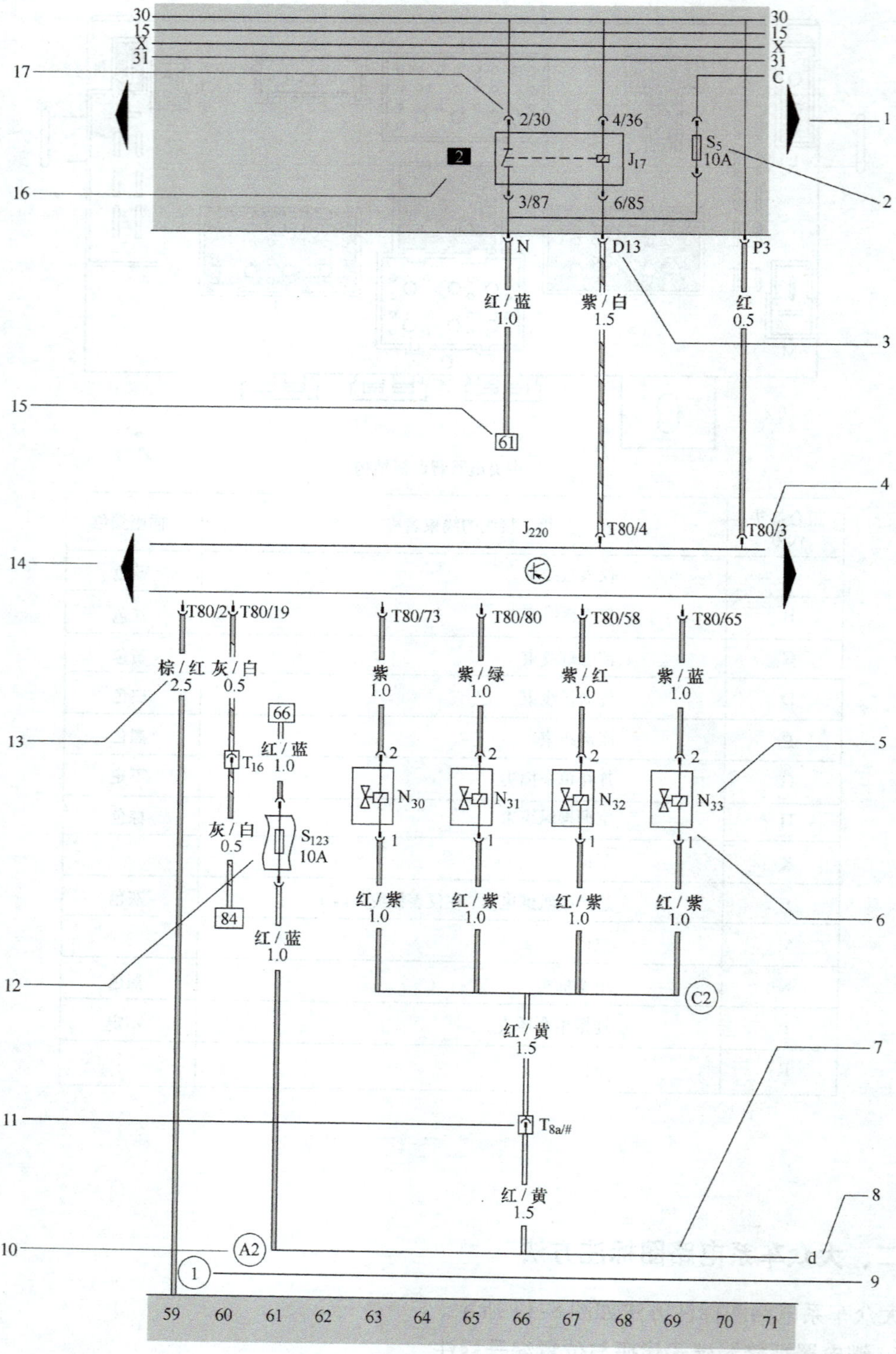

图 8-17 大众车系电路图标注方法

①—搭铁点，在发动机ECU旁的车身处 Ⓐ2—正极接线，在发动机线束内 T_8a—发动机线束与发动机右线束插接器 Ⓒ2—在发动机右线束内 S_{123}—熔丝 N_{30}—第一缸喷油器 N_{31}—第二缸喷油器 N_{32}—第三缸喷油器 N_{33}—第四缸喷油器 J_{17}—燃油泵继电器 J_{220}—Motronic 发动机 ECU S_5—燃油泵熔丝

2. 熔丝代号

S 代表熔丝，下脚标号代表熔丝在中央线路板上的位置，S_5 表示熔丝位于中央线路板 5 号位，10A 表示该熔丝的额定容量为 10A。

3. 中央线路板插接器代号

N、D_{13}、P_3 表示导线在中央线路板上的连接位置：N 表示 0.5mm^2 的红/蓝色导线接在中央线路板 N 的位置上；D_{13}表示 0.5mm^2 紫/白色导线接在中央线路板 D 位置 13 号端子上；P_3 表示 0.5mm^2 的红色导线接在中央线路板 P 位置 3 号端子上。

4. 线束插接器代码

线束插接器代码表示相互连接的两线束插接器的端子数和连接的端子号，可从图中或元件说明表中查到该代码所表示的插接器所连接的线束。例如：T8a/6 中，T8a 是连接发动机线束和发动机右线束的线束插接器，该插接器为 8 个端子插接器，1.5mm^2 的红/黄色导线接在 6 号端子上。

5. 线路连接端代码（断线表示法）

[81]表示电路图线路从该处中断，方框中的数字表示该断开点接续的导线，连接的导线可能在本页，也可能在其他页。例如：[81]下方对应的坐标数字编号为 66，接续导线就到坐标数字编号 61 处查找[86]，[81]和[86]在实际电路中是直接连接的，这样可以避免线路交叉。

6. 电器元件插接器端子代码

电器元件插接器端子代码表示电器元件插接器的端子数连接的端子号。例如：T80/4 表示该元件连接线束的插接器有 80 个端子，该导线连接的是 4 号端子。

三、桑塔纳 2000GLi 电路图

桑塔纳 2000GLi 车型全车电路图如图 8-18 ~ 图 8-21 所示。

1. 电源电路

电源电路如图 8-17 所示，有蓄电池（A)、硅整流发动机（C）和调节器（C1)、充电指示灯（K2)、点火开关（D）和熔断器等组成，线路代码编号 1-6、12-16、119、128。

充电电路：发动机（B +)→红 10→（8）3 红 10→起动机 30 端子→黑 16→蓄电池→黑 16→搭铁，构成回路，实现发动机给蓄电池充电。

励磁电路：蓄电池（ +)→红 6.0→S127 熔丝→红 6.0→中央线路板（P7→30→P2)→红 4.0→点火开关（30→15)→黑 0.5→128（15)→J285 组合仪表控制器（T28/21 充电指示灯（K2)→T28/26)→蓝 0.5→3（119)→(3）119→蓝 0.5→中央线路板（A16→D4)→蓝 0.5→发电机 D +（励磁绕组→电压调节器)→搭铁→蓄电池（ -)。此电路也为充电指示灯的工作电路。充电指示灯熄灭或点亮，由硅整流发电机内的励磁二极管控制，即发电机“D +”接线柱，充电电路正常工作时，随发动机转速升高，发动机输出电压不断增加，使充电指示灯（K2）两端（B、D +）的电位差越来越小，使充电指示灯（K2）由亮变暗直至熄灭。

2. 起动电路

起动电路如图 8-17 所示，由蓄电池（A)、起动机（B)、点火开关（D）等组成。

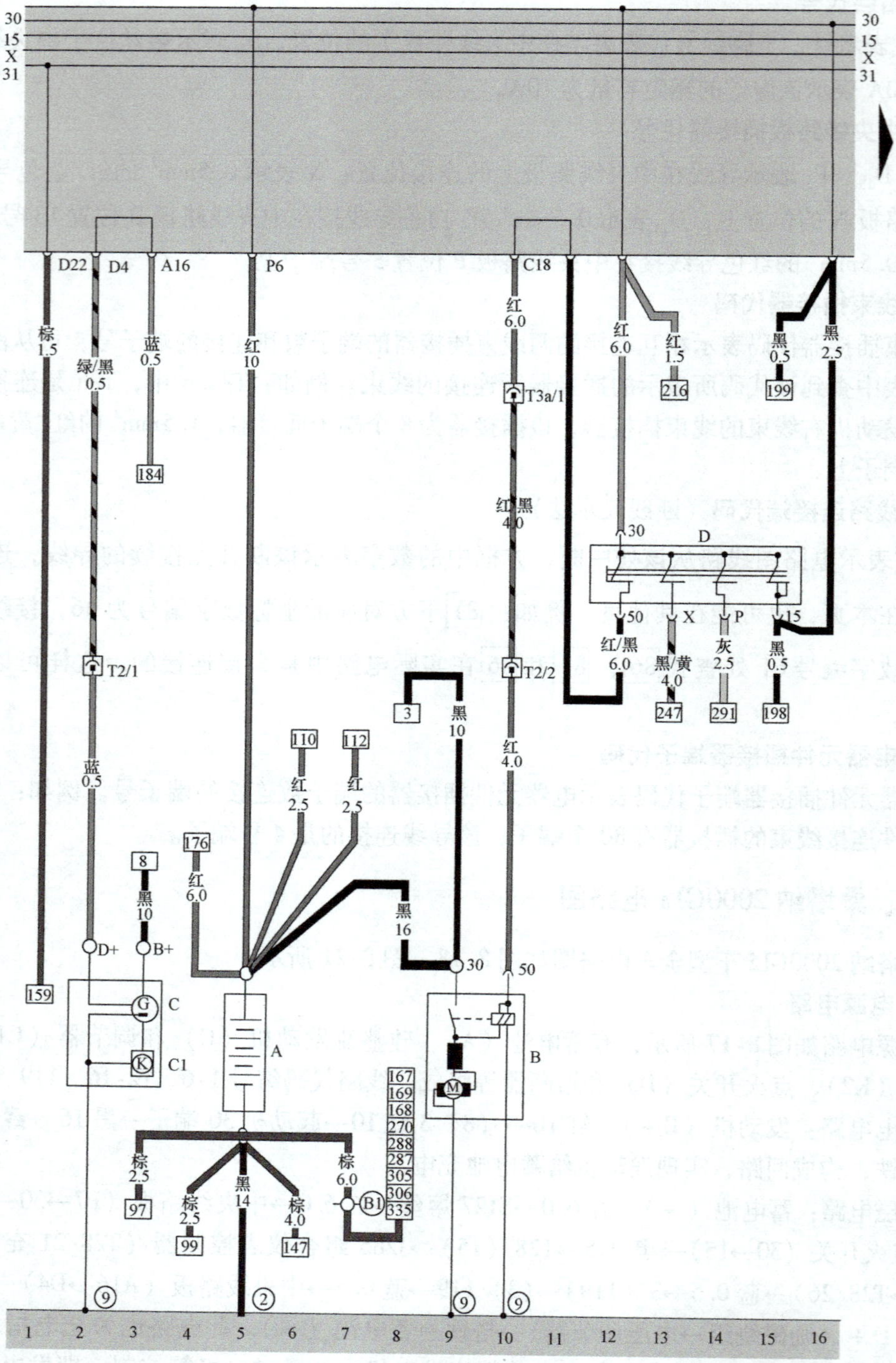

图 8-18　桑塔纳 2000Gli 车型全车电路图（1）

A—蓄电池　B—起动机　C—交流发电机　C1—调压器　D—点火开关　S127-30 号线总熔丝，80A

T3a—发动机线束与前照灯线束插头连接，3 个端子，在中央电器后面

②—搭铁点，在蓄电池支架上　⑨—自身搭铁

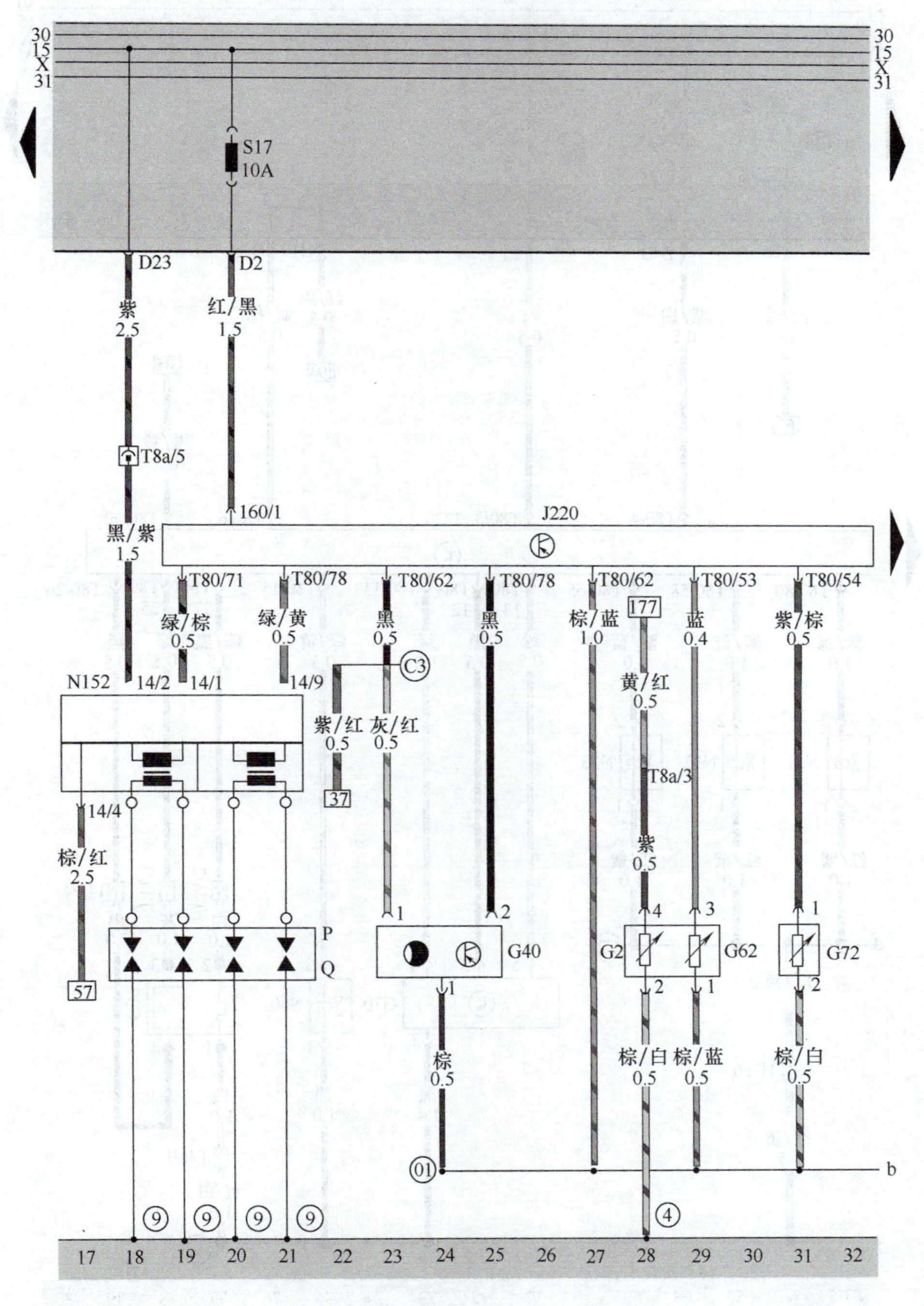

图 8-19 桑塔纳 2000GLi 车型全车电路图（2）

G2—水温表传感器 G40—霍尔传感器 G62—冷却液温度传感器 G72—进气温度传感器 J220—发动机控制单元 N152—点火线圈 P—火花塞插头 Q—火花塞 S17—发动机控制单元熔丝（10A） T8a—发动机线束与发动机右线束插头连接（8 针，在发动机舱中间支架上） T80—发动机线束、发动机右线束与发动机控制单元插头连接（80 针，在发动机控制单元上） ④—接地点（在离合器壳上的支架上） ⑨—自身接地 Ⓒ3—+5V 连接线（在发动机右线束内）

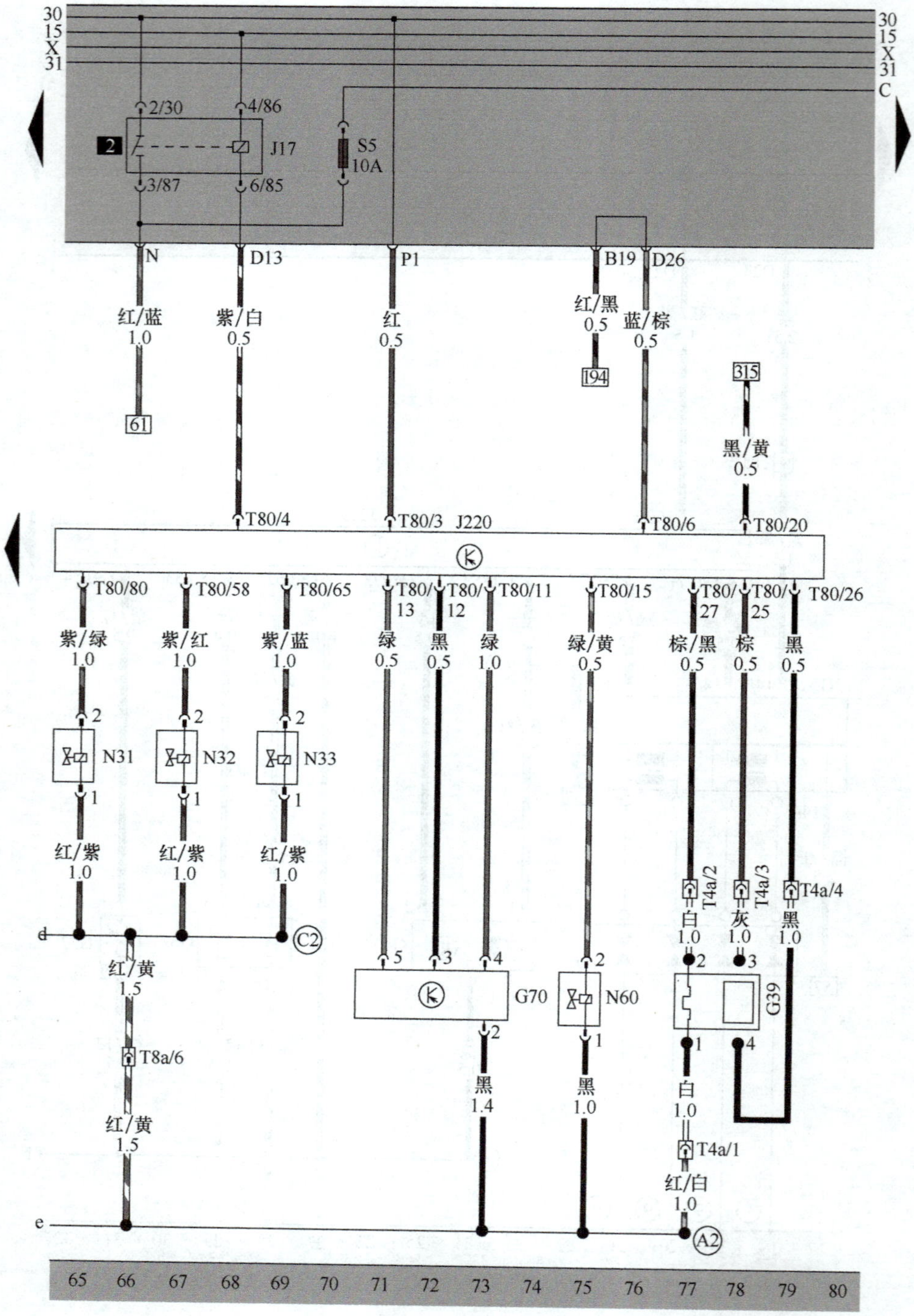

图 8-20　桑塔纳 2000GLi 车型全车电路图（3）

G39—氧传感器　G70—空气流量传感器　J17—汽油泵继电器　J220—发动机控制单元　N31—第二缸喷油器　N32—第三缸喷油器　N33—第三缸喷油器　N60—活性炭罐电磁阀　S5—汽油泵熔丝（10A）　T4a—发动机线束与氧传感器插头连接（4针，在发动机舱中间支架上）　T8a—发动机线束与发动机右线束插头连接（8针，在发动机舱中间支架上）　T80—发动机线束、发动机右线束与发动机控制单元插头连接（80针，在发动机控制单元上）

Ⓐ2—正极连接线（在发动机线束内）　Ⓒ2—正极连接线（在发动机右线束内）

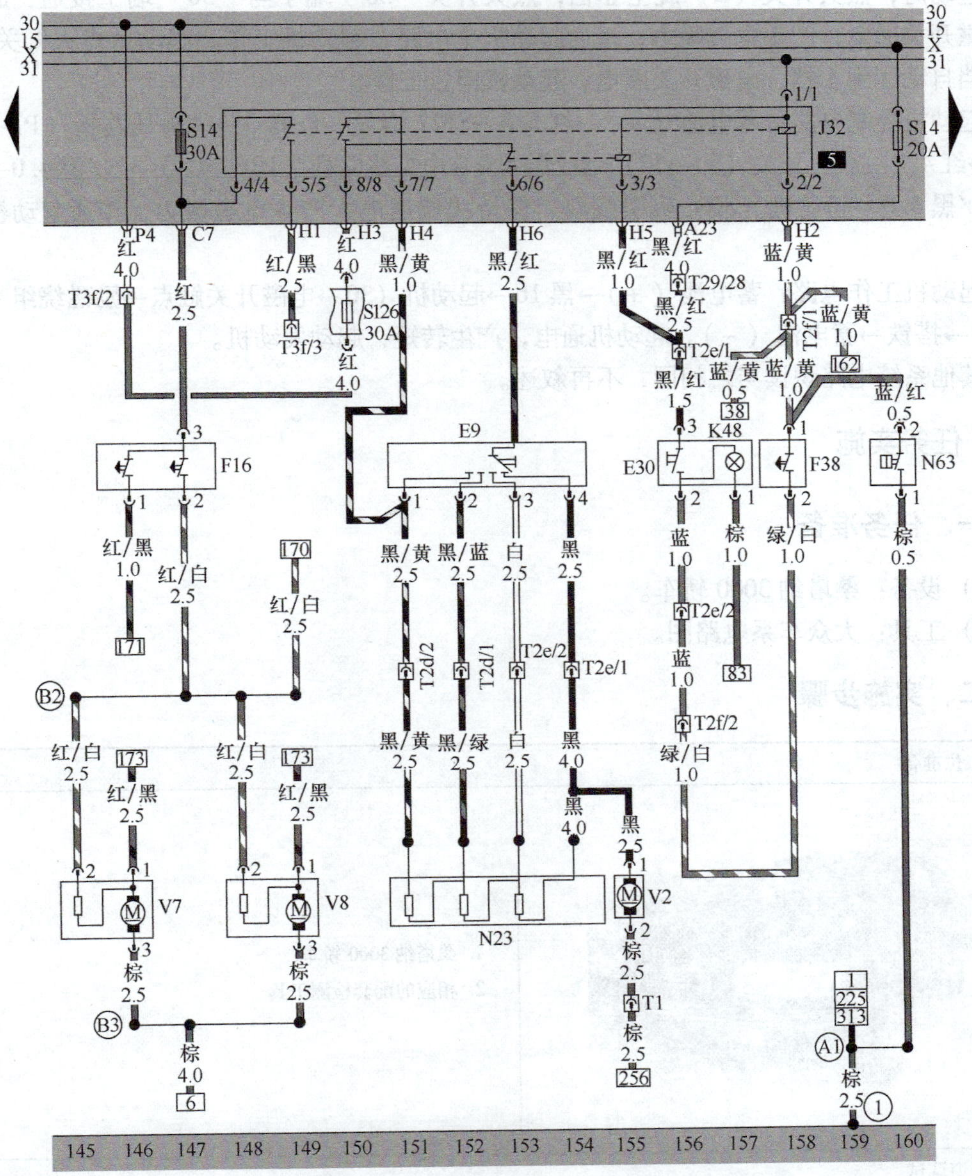

图 8-21　桑塔纳 2000GLi 车型全车电路图（4）

E9—风速开关　E30—空调 A/C 开关　F38—散热风扇热敏开关　J32—空调继电器　K48—空调 A/C 开关指示灯　N23—鼓风电动机减速电阻　N63—进风门电磁阀　S14—继电器熔丝（20A）　S126—空调鼓风电动机熔丝（30A）　T1—空调鼓风电机线束与仪表板线束插头连接（1 针，在中央线路板后面）　T2d—空调操纵线束与空调鼓风电机线束插头连接（2 针，在加速踏板上方）　T2e—仪表板开关线束与空调操纵线束插头连接（2 针，在空调操纵面板后面）　T2f—发动机线束与空调操纵线束插头连接（2 针，在中央线路板后面）　T3f—空调操纵线束与发动机线束插头连接（3 针，在中央线路板后面）　T29—仪表板线束与仪表板开关线束插头连接（29 针，在组合仪表下方）　V2—鼓风电机　V7—左散热风扇　V8—右散热风扇　Ⓐ1—接地连接线（在发动机线束内）　①—接地连接线（在发动机控制单元旁车身上）　Ⓑ2—连接线（在前照灯线束内）　Ⓑ3—接地连接线（在前照灯线束内）

起动时，点火开关（D）旋至Ⅱ档，点火开关“30”端子与“50”端子接通，起动机的电磁开关通电，产生电磁吸力，接通起动机主电路，起动机工作。起动后点火开关（D）从Ⅱ档自动回到Ⅰ档，电磁开关断电，起动机停止工作。

起动机控制电路：蓄电池（+）→红6.0→S127熔丝→红6.0→中央线路板（P7→30→P2）→红4.0→点火开关（30→50）→红/黑4.0→中央线路板（B16→C4）→红/黑4.0→T3a/1→红/黑4.0→起动机（50）吸引线圈、保持线圈通电，产生电磁吸力，接通起动机工作电路。

起动机工作电路：蓄电池（+）→黑16→起动机（30→电磁开关触点→励磁绕组→电枢绕组）→搭铁→蓄电池（-）。起动机通电，产生转矩，起动发动机。

其他系统电路识读与之相同，不再叙述。

任务实施

一、任务准备

1）设备：桑塔纳3000轿车。

2）工具：大众车系电路图。

二、实施步骤

1. 工位准备	
	1. 桑塔纳3000轿车 2. 相应的配套检测工具

2. 天窗调试	
	1）以某一系统为主体，分析该系统的工作原理和电流流向 2）结合原车实际电路进行验证 3）对故障部位进行大致判断

（续）

3. 任务总结	
	结合电路图，掌握桑塔纳 3000 轿车电路识读方法
4. 工位整理清洁	
	按照 5S 要求整理工位

课后评测

完成本任务对应工作页。

参 考 文 献

[1] 陈林山，程丽群. 汽车电气系统维修 [M]. 北京：国防工业出版社，2011.
[2] 孙志刚. 汽车电气设备管理与维修 [M]. 北京：北京理工大学出版社，2010.
[3] 马明芳. 汽车车身电气系统故障诊断与排除 [M]. 北京：机械工业出版社，2013.
[4] 麻友良. 汽车车身电气系统原理与故障检修实例 [M]. 北京：机械工业出版社，2011.